기도를 쉽게 바르게 숙달하여 오래하실 분의 책

기도쉽게 바르게 하는방법

강요셉지음

"모든 기도와 간구를 하되 항상 성령 안에서 기도
하고 이를 위하여 깨어 구하기를 항상 힘쓰며 여
러 성도를 위하여 구하라."(엡 6:18)

성령

기도쉽게 바르게
하는 방법

성령

들어가는 말

필자는 성령치유 목회를 23년이 넘도록 하였습니다. 목회를 하면서 깨달은 것은 기도가 가장 중요하다는 것입니다. 기도가 바르게 되어야 성령의 역사로 목회자와 성도들이 변화가 일어나고 하나님의 응답을 받으면서 살아갈 수가 있기 때문입니다. 많은 목회자와 성도들이 기도를 중요하게 생각하지 않는 경향이 있습니다.

이유는 자신들은 지금 기도하고 있다는 것입니다. 새벽기도를 하고 있고, 철야기도를 하고 있고, 삼일 기도를 열심있게 하고 있다는 것입니다. 기도를 하고 있기 때문에 기도에 대하여 관심을 두지 않습니다. 필자가 말하는 것은 기도를 하지 않는 다는 말이 아니고 기도는 영의 활동임으로 정확하게 성령으로 기도를 해야 한다는 것입니다.

성경에도 분명하게 성령으로 기도하라고 강조하고 있습니다(유1:20). 성령으로 기도를 해야 합니다. 성령으로 기도를 해야 되는 이유는 예수를 믿는 목회자와 성도는 예수를 믿을 때 죽었습니다. 분명하게 갈라디아서 2장 20절에 "내가 그리스도와 함께 십자가에 못 박혔나니 그런즉 이제는 내가 사는 것이 아니요 오직 내 안에 그리스도께서 사시는 것이라 이제 내가 육체 가운데 사는 것은 나를 사랑하사 나를 위하여 자기 자신을 버리신 하나님의 아들을 믿는 믿음 안에서 사는 것이라." 예수를 믿을 때 십자가에서 죽은 목회자와 성도가 하나님께 기도한다는 것은 어불성설입니다. 죽은 사람이 어떻게 기도할 수가 있겠습니까?

이제 다시 사신 예수님으로 기도를 해야 합니다. 즉 성령으로 기도를 해야 합니다. 성령으로 기도를 하되 온몸으로 기도를 해야 합니다. 성령으로 세례를 받고 자신 안에 주인으로 오신 성령하나님으로부터 성령의 불을 받으면서 온몸이 성령으로 충만하여 기도를 해야 합니다. 그래서 성령 안에서 온몸으로 기도하라는 것입니다. 기도는 성령으로 해야 합니다. 그래야 영이신 하나님께서 들으실 수가 있고, 응답하실 수가 있는 것입니다. 왜 기도를 그렇게 많이 하는데 변화가 없고 하나님의 응답이 없습니까? 예수를 믿을 때 십자가에서 죽은 사람이 기도하기 때문입니다.

이 책에는 성령 안에서 온몸으로 기도하는 기본적인 방법들이 여러 가지로 나누어서 설명되고 있습니다. 독자들이여 부디 이 책을 통하여 성령으로 기도하여 기도가 하나님께 상달이 되고 응답을 받는 모두가 되시기를 바랍니다.

주후 2023년 02월 03일
충만한 교회 성전에서
저자 강요셉목사

기도 세부적인 목차

3부 기도를 일상생활에 쉽게 적용하는 법

4부 성경에 기록된 기도를 쉽게 하는 법

1부 자신의 기도를 진단하는 법

1장 기도로 자신을 진단하는 법

(고전14:12-15)"그러면 어떻게 할까 내가 영으로 기도
하고 또 마음으로 기도하며 내가 영으로 찬송하고 또 마음
으로 찬송하리라"

하나님은 우리가 성령으로 능력있는 기도를 하기를 원하십니
다. 성령으로 하는 능력 있는 기도를 통하여 자신을 다스리는 주체
가 자신에게서 주님에게로 옮겨가게 됩니다. 내 자신이 점점 작아
지며, 주님이 점점 내 안에서 커지게 됩니다. 이것이 '내가 주안에'
의 의미입니다. 이렇게 되면 성령님에 취해서, 성령님으로부터 에
너지를 공급받아야 믿음 생활과 세상 생활을 할 수 있습니다. 이러
한 성령의 기도가 모든 것의 기본입니다. 능력 있는 성령의 기도
를 통하여 내외적 치유가 되고, 신앙생활이 재미있게 됩니다. 삶에
서 참 평안을 누리게 됩니다. 성령으로 온몸기도를 하면 특별한 내
적 치유가 필요 없게 됩니다. 기도하면서 내면을 성령으로 치유받
기 때문입니다. 자연스럽게 은사가 흘러나오고, 성령의 기름부음
이 임하게 됩니다. 환경이 좋아지게 됩니다. 물질까지도 풍성하게
됩니다. 삶의 에너지가 흘러넘치게 되는 것입니다. 기도가 깊어지
려면 끝장 보는 기도를 하겠다고 다짐해야 합니다. 쉽게 되지 않는
다고 중간에 포기하지 말고 자꾸 기도를 하다가 보면 자신도 모르

는 사이에 숙달이 되어 기도할 때 성령의 불이 임하고, 마음 안에서 성령의 불이 올라오는 능력 있는 기도가 될 것입니다. 이 책을 통하여 성령 안에서 온몸기도를 숙달하여 성령으로 충만한 생활을 하시기를 바랍니다. 온몸기도하면서 성령의 불이 임하고, 성령의 불이 마음에서 올라오는 깊은 체험을 하시기를 바랍니다. 날마다 세상에서 참 평안을 누리시기를 바랍니다.

1. 자신의 기도를 평가하라. 자신이 하고 있는 기도가 바른가, 바르지 못한가를 평가해야 합니다. 온몸기도는 영적체험이 기준이 아니라, 삶이 평가의 기준이 되어야 합니다. 삶에 열매가 나타나야 한다는 말입니다. 작은 체험이라도 삶에 열매가 좋아지면서 체험과 삶이 연결될 때, 그 기도는 바른 기도입니다. 바른 기도에는 기쁨, 평화, 자유 함, 애통, 거룩한 하나님의 사랑, 치유와 같은 신비한 체험이 따릅니다. 체험 자체가 기도의 목적이 되어서는 안 됩니다. 몸으로 평안을 느끼면서 예수님의 인격으로 변해야 됩니다. 기도의 평가는 체험이 아니라, 기도가 삶에 영향을 끼치는 것으로 합니다. 기도후의 삶과 성품에 변화가 없다면 그 기도는 문제가 있는 것입니다. 온몸기도에 대해서는 **"성령으로 온몸기도 하는 법"** 책을 참고하시기를 바랍니다.

○기도를 통하여 내가 받은 은혜, 체험이 내 삶에 얼마큼 영향을 주는가, 다른 사람에게 얼마나 영향을 끼치는가? 수시로 평가해야 합니다. 반드시 성령으로 기도하면 다른 사람에게 전해지고 풍기는 인상이 달라지게 되어있습니다. 영적인 것과 현실적인 것은 별

개의 것이 아니라, 긴밀한 관계가 있어야 합니다. 영적인 것이 현실적인 것으로 표현되어야 합니다. 현실적인 삶과 행동에 하나님의 은혜가 나타나야 합니다. 영적 세계와 현실세계 두 세계에 우리는 동시에 살고 있다는 것을 알아야 합니다. 성령 안에서 온몸기도를 하면 할 수 록 영적으로 바뀌어야 합니다. 하나님이 사용하시는 사람으로 바뀌어야 합니다.

○기도에서의 하나님과의 일치는 삶에서의 하나님과의 일치로 나타나야 합니다. 하나님과 친밀하게 지내는 성도가 되어야 한다는 뜻입니다. 삶에서 받은 아픔을 하나님께로 들고 가서 치유 받고, 하나님에게서 받은 은혜는 삶으로 들고 가서 적용하는 것입니다. 이것이 바로 능력 있는 기도입니다. 기도 속에서 하나님과 일치되고, 하나님의 은혜와 능력과 성품을 받되, 그것을 들고 와서 세상 사람들에게 나누어주어야 합니다. 세상 사람들에게 뿌려주어야 합니다. 그들도 같은 은혜를 누리도록 도와주어야 합니다.

○기도를 통하여 얻은 체험이 겸손, 순결, 단순, 순종, 회개, 정직, 사랑, 온유 등의 열매로 맺혀져야 합니다. 자신의 기도가 성령의 인도를 받는가, 자의적으로 기도를 하는가 수시로 분별하여 교정해 나가는 성도가 영적인 성도입니다. 아무리 기도에 많은 시간을 투자하여 기도해도 하나님 나나 성전이 되지 않고 마음이 평안하지 못하고 자신의 성격과 삶에 변화가 없다면 육적인 기도를 하고 있는 것입니다. 기도는 많이 하는데 삶에서 교만, 독선, 불순종, 시기, 질투, 다툼, 경솔, 미움, 불안이 나타나면 잘못된 기도를 하고 있는 것입니다. 이렇게 삶과 인품에 변화가 일어나지 않는다면 기

도하며 어떤 신비한 체험을 하더라도 잘못된 기도입니다.

○생활, 활동을 기도하는 마음으로 살아가야 합니다. 쉬지 말고, 항상 깨어서 성령 안에서 온몸으로 기도해야 합니다. 앉으나 서나 걸어가나 기도하는 습관이 되어야 합니다. 기도는 내 안에 계신 예수님을 찾는 것입니다. 마음으로 자신 안에 계신 하나님에게 집중하는 것입니다.

○기도를 통하여 내면의 영적인 변화를 향해서, 변화산을 향하여 한걸음, 한걸음 올라가야 합니다. 그리고 다시 내려와서 이웃을 변화시켜야 합니다. 성령으로 기도하며 심령 정화의 길에서 조명의 길로, 다시 성령과 일치의 길로 계속 걸어가야 합니다. 이것을 위해서 우리는 능력 있는 기도를 해야 합니다. 성령으로 기도하여 영이 깨어 있어야 합니다. 하나님과 하나가 되고, 하나님에게 깊이 묻히는 것을 기뻐해야 합니다. 하나님은 자신의 마음 안에 있는 영 안에 임재하여 계십니다. 자신의 영 안에 임재하신 하나님을 자연스럽게 찾으세요. 하나님에게 찾음을 당하세요. 그와 같은 깊은 영적인 수준에까지 이르려고 훈련해야 합니다. 그렇게 하여 내가 모르는 생명수를 내 안에서 받아 마셔야 합니다. 축복중의 가장 위대한 축복은 자신의 안에서 생명수가 올라오는 것입니다. 자신의 마음 안에 계신 성령으로부터 성령의 권능(불)이 올라오는 것입니다. 이를 위하여 성령으로 능력 기도하여 영의통로를 뚫어야 합니다. 이는 포도나무의 열매는 가지가 포도나무 되신 예수님에게 붙어있음으로 맺게 됩니다.

가지처럼 나무이신 예수님에게 붙어있는데 집중하세요. 온 마음과 힘과 뜻과 목숨을 다하여! 예수님을 무시로 찾아야 합니다. 그렇게 하면 자신 안에 계신 주님이 우리를 깨끗케 해주시고, 저절로 열매를 맺게 됩니다. 그러면 주님이 더 열심을 내게 됩니다. 그러한 사람에게 집중적으로 더 은혜를 베풀어주십니다. 열매를 맺으려고 우리 모두를 부르신 것이고, 열매를 맺게 하려고 우리에게 은총을 공급해주시려고 애를 쓰십니다.

한 마디로 우리가 잘되게 하려고 불러서 성령으로 훈련하고 계시는 것입니다. 그런데 우리가 성령으로 기도하지 않음으로 마음이 굳어져서 주님의 은총을 받아들이지 못하고 있는 것입니다. 주님은 이러한 사람에게는 관심이 없으십니다. 대신에 진정 좋은 열매를 맺을 수 있는 자들을 불꽃같은 눈으로 찾으십니다. 주님의 눈에 들어오는 성도가 되려고 해야 합니다.

그러므로 누구든지 마음을 열고, 성령 안에서 온몸기도로 마음을 준비하여 이 은총을 받아들일 수 있게 되면 그러한 사람에게 주님은 더 큰 은총을 베푸시게 되는 것입니다. 하나님이 하시는 일을 아는 성도들, 하나님의 뜻을 알고 하나님의 일을 하려고 하는 성도들에게 하나님은 진정 놀라운 은총을 베푸시는 것입니다. 놀라운 축복인 것입니다. 기도를 많이 해서, 달라고 해서 우리를 축복해 주시는 것이 아니라, 성령으로 기도하여 예수님의 성품으로 변화되어 주님의 음성을 듣고 순종하는 성도를 축복하십니다. 하나님의 음성을 듣고 순종하는 쓸모 있는 자가 될 때, 하나님이 사용하시고 축복해 주시는 것입니다.

하나님의 마음에 합하여 하나님 쓰시는 사람에게 하나님께서 축복을 주시는 것입니다. 물질도, 건강도 축복해 주십니다. 과실을 맺는 가지를 더 깨끗케 하시는 것입니다. 하나님이 쓰시는 사람, 열매를 맺는 사람에게 더 열매를 맺게 하시려고 하나님이 간섭을 하십니다. 더 좋은 열매를 맺게 하기 위해서 문제가 있으면 하나님의 질책이 올라오게 됩니다. 그래서 처음에는 내가 주님을 찾지만, 일단 주님이 쓰시는 사람이 되면, 주님이 찾아오십니다. 깨끗케 하시고, 양분을 더 주시려고 주님이 몸이 달아서 쫓아오시고, 자꾸 잘해주시고, 자꾸 잘되게 해주시고, 문제 같은 것도 그다지 기도하지 않아도 자꾸 풀어주십니다. 나의 조건을 좋게 해주셔야 내게서 좋은 열매를 맺게 될 것이기 때문입니다. 하나님이 기뻐하시는 열매를 맺음으로 하나님이 나에게 몸이 달게 만들어야 합니다. 하나님께서 나에게 자꾸 더 잘해주시게 만드세요. 하나님이 나를 기뻐하시고, 나를 더 간섭하시면서, 축복하시고. 나는 더 많은 사람에게 영향을 나누어주는 관계가 되세요.

하나님의 은혜는 많은 사람에게 나누어 주라고 주시는 것입니다. 이런 사람의 환경을 하나님은 정화시키십니다. 깨끗케 하시고, 간섭하시며, 축복하십니다. 내가 성령으로 기도하며 정화되지 않으면 내 가정, 내 교회, 내 환경이 정화되지 않습니다. 자신이 성령으로 기도하며 정화되어야 합니다. 그리고 성령의 조명을 받으라는 것입니다. 하나님과 일치되려고 하세요. 하나님께서 나를 귀하게 여기십니다. 열매를 맺게 되면 하나님은 너무나 우리를 귀하게 여기시고 축복을 주십니다.

거지처럼 달라고 해서 받으려하지 말고, 하나님이 몸이 달아서 주시게 하세요. 우리가 아쉽지 말고 하나님이 아쉽게 하세요. 달라고 하지 않아도 하나님은 우리에게 필요한 것을 다 아시고 오히려 하나님께서 몸이 달아서 우리에게 필요한 것을 채워주십니다. 이는 성령의 인도를 받으며 성령으로 기도하는 사람에 되었을 때 가능합니다. 우리가 하나님의 마음에 들도록 성령으로 기도하여 영성이 깊어져서 하나님이 지시한 일을 잘하면 하나님은 얼마나 서비스가 좋으신 분인가! 이것이 바로 하나님의 기적을 체험하는 길입니다. 더 많은 사람에게 은혜, 은총을 나누어 주세요. 더 많은 사람에게 나누어주려는 자세로 사역을 하라는 것입니다. 그런 마음을 가진 자를 하나님은 무한히 축복해주십니다. 나에게 있는 것을 조금도 아끼거나 감추지 않고 나누어주려고 하라는 것입니다. 성령의 은혜와 권능은 다른 사람에게 전이가 가능한 것입니다. 하나님이 주신 성령의 은사와 권능을 하나님이 지정한 사람에게 나누어주는 성도가 되시기를 바랍니다.

머리로 알아서 가르치려고 하지 말고 성령으로 기도하여 체험으로 깨달아서 가르치려고 하라는 것입니다. 그래야 생명력이 있게 됩니다. 성령으로 깨닫고 체험한 일들을 전할 때 사람들의 마음을 움직이게 됩니다. 머리가 아니라. 자신의 마음 안, 영에서 나오는 것으로 가르치고 나누어 주려고하세요. 그래서 하나님이 귀하게 여기는 사람이 되세요. 불기둥과 구름기둥으로 인도함을 받는 이가 되세요. 성령이 역사하는 교회시대인 지금은 성령이 불기둥과 구름기둥이 되십니다. 인생을 성공하려면 어찌하든지 성령의 인도를 받아야 합니다.

다윗은 이처럼 성령으로 충만하여 하나님의 마음을 가지고, 하나님을 위해서 늘 마음을 열어놓고, 하나님이 없으면 못사는 사람이었기에 특별한 하나님의 사랑을 받았습니다. 하나님과 일치된 마음을 가지세요. 이제 그 방법은 알게 되었으니, 훈련으로 그렇게 되어야 합니다. 노력해야 합니다. 그러면 당신도 하나님에게 귀하게 쓰임을 받을 수가 있습니다.

특별하게 코로나 19시대에는 어디서나 기도하는 성도가 되어야 합니다. 필자가 어느 날 새벽에 기도하니까, 성령하나님께서 이렇게 감동하시는 것입니다. "왜 무당들이 유명한 산에 올라가 장구치고 북치고 하면서 기도하는지 알고 있느냐" 잠시 생각을 해보니까, 유명한 산에 역사하는 산신령을 접신 받으려고 유명한 산을 찾아 기도한다는 생각이 떠올랐습니다. 그래서 "산에 역사하는 산귀신을 접신 받으려고 산에 가서 기도하는 것입니다." 했더니 성령께서 "그렇다. 산에 역사하는 산신령을 접신 받으려고 산에 가서 기도하는 것이다." 말씀하시는 것입니다. 그럼 자네는 어디에서 기도해야 하겠는가? 제 안에 예수님이 주인으로 계시니까, 어디서나 제 안에 계신 예수님께 기도하고 있습니다. 하며 대답했습니다. 성령께서 그렇다. 이를 목회자들이나 성도들에게 알려주어 기도 장소의 계념을 바르게 알고 기도하도록 하라고 말씀하셨습니다. "크리스천은 기도는 하나님이 주인으로 계시는 자신 안에 집중하여 기도하게 하라는 것입니다." 기도는 자신 안에 계신 하나님께 기도하시기를 바랍니다. 우리 목회자들이나 성도들의 의식이 기도하려면 "기도원가야 한다. 산에 가야한다. 교회에 가야한다."로 고정되어 있기 때문에 자신 안에 관심이 두지 않습니다. 더군다나 지금 코로나19로 인하여 교회예배당에 갈수가 없습니다. 자연스럽게 기도하지 않는 목회자 성도가 되는 것입니다. 자신의 마음 안에 관심을 두지 않기 때문에 예수를 믿으면서도 변화되지 못하는 것입니다. 그렇다고 교회나 기도원에 가서 기도하지 말라는 말로 이해하면 안 됩니다. 교회에 가서 기도에 대하여 바르게 배우고 바르게 해야 합니다. 교회에 가서 성령으로 세례도 받아야 합니다. 필자는 자신 안에 계신 하나님께 관심을 가지고 무시로 기도하라는 것입니다. 성전 된 성도답게 기도의 장소를 구별 말고 자신의 집에서나 직장에서나 사업장에서나 어디서나 기도하라는 것입니다.

기도는 하나님을 찾으면서 자신 안에 주인으로 계시는 하나님께 집중하는 것입니다. 기도는 자신 안에 계신 하나님께 기도하여 자신이 하나님의 입장이 되어 하나님의 길을 제대로 따라가고 있는지, 바르게 가고 있는지, 돌아가고 있는지를 보는 것입니다. 그리고 자신 앞에 있는 문제를 하나님께 기도하여 하나님의 해결 방법을 알아내는 것입니다. 그리고 알려주신 해결방법대로 순종하기 위해서 기도하는 것입니다. 기도는 하나님께 무엇을 얻어내려고 하는 것이 절대로 아닙니다. 자신의 상처를 치유하고, 성령으로 충만하며, 하나님과 대화하기 위하여 기도하는 것입니다. 지친 영혼의 쉼을 얻기 위하여 기도하는 것입니다. 기도는 영-혼-육이 쉼을 얻는 시간이라고 생각하며 성령으로 해야 합니다. 이 중요한 기도가 잘못되면 먼저 영혼이 만족을 누리지 못하는 것입니다. 다음은 이성이 만족을 누리지 못하니 정신이 안정되지 못하고 산란한 것입니다. 더 진전이 되면 육체의 질병으로 발생합니다. 따라서 예수를 믿으면서도 세상 사람들과 똑 같은 영육간의 고통을 당하고 사는 것입니다.

2. 항상 마음이 답답하다. 신앙생활을 오래하신 분들 중에 마음이 답답해서 미치겠다고 하시는 분들이 있습니다. 답답함을 치유하려고 이곳저곳 방황하는 분들도 있습니다. 성령이 충만하고 능력이 있다는 이곳저곳을 돌아다녀도 좀처럼 해결되지 않습니다. 저의 개인적인 생각으로는 마음 안에 계신 성령님이 상처와 육에 눌려서 답답해하시는 것이라고 생각을 합니다. 자신의 영이 자기 기능을 다하지 못하기 때문에 답답한 것입니다. 한 마디로 영의 질병이 발생한 것입니다. 이러한 상태를 치유 받아 해방되지 않으면 육체의 질병으로 나타납니다. 빨리 영적인 치유를 받아야 합니다. 우리가 치유를 받으려면 무엇이 답답하게 하는지 원인을 알아야 합니다. 원인을 바르게 알아야 치유를 받을 수 있기 때문입니다. 답답하게 하는 원인은 첫째, 마음의 상처 때문입니다. 상처가 영을 누르고 압박하고 있기 때문입니다. 둘째는 영적인 문제입니다. 마음을 답답하게 하는 귀신이 있다는 것입니다. 저는 매주 토요일 날 집중 치유를 합니다. 집중 치유할 때 다수의 성도(목사, 사모, 권사)가 "아이고 답답해 아이고 답답해"합니다. 성령을 체험하고 성령의 역사로 내면의 상처가 치유되면 제가 답답하게 하는 귀신을 축귀합니다. 그러면 귀신들이 떠나갑니다. 한참 귀신이 떠나가면 "아이고 시원해 아이고 시원해"하면서 기도합니다.

이렇게 몇 번만 치유하면 가슴이 뻥 뚫리면서 성령 안에서 온몸으로 하는 기도가 열립니다. 원인이 없는 문제는 없습니다. 원인을 찾으면 치유는 쉽습니다. 이렇게 마음이 답답한 분들은 단기 치유가 불가능합니다. 성령이 심령을 장악하는 시간이 많이 걸리기 때문입니다. 이렇게 전문적인 치유를 받아야 빨리 해방될 수가 있습니다. 단기간에 순간 치유 받으려고 이곳저곳을 다녀도 쉽게 해결되지 않습니다. 반드시 강한 성령의 역사와 깊은 곳의 상처를 치유하는 목회자가 인도하는 집회에 참석하여 본인도 기도하고 안수도 받아야 합니다. 우선 성령의 강한 역사가 있어서 치유되기 시작하기 때문입니다. 어느 정도 마음이 열리고 성령의 역사가 자신을 장악하면 집중기도하며 치유를 받으면 좀 더 빨리 해방될 수가 있습니다.

3. 영이 만족을 못하여 방황한다. 방황하는 성도들의 보편적인 문제는 영의 통로가 막혀 영의 만족을 누리지 못하기 때문에 방황합니다. 사람은 영적인 존재이기 때문에 영의 만족을 누리려는 노력을 하게 됩니다. 저는 강북에 있는 믿음교회 김 권사입니다. 저는 영적으로 갈급하여 참으로 방황을 많이 했습니다. 교회에서 목사님은 열심히 하면 형통해진다고 하여 무조건 열심히 신앙생활을 했습니다. 열심히 하면 하나님이 다 해주실 줄 믿었습니다. 새벽기도를 빠뜨리지 않고 열심히 다녔습니다. 예배는 모두 빠지지 않고 열심히 참석을 했습니다. 십일조 한번을 거르지 않고 했습니다. 교회 행사를 하면 앞장서서 봉사를 했습니다. 구역장을 10년

넘게 봉사를 했고, 여전도회장을 2년을 했습니다. 교회를 건축 할 때 건축헌금도 드렸습니다. 누구든지 밖으로 보면 정말로 모범적인 성도였습니다. 이렇게 열심히 하는데 문제가 하나 있었습니다. 저의 심령이 날마다 갈급한 것입니다. 무엇인지 모르게 항상 갈급했습니다. 마음에 채워지지 않은 그 무엇이 있었습니다. 그래서 교회에 가서 기도를 하면 조금 나아지는가 싶다가 조금 지나면 다시 갈급한 것입니다. 그래서 국민일보를 보고 성령과 영성 집회를 한다는 광고만 보면 찾아가서 은혜를 받았습니다. 그런데 문제는 그때 뿐 이었다는 것입니다. 다시 갈급해지는 것입니다. 어느 영성원에는 거의 2년을 다녔습니다. 그래도 해소가 되지를 않았습니다. 사람들은 성령의 불을 받아야 한다고 해서 성령의 불을 받으려고 성령의 불의 역사가 있다는 곳은 다 다녔습니다. 그래도 심령이 갈급한 것은 마찬가지 이였습니다. 우연하게 서점에 갔다가 "영적피해 방지하기"라는 책을 보니 마음에 감동이 와서 사다가 읽었습니다. 읽어 보니, 한번 가보고 싶은 생각이 들었습니다. 전화를 해보니 매주 집회가 있다는 것입니다. 사모함으로 집회에 참석해서 인지 첫날부터 말씀과 성령의 역사에 은혜를 받았습니다.

집회에 참석한지 이틀이 지난 후였습니다. 오후 시간이었습니다. 사모님이 찬양을 인도하셨습니다. 마음을 열고 영으로 찬양을 불렀습니다. 찬양을 부르는 중에 마음속에서 뜨거운 기운이 올라오는 것을 느꼈습니다. 연이어 강요셉 목사님이 전하시는 온몸기도와 성령세례에 관한 말씀을 들을 때 너무나 은혜를 받았습니다. 말씀 속으로 제가 끌려들어가는 체험을 했습니다. 말씀에 은혜를 받으니 마음이 열렸습니다. 말씀을 마치시고 모두 일어서서 자신의 의자 앞에 서서 찬양을 하라고 하셨습니다.

그래서 일어서서 찬송을 불렀습니다. 같은 찬송을 반복해서 부르게 하셨습니다. 찬송을 반복해서 부르는데 여기저기서 소리를 지르고 흐느끼면서 울부짖었습니다. 저 역시 몸을 가누지 못할 정도로 몸이 앞뒤로 흔들렸습니다. 가슴이 답답해졌습니다. 가슴에서 불덩어리가 올라오는 느낌을 받았습니다. 눈에서는 계속 눈물이 흘러 내렸습니다. 그러면서 서러움이 속에서 올라왔습니다. 그래서 울음을 참지 못하고 터트렸습니다. 막 울었습니다. 몸은 가누지 못할 정도로 흔들렸습니다.

도저히 서서 찬송을 부르지 못할 지경에 이르렀습니다. 그래서 의자에 앉아서 찬송을 불렀습니다. 이제 몸에 진동이 오기 시작을 했습니다. 막 떨리는 것 이였습니다. 나도 모르게 막 팔을 흔들면서 소리를 질렀습니다. 그러면서 방언이 터졌습니다. 방언을 하면서 진동이 더 강하게 일어났습니다. 의자에서 30cm 정도 뛰면서 기도를 했습니다. 그러다가 중심을 잃고 의자 아래로 떨어졌습니다. 그러자 강요셉 목사님이 오셔서 안수를 해주셨습니다. 안수를 하면서 "더 강하게 역사하여 주시옵소서." 하고 기도하니까, 제 속에서 비명이 나왔습니다.

그러면서 몸이 뒤틀리기 시작을 했습니다. 정말 내가 감당할 수 없었습니다. 몸이 뒤틀리면서 속에서 괴성이 계속 나왔습니다. 그러니까 강 목사님은 "성령님 더 강하게 역사하여 주시옵소서." 하시면서 안수를 하셨습니다. 그러자 제 다리가 머리위로 올라오면서 발작을 했습니다. 자연히 그런 현상이 일어나니 제가 의자를 모두 차고 다니면서 발작을 했습니다. 아마 그때 충만한 교회 의자를 모두 차고 다녔을 것입니다. 어느 정도 시간이 경과 하니 몸이 안정이 되는 것을 체험하게 되었습니다. 그러자 강 목사님이 "지금까지 이렇게 진동하게 한 더러운 영은 기침으로 떠나갈지어다" 하며 명령을 하시는 것이었습니다.

그러자 멈출 수가 없을 정도로 기침이 많이 나왔습니다. 기침을 하는데 가슴이 뻥하고 뚫리는 기분이 들었습니다. 정말로 시원했습니다. 십년 묵은 체증이 내려가는 기분이었습니다. 한참 기침을 하고 나니 이제 속에서 방언이 나오는 것입니다. 제가 그때까지 하던 방언소리와 다른 방언이 터져 나왔습니다. 방언을 한참 했습니다. 그러자 온몸이 뜨거워지는 것입니다. 내 몸이 불덩어리가 되는 것 같은 기분이 들었습니다. 너무 뜨거워서 성령님 너무 뜨겁습니다. 하며 소리를 질렀습니다. 한참을 그렇게 지내다가 잠잠해졌습니다. 그러나 몸은 여전히 뜨거운 것이었습니다. 그때 강 목사님이 저에게 "이게 성령의 불세례라는 것입니다. 오늘이야 성령의 불세례를 받았습니다. 오늘 드디어 영의 통로가 열렸습니다." 그러시는 것입니다. 정말 생전 처음 그런 신비한 현상을 체험했습니다.

기도를 하는데 정말로 은혜롭게 술술 나왔습니다. 그 이후로 말씀을 보면 너무나 꿀맛입니다. 기도가 저절로 되었습니다. 항상 입술에는 찬양이 넘치고 있습니다. 혈기가 사라지고 있습니다. 마음이 너무나 평안해 졌습니다. 십년동안 기도하던 소원이 성취되었습니다. 지금 3개월을 다니고 있습니다. 너무나 평안합니다. 강 목사님이 하시는 말씀이 무조건 열심히 하는 신앙은 사람을 변화시키지 못합니다. 기독교는 열심히 하고 머리로 아는 종교가 아니고, 알고 느끼고 나타나는 생명의 종교라는 것입니다. 알고 있는 만큼 변하는 것이 눈으로 보이고 몸으로 느껴야 한다는 것입니다. 그래서 성령으로 충만하여 영의 통로가 열려야 한다는 것입니다. 그 다음에 성령의 인도를 받으며 열심히 해야 심령이 변하고 환경이 변하면서 영적으로 깊어집니다. 사람은 영적인 존재이기 때문에 영의 통로가 열려 영의 만족을 누려야 방황을 멈춘다는 것입니다. 지금 저는 뼈에 사무치게 느끼고 있습니다. 마음이 편안해지니 정말로 마음의 천국을 누리고 있습니다. 모두 말씀과 성령으로 영의통로를 뚫어야 영의 만족을 느낍니다.

4. 기도 시간이 힘들고 지겹다. 저는 항상 믿음 생활하기가 너무나 힘들다고 불평하며 지낸 집사입니다. 제일 힘이 드는 것이 기도였습니다. 좀처럼 기도하기가 쉽지가 않았습니다. 다른 성도들은 몇 시간씩 기도를 한다고 자랑을 하는데 저는 십 분을 하지 못했습니다. 집안에 일이 있어서 새벽기도에 가도 기도가 되지를 않아 그냥오기 일수였습니다. 기도를 하지 못하니 자연히 마음이 답답해지고 조그마한 소리에도 혈기를 잘 내는 것입니다. 남편이 한 마디 하면 저는 세 마디로 대꾸를 합니다. 남편은 교회 다니는 집사가 어떻게 그렇게 혈기가 심하냐고 할 정도입니다. 저도 혈기를 내지 말아야 하겠다고 생각은 합니다. 그러나 막상 사람과의 관계에서는 절제가 되지 않았습니다. 그래서 왜 제가 기도가 되지

않고 마음이 답답하고 혈기가 심할까! 혼자 고민을 하는데 구역 예배에 갔다가 구역장이 저의 이야기를 듣고 충만한 교회를 소개하여 주었습니다. 그래서 홈페이지에 들어가서 프로그램을 보고 집회에 참석을 했습니다. 집회에 하루 참석하여 말씀을 듣고 기도하니 조금 나아지는 것 같았습니다. 다음날 상담을 신청하여 저의 상태를 강 목사님에게 말씀을 드렸습니다. 강 목사님이 하시는 말씀이 마음의 상처로 인하여 영의 통로가 막혀서 기도도 안 되고 혈기도 심하다는 것입니다. 이런 상태로 계속 살아가다가 갱년기에 들어서면 육체의 질병과 우울증으로 고생을 할 것이라고 했습니다. 육신의 건강을 위해서라도 영의 통로를 뚫고 상처를 치유해야 한다는 것입니다. 어떻게 하면 영의 통로가 뚫리느냐고 질문을 했더니 계속 참석하면서 말씀을 듣고 기도를 하면 된다고 하시면서 기도 방법을 바꾸어 보라고 하셨습니다. 그냥 호흡을 들이쉬고 내쉬면서 배에서 나오는 소리로 주여! 주여! 주여! 를 계속하면 성령의 역사가 일어나 영의 통로가 자연스럽게 뚫리게 된다는 것입니다. 절대로 욕심을 부린다고 빨리 뚫리는 것이 아니니 성령께서 하라는 대로 따라가라는 것입니다. 그렇게 순종하고 기도하면 목사님이 돌아다니면서 안수하여 영의 통로가 뚫리도록 해준다는 것입니다. 그래서 순종하기로 했습니다. 무엇보다 두려운 것은 갱년기에 질병과 우울증으로 고통을 당할 수도 있다는 말 이었습니다. 집회에 참석하여 전하는 말씀을 열심히 들었습니다. 말씀을 들을 때 저의 가슴이 답답해지는 것을 느꼈습니다. 그래서 나는 이상했지만 성령의 역사로 인하여 나타나는 현상이라는 것을 알았습니다. 말씀을 듣고 찬양을 부르고 기도 시간이 되었습니다. 강 목사님이 알려주신 대로 숨을 들이쉬고 내쉬면서 배에서 나오는 소리를 열심히 했습니다. 숨을 들이쉬면서 배에서 나오는 소리로 주여! 주여! 주여! 를 계속했습니다.

이렇게 기도에 몰입을 했습니다. 그러자 저에게 진동이 오기 시작을 했습니다. 손이 떨리기 시작을 하더니 온몸이 떨리는 것입니다. 그래도 기도에 몰입을 했습니다. 그러자 이제 손가락이 움추러들고, 오그라드는 것입니다. 그러면서 제 몸이 뒤틀리는 현상이 일어나는 것입니다. 가슴이 답답해 오는 것입니다. 이제 제의지로 무엇을 할 수가 없었습니다. 성령이 역사하는 대로 따라서 기도를 했습니다. 그러니까 제 안에서 불이 올라오는 것입니다. 아주 뜨거운 불이 올라옵니다. 온몸이 뜨거워집니다. 얼굴이 뜨거워집니다. 몸이 뒤틀립니다. 아주 정신을 차릴 수가 없이 성령이 역사를 하시는 것입니다. 그러기를 한 30분 한 것 같습니다. 이제 제가 잠잠해지기 시작을 했습니다. 그러자 강 목사님이 오셔서 안수해 주셨습니다. "이렇게 뒤틀리게 했던 더러운 영은 물러갈지어다." "기침을 통해서 떠나갈지어다." 하며 명령을 했습니다. 그러자 기침이 사정없이 나오는 것입니다. 그러면서 내 속에서 방언기도가 터져 나오는 것입니다.

그때 나에게 감동이 오기를 이제 성령의 불세례를 체험하고 영에서 나오는 방언을 하는 것이라는 것입니다. 영의 통로가 뚫렸다는 생각이 나를 주장했습니다. 너무나 감사했습니다. 그래서 계속 방언기도를 하니 몸이 가벼워지며 머리가 상쾌해졌습니다. 너무나 좋아서 지금 두 달째 다니고 있습니다. 말로 표현 못하는 평안을 느끼고 있습니다. 성격이 유순해졌습니다. 혈기가 없어졌습니다. 기도 시간이 즐거워집니다. 저의 남편이 이제 집사 같다는 것입니다. 제가 지금 느끼는 것은 목회자에게 바른 신앙지도를 받으면 좀 더 빨리 깊이 있고 변화된 성도가 될 수 있다는 것입니다. 정말 하나님의 평안을 몸으로 느끼면서 삶을 살아가고 있습니다.

5. 열심히 믿음생활해도 변하지 않는다. 저는 이렇게 말합니다. 예수를 믿고 교회에 들어와 기도하면서 성령의 세례를 받아 성령의 인도를 받는 성도는 변하게 되어 있다는 것입니다. 변하지 않는다면 무엇인가 문제가 있으니 찾아서 해결하라고 권면을 잘 합니다. 성도는 변해야 합니다. 저를 변하게 하신 하나님께 영광을 돌립니다. 저는 지금까지 제대로 성령을 체험하지 못하고 입만 가지고 믿음 생활을 했습니다. 한 마디로 교회는 다니지만 상처가 많아 하나님과 영의통로가 꽉 막힌 것입니다. 상처로 인하여 영의통로가 막히니 심령이 치유되지 못한 것입니다. 기도를 아무리해도 가슴의 답답함이 해결되지 않았습니다. 치유 되지 못한 마음 깊은 곳에 저도 잘 모르는 응어리 분노의 상처가 미움이란 탈을 쓰고 나타나 남편을 사랑하지 못했습니다. 미움만 주고받아 늘 평안함 보다 부부의 불화가 더 많았습니다. 강요셉 목사님이 상처치유를 위하여 안수하실 때 가슴을 뜯어내는 성령의 강하고 깊은 불세례를 체험하였습니다. 생전처음 그렇게 뜨거운 불의 역사를 체험 했습니다. 성령의 불이 임하니 기침을 하면서 분노의 영들이 떠나갔습

니다. 손과 발, 사지가 꼬이면서 귀신들이 떠나가는 체험을 했습니다. 괴성을 얼마나 질렀는지 모릅니다. 정말 창피한 줄도 모르고 괴성을 사정없이 질렀습니다. 이것이 다 내 안에 잠재해있는 분노의 상처들일 것입니다. 강 목사님의 강한 치유 안수기도 중 가슴이 뜯기는 아픔과 함께 기침으로 어떤 뭉치 같은 것이 쏟아졌습니다. 그다음부터 제가 스스로 축귀를 했습니다.

목사님이 알려 준대로 호흡을 들이쉬고 내쉬면서 성령의 임재를 요청하여 성령의 임재가 충만해지면 옛날 상처를 받던 모습을 영상기도를 했습니다. 영상기도를 하면서 회개와 용서를 했습니다. 그러면서 마음으로 명령을 했습니다. 나에게 들어와 혈기를 발하게 하는 귀신은 예수 이름으로 명하노니 떠나가라. 명령을 했습니다. 그랬더니 아랫배가 아프면서 하품이 말도 못하게 나왔습니다. 또 성령께서 분노의 영을 축귀하라고 감동하셨습니다. 나에게 들어와 분노하게 하는 귀신은 예수 이름으로 명하노니 떠나가라. 명령을 했습니다. 그러가 기침이 사정없이 나오면서 귀신들이 떠나갔습니다. 속에서 악을 쓰는 소리가 나면서 귀신들이 기침으로 떠나갔습니다. 갑자기 우리 부부관계가 나빠진 것도 귀신의 역사라는 생각이 들었습니다.

그래서 나에게 들어와 부부관계를 파괴하는 귀신은 예수 이름으로 명하노니 떠나가라. 명령을 했습니다. 가슴이 터질듯이 아프더니 재채기를 통하여 귀신이 떠나가는 것입니다. 이렇게 날마다 기도를 하면서 축귀를 하고 나니 남편을 향한 미움이 없어지는 것이었습니다. 차츰 하나님의 사랑이 차면서 다툼도 거의 없으며, 똑같은 상황인데도 전에는 말대꾸도하고 마음이 상했는데, 이제는 저도 모르게 속에서 온유의 마음으로 대하게 되니 집안에 다시 평안이 감돌고 있습니다. 예수님을 믿고 나서 용서와 사랑을 배웠지만 실천이 되지 않아 늘 갈등했는데 성령님의 강한 역사로 귀신들이 떠나간 날부터 남편을 대하는 저의 마음이 눈에 띄게 변해 갔습니다. 남편이 저에게 하는 말이 이제야 예수를 믿는 사람답다는 것입니다. 확실한 체험으로 몸에 증거를 주시면서 미움을 몰아내니 미워할래야 미워 할 수가 없으니 참으로 신기하고 감사합니다.

기도를 성령 안에서 온몸으로 하지 못하여 영의 통로가 막히면 앞에서 설명한 여러가지 문제가 발생합니다. **우리 충만한 교회에서는 영의 통로가 막혀서 고통 당하는 분들을 대상으로 매주 월화금토요일날 개별집중치유기도시간을 갖고 있습니다.** 상당히 오랜 시간 동안 기도와 안수를 하면서 성령의 역사를 체험합니다.

집중기도와 안수를 하면 아무리 강하게 막힌 영의 통로라도 2-3회 참석하면 대부분 뚫립니다. **물론 상처가 치유되고, 우울증이 치유되고, 불면증이 치유되고, 공황장애가 치유되고, 귀신이 축사되고, 성령세례와 성령의 은사와 능력이 나타납니다. 일석이조가 되는 것입니다.** 아주 좋은 사역입니다. 반드시 정한 1주일 전에 전화(02-3474-0675)하여 예약을 해야 합니다. 많은 분들이 이 집중치유를 통하여 영의통로를 뚫고 영적인 만족을 누리고 있습니다.

2장 기도 쉽게 바르게 하는 방법

(눅11:13)"악한 자라도 좋은 것을 자식에게 줄줄 알거
든 하물며 너희 천부께서 구하는 자에게 성령을 주시지 않
겠느냐 하시니라"

기도는 하나님과 대화입니다. 기도는 영혼의 호흡입니다. 사람
이 호흡을 하지 못하면 죽습니다. 마찬가지로 영혼이 호흡을 하지
못하면 영이 죽게 됩니다. 사람의 주인인 영이 죽으면 살아있으나
죽은 사람입니다. 성도가 기도를 제대로 하지 못하면 여러 가지 생
각하지 못한 문제들이 생깁니다. 그래서 기도를 바르게 해야 한다
는 것입니다. 기도는 아무렇게나 해서 되는 것이 아닙니다. 하나님
과 교통해야 하는 중요한 수단이기 때문입니다. 하나님은 영이십
니다. 기도는 영이신 하나님의 음성을 들어야 하기 때문에 사람의
기교를 가지고는 할 수가 없습니다. 반드시 성령으로 기도해야 합
니다. 그래서 하나님은 성령으로 기도하라고 하시는 것입니다.

저는 사역의 특성상 영육의 문제가 있는 다종의 많은 사람을 만
나게 됩니다. 그런데 모두 기도가 잘못되어 당하는 고통이라는 것
입니다. 저는 이렇게 생각을 합니다. 성도가 영육의 이해하지 못
하는 문제를 가지고 사는 것은 기도를 바르게 하지 못하기 때문이
라 생각합니다. 기도가 잘못되면 모든 성도의 영적인 생활이 하나
님의 뜻과 상관이 없게 됩니다. 육체의 활동이 되기 때문입니다.

하나님은 육과는 상관을 하시지 않기 때문입니다. 그래서 예수를 믿고 믿음생활은 하지만 실상은 자연인이나 마찬가지라는 것입니다. 명목상 크리스천은 되었지만 한 차원 깊게 생각하면 아니라는 것입니다. 그런데도 정작 본인들은 알지를 못한다는 것입니다. 예수를 믿었고 교회에 열심히 나가서 예배를 드리니까, 영적인 크리스천이라고 스스로 믿어버린다는 것입니다. 한마디로 문제의식이 없다는 것입니다. 한번 신중하게 말씀을 거울삼아 자신을 들여다보면 금방 자신의 수준을 알 수 있을 것입니다. 그러나 아는 것 위주로 외형중심의 신앙생활을 하다가 보니까, 정확한 자신의 모습을 보지 못하는 것입니다.

그러다가 문제가 생겨서 사면초과에 걸리면 그때서야 이리저리 뛰다가 자신의 영적인 상태를 발견하게 됩니다. 그때서야 깨닫고 고치려고 하니 이미 덩어리가 지고 굳어져서 쉽사리 고쳐지지 않습니다. 그래서 성도는 처음 교회를 잘 찾아가야 합니다. 처음 교회에 들어설 때부터 기도를 쉽게 바르게 훈련받는 것입니다. 세상에서 하던 기도 방식을 과감하게 벗어 던지고 새로운 기도 방식을 받아들여서 기도를 바꾸는 것입니다. 교회는 성도를 바꾸는 곳입니다. 육적인 사람을 영적인 사람으로 바꾸는 것입니다.

이 책을 읽는 당신도 조용히 가슴에 손을 얹고 예수를 믿고 교회에 들어와 바뀐 것이 무엇이 있는지 생각하여 보기를 바랍니다. 바꿔야 되는데 바꾸지 않는 것이 무엇이 있는지 생각하여 보시고 바꾸어야 합니다. 그래야 하나님의 복을 받는 성도가 될 수가 있습니다. 예수를 35년 믿었어도 세상에서 하던 방식 그대로 예배하고 기도하고 있다면 그것으로 인하여 하나님과 친밀하지 못한 것입니다. 거기에서 문제가 발생하고 있는 것입니다.

제가 성령치유 사역을 장기간 하면서 임상적으로 체험한 바로는 기도가 먼저 바뀌어야 합니다. 저희 교회는 매주 월화금토요일 개별집중치유 프로그램이 있습니다. 이 프로그램에 참석하는 분들은 상처가 깊거나 기도가 막혔거나 불치병이 있거나 영적인 문제로 고생하는데 일반적인 치유집회로 해결이 되지 않는 분들과 단기간에 깊은 영성과 권능을 개발하고, 은사를 받으실 분들이 사전예약하여 사역을 받는 프로그램입니다. 지난 토요일 집중치유 시간에 있었던 이야기입니다. 나이가 67세인 여성도가 딸의 권유로 집중치유를 받으러 오셨습니다. 저는 집중 치유를 하기 전에 종이에다가 자신의 사정을 적어놓으라고 합니다. 첫 번째가 예수를 믿고 교회에 들어 온지 11년이 되었는데 기도를 제대로 못하고 항상 마음이 답답하다는 것입니다. 두 번째가 밤에 잠을 깊이 자지 못하여 수면제를 복용하고 잘 때도 있다는 것입니다. 세 번째가 3년 전에 자궁 수술을 받았다는 것입니다.

그래서 기도를 시작을 했습니다. 저는 많은 사람을 안수 해 보았기 때문에 안수를 하면 문제가 무엇인지 어느 정도 터득을 하게 됩니다. 첫 번째 문제가 가슴이 꽉 막혀 있다는 것입니다. 한마디로 영의통로가 막혀있다는 것입니다. 그래서 기도가 되지를 않는 것입니다. 안수를 하면서 막힌 가슴을 뚫는 영의 활동을 했습니다. 한 5분간 안수를 하면서 배에서 올라오는 소리를 내도록 했습니다. 막힌 영의 통로를 뚫어야 하기 때문입니다. 우리가 알아야 할 것은 막힌 영의 통로는 자신의 힘으로 뚫을 수가 없습니다. 목회자가 뚫어주어야 합니다. 목회자가 성도의 막힌 영의통로를 뚫어주지 못한다면 목회자로서 사명을 감당하기 어려울 것입니다. 목회는 영적인 싸움이기 때문입니다. 안수를 하면서 5분 여동안 배에서 나오는 소리를 하게 했더니 기침을 하기 시작했습니다. 기침을 시작한다는 것은 막힌 영의 통로가 열리기 시작한다는 신호입니다. 희망이 있는 것입니다. 그런데 제가 그동안 성령사역을 하면서 나름대로 내린 결론은 이렇습니다. 여기저기 돌아다니면서 귀로 들은 것이 많은 성도나 목회자는 순수하지 못합니다. 나름대로 분별하고 판단을 많이 합니다.

그래서 막힌 영의 통로를 여는데 시간이 배로 걸립니다. 어떤 분은 2시간이 자나서야 열리는 분도 있습니다. 열리지 않는 영의 통로로 여기적기 다니면서 나쁜 영만 받아서 다 안다는 자아의 덩어리가 강해져서 그렇습니다. 이런 분들은 정말로 힘이 듭니다. 차라리 세상에서 살아가다가 여러 가지 해결 못하는 영육의 문제를 해결하고자 예수 믿고 교회에 들어온 사람은 예수 영접시키고 기도하면 훨씬 빨리 영의 통로가 열립니다. 순수하기 때문입니다. 이여 성도는 순수하기 때문에 쉽게 영의 통로가 열린 것입니다. 영의 통로가 열려야 성령으로 내적인 상처도 치유되고, 귀신도 떠나가고, 성령으로 충만을 받아 온몸기도가 열립니다. 계속적으로 기도하도록 했습니다. 어느 정도 기도가 열려서 본인에게 물었습니다. 예수를 믿고 교회에 들어와 기도훈련을 받았느냐고 말입니다.

어느 한 사람도 자신에게 기도를 어떻게 하라고 가르쳐준 사람이 없었다는 것입니다. 그래서 세상에서 하던 방법대로 계속 기도하여 왔다는 것입니다. 우리가 알아야 할 것은 기도를 아무렇게나 알아서는 안 됩니다. 기도는 영의 활동입니다. 어떻게 기도하느냐에 따라서 성령도 역사할 수가 있습니다. 반대로 귀신도 역사할 수가 있는 것입니다. 그래서 기도는 아무렇게나 하는 것이 아닙니다. 반드시 기도는 쉽게 훈련하여 바르게 해야 합니다. 아무렇게나 하면 되는 것이 아닙니다. 그래서 기도는 바르게 배워서 성령으로 해야 합니다. 예수님의 제자들이 누가복음 11장 1절에 "예수께서 한 곳에서 기도하시고 마치시매 제자 중 하나가 여짜오되 주여 요한이 자기 제자들에게 기도를 가르친 것과 같이 우리에게도 가르쳐 주옵소서" 한 것을 기억해야 합니다. 기도는 반드시 바르게 배워서 성령으로 해야 합니다. 성령으로 기도를 하지 않기 때문에 마귀가 응답을 해도 분별할 수가 없는 것입니다.

그런데 일반적인 교회에서 무어라고 합니까? 문제가 있어서 찾아가 상담하면 기도하세요. 기도하면 문제가 풀어집니다. 왜도 없고, 어떻게도 없습니다. 문제의식도 없습니다. 무조건 하라고 합니다. 참으로 안타까운 현실입니다. 이분도 이렇게 말을 듣고 알고 있었다는 것입니다. 그래서 기도를 열심히 하려고 해도 기도가 되지를 않아 날마다 답답한 생활을 했다는 것입니다. 이분이 기도가 되지 않은 이유는 이렇습니다. 가슴에 상처로 인하여 영의 통로가 막힌 것입니다. 마음 안에 성령이 역사하시지 못한 것입니다. 마음 안의 하나님과 영의 통로가 막혀서 성령이 역사하시지 못하니 귀신이 영을 내리 누른 것입니다. 한번 생각하여 보십시오. 예수를 믿고 교회에 들어와 기도를 하면 귀신이 떠나가야 하는데 가만히 두겠습니까? 상처가 있고 세상에서 살 때 들어와 집을 짓고 있는 귀신이 절대로 기도하지 못하게 방해하는 것은 당연한 것입니다. 귀신이 영을 내리 누르니 기도를 한 마디도 못한 것입니다. 성령으로 기도를 못하니 영육의 기능이 온전해지지 못합니다. 그래서 불면증이 찾아온 것입니다. 불면증은 영의 통로가 열리고 성령으로 깊은 기도하면 대부분 일주일이면 해결이 됩니다.

사람의 문제는 영에서부터 생기게 됩니다. 영이 만족을 누리면 모든 문제가 해결이 되는 것입니다. 그렇기 때문에 치유는 영에서부터 해야 하는 것입니다. 이 인간의 문제를 해결하려고 성령께서 마음 안에 임재하신 것입니다. 임재하신 성령이 마음과 육을 뚫고 밖으로 나타나게 하는 것이 기도입니다. 기도가 되지 않는다면 영에 문제가 발생한 것입니다. 빨리 영의 통로를 뚫어야 합니다. 기도가 이렇게 중요한 것입니다. 이분을 두 시간 정도 안수를 하며 기도하게 했습니다. 집중치유 기도는 대략 4-6명을 대상으로 돌아가면서 안수하며 기도하는 방식으로 진행합니다. 성령께서 장악을 하시면 저절로 기도하게 됩니다. 저는 막히는 부분만 찾아서 성령님께 문의 하여 레마를 받아 해결하면 성령께서 친히 진행을 하십니다. 두 시간 기도를 하니 영의 통로가 완전하게 뚫렸습니다. 영의 통로가 열리니 기도가 자연스럽게 잘 되었습니다. 이제 기도하는 방법을 알려 드렸습니다.

처음 기도를 시작할 때는 반드시 호흡을 깊게 들이쉬고 내쉬면서 아랫배에서 나오는 영의 소리(악을 쓰지 말고)로 주여! 주여! 주여! 하라고 했습니다. 주여! 주여! 주여! 하다가 생각이 떠오르는 대상을 기도하라고 알려 주었습니다. 떠오르는 대상이란 성령께서 그때 그 시간에 기도하라고 알려주는 사람이나 대상입니다. 예를 든다면 주여! 주여! 주여! 하나가, 갑자기 큰 딸을 위하여 기도하라! 이렇게 생각이 떠오를 수가 있습니다. 그러면 큰 딸에 대하여 기도하는 것입니다. 큰 딸을 위하여 기도하다가 할 말이 없으면 다시 주여! 주여! 주여! 합니다. 한참 하다가 보면 어떤 사람을 위하여 기도하라고 감동하십니다. 그러면 그 사람을 위하여 기도합니다. 이것이 성령의 인도를 받는 기도입니다. 자신이 생각하여 기도하는 것은 세상 샤머니즘의 기도입니다. 이렇게 기도하면 육의 기도이기 때문에 독백이 되어 하나님이 응답하지 않습니다. 반드시 주여! 주여! 주여! 하다가 성령이 감동하시거나 생각에 떠오르는 대상을 기도하는 것이 성령으로 기도하는 것입니다.

이제 잠이 오지 않을 때의 기도입니다. 밤에 잠이 들지 않아 고생할 때가 있습니다. 이때 억지로 잠을 청하려면 더욱 잠이 오지 않습니다. 잠을 자야하는데 왜 잠이 안 올까, 생각을 하다가 보면 생각에 사로잡혀서 더욱 잠이 오지를 않게 된다는 말입니다. 이때에는 이렇게 합니다. 호흡을 깊게 들이쉬면서 마음으로 예수님! 호흡을 내쉬면서 마음으로 사랑합니다. 호흡을 깊게 들이쉬면서 마음으로 예수님! 호흡을 내쉬면서 마음으로 사랑합니다. 의식을 마음 안에 계신 예수님에게 두고 지속적으로 합니다. 절대로 다른 생각이 들어오지 못하게 해야 합니다. 다른 생각이 들어오지 못하게 하는 것은 마음을 예수님에게 집중하는 것입니다. 잡념에 상관하지 말아야 합니다.

　잡념이 생기면 잡념을 물리치려고 생각하지 말고, 호흡을 깊게 들이쉬면서 마음으로 예수님! 호흡을 내쉬면서 마음으로 사랑합니다. 호흡을 깊게 들이쉬면서 마음으로 예수님! 호흡을 내쉬면서 마음으로 사랑합니다. 이렇게 지속적으로 하다가 보면 성령의 역사가 마음속에서 밖으로 흘러나와서 머리에 떠오르는 잡념이 물러가게 됩니다. 머리에 잡념을 일으키는 것은 마귀, 귀신입니다. 마귀, 귀신은 사람(3차원)보다 강한 초인적인(4차원) 존재입니다. 사람이 아무리 떠나라고 소리를 내어도 귀신은 절대로 떠나가지 않습니다. 오히려 기도만 못하게 됩니다. 이것을 마귀, 귀신이 노리는 것입니다. 이때에는 마귀, 귀신보다 강한 초자연적인(5차원) 성령의 역사가 자신 안에서 일어나면 더 이상 방해를 못하고 물러가는 것입니다. 그런데 마귀, 귀신이 일으키는 잡념이 그리 쉽게 물러가지 않습니다. 그러나 포기하지 말고 물리쳐야 합니다. 성령의 권능으로 한번 물러가면 다음부터는 쉬워집니다. 한번은 끝까지 싸워서 물리쳐야 합니다. 물리치는 방법은 잡념에 신경 쓰지 말고 계속 예수님을 부르거나 찾는 것입니다.

그래서 성도가 깊어지는 것은 영적인 원리와 진리를 깨닫는 만큼씩 깊어지는 것입니다. 하나님이 자신에게 부여한 권능을 사용하는 것입니다. 성령의 권능을 적절하게 사용해야 귀신이 물러가는 것입니다. 절대로 사람의 기교나 노력으로 귀신이 물러가지 않습니다. 예수를 믿으면 하나님의 자녀가 되는 권세가 있습니다. 자신에게 성령의 권세가 있지만 사용하지 않으면 무용지물입니다. 권세를 사용할 때 귀신이 물러가는 것입니다. 많은 성도들이 자신에게 권세가 있는 것은 아주 잘 압니다. 그런데 사용할 줄을 모릅니다. 이를 쉽게 설명하면 경찰관에게는 나라에서 준 권세가 있습니다. 그런데 경찰관이 권세를 사용하지 않으면 처처에 불법과 도적이 판을 치고, 교통사고가 끊이지 않게 됩니다. 권세를 알고 사용할 때 범죄가 없어지고 교통 소통이 원활하게 되는 것입니다. 마찬가지로 성도가 하나님이 주신 권세를 사용하지 않으면 날마다 귀신에게 괴롭힘을 당하면서 살아가는 것입니다. 그러면서도 원인을 잘 모릅니다. 모두 권세를 사용하지 않아서 당하는 것입니다. 가만히 있으면 하나님이 알아서 해주시는 것으로 알고 있기 때문입니다. 성도에게 부여한 권세를 사용해야 하나님의 복을 누릴 수가 있는 것입니다. 그래서 권세가 권능이 되어야 합니다. 이 말의 뜻은 무엇인가하면 가장에게는 하나님이 권세를 주었습니다. 가장에게는 기본적인 권세가 있습니다. 그러나 권능 있는 가장은 아닙니다. 그럼 언제 권능 있는 가장이 됩니까? 권능 있는 가장은 세상에 나가서 돈을 벌어서 처자를 먹이고, 입히고, 잠자게 하고, 공부를 시킬 수가 있을 때 권능이 있는 것입니다.

마찬가지로 성도도 예수를 믿으면 기본적인 하나님의 자녀의 권세가 있습니다. 언제 권능 있는 성도가 됩니까? 하나님이 주신 권세를 사용하여 마귀, 귀신이 몰아내며 하나님과 교통하며 지낼 때 권능 있는 성도가 되는 것입니다. 기도할 때도 마귀, 귀신의 방해를 성령의 권세를 사용하여 몰아내야 한다는 말입니다. 자신의 힘으로 머리에 잡념을 주는 마귀, 귀신아 떠나가라. 떠나가라. 떠나가라. 아무리 소리를 질러도 기도만 못하지 마귀, 귀신은 떠나가지 않는다는 말입니다. 이때에는 성령의 권세가 자신을 장악하여 자신 안에서 밖으로 나타나게 하면 성령의 권세로 방해하던 마귀, 귀신이 물러가는 것입니다. 그러므로 잠이 안 올 때는 호흡을 깊게 들이쉬면서 마음으로 예수님! 호흡을 내쉬면서 마음으로 사랑합니다. 호흡을 깊게 들이쉬면서 마음으로 예수님! 호흡을 내쉬면서 마음으로 사랑합니다. 의식을 마음 안에 계신 예수님에게 두고 지속적으로 합니다. 이렇게 지속적으로 기도하다가 보면 성령의 역사로 마음이 안정이 되어 잠에 빠지게 되는 것입니다.

이제 기도할 때 자세입니다. 많은 분들이 기도하면 무릎을 꿇고 하는 것으로 알고 있습니다. 이것은 샤머니즘의 신앙의 잔재입니다. 대상에게 잘 보여서 응답을 받아야 하기 때문에 무릎을 꿇고 하는 것입니다. 절에 가서 기도할 때 무릎을 꿇고 했기 때문에 습관적으로 무릎을 꿇고 기도하는 것입니다. 물론 성경에도 무릎을 꿇고 기도를 했습니다. 그런데 이는 급박한 상황일 경우 무릎을 꿇고 기도했습니다.

목사님들도 기도하면 무릎을 꿇어야 한다고 생각이 굳어있기 때문에 좀처럼 바뀌지 않습니다. 새벽기도에 가서 기도하려고 해도 자! 이제 장의자 위에 올라가서 무릎을 꿇고 기도하기를 바랍니다. 기도는 각자 마음 하늘에 계신 하나님께 하는 것입니다.

앞에서도 누누하게 말했지만 기도는 영의 활동입니다. 기도는 반드시 성령으로 해야 합니다. 성령은 마음을 열고 평안한 상태가 되어야 역사하십니다. 무릎을 꿇으면 얼마못가서 온 몸이 경직되게 됩니다. 이는 우리 교회 집회 때 제가 관찰하여 보았기 때문에 잘 압니다. 우리 교회는 보통 기도시간이 40분이상입니다. 처음에 능력과 치유를 받으러 오신 분들이 앞에 나와 기도하라고 하면 무릎을 꿇고 합니다. 그러다가 10분정도 지나면 몸이 경직되어 몸을 이리저리 뒤틀기 시작을 합니다. 무릎이 아프거나 자세가 편안하지 못해서 그렇습니다. 모두 무릎을 꿇고 10분 이상 기도를 해보지 못했다는 증거이기도 합니다. 물론 1시간 동안 무릎을 꿇고 기도하는 분도 있습니다. 그러나 보통 10분을 넘기지 못합니다. 그러면 제가 편안한 자세로 기도를 하라고 합니다.

편안한 자세로 기도를 하다가 보면 성령께서 서서히 장악을 하기 시작하여 성령으로 기도합니다. 영의통로가 열리고 치유되기 시작을 합니다. 성령의 세례가 임하고 성령의 불의 역사로 상처들이 치유되기 시작을 합니다. 기도할 때 자세는 편안한 자세가 좋습니다. 왜냐하면 오랫동안 해야 하기 때문입니다. 오랫동안 기도해야 영의 상태로 들어갈 수가 있습니다. 영의 상태가 되어야 영이신 하나님이 들으시고 응답하시기 때문입니다. 어찌하든지 영적으로 깊게 들어갈 수 있어야 합니다.

성경에 기도 자세가 여러 군데 나와 있습니다. 서서 기도하기도 했습니다. 앉아서 기도하기도 했습니다. 엎드려서 기도하기도 했습니다. 누워서 기도하기도 했습니다. 그러므로 기도할 때 꼭 무릎을 꿇고 하는 것은 필요할 때만 하면 되는 것입니다. 급박한 경우에 한해서 무릎을 꿇고 기도하면 됩니다. 급박한 상황이란 죽어가는 사람을 살려야 한다든지 급박한 문제 해결을 위해 빨리 응답을 받아야하는 경우에 한해서 무릎을 꿇고 하면 됩니다. 기도할 때 자세를 편안하게 하여 오래 기도해야 합니다.

이제 교회에서 모여서 통성(발성)기도하는 방법입니다. 통성기도를 유창하게 할 수 있는 분을 제외하고 나머지는 정말 죽을 지경입니다. 제가 당해보았기 때문입니다. 그래서 예배 후에 통성기도가 있으면 교회에 나오지 않는 분들이 생깁니다. 힘이 들고 따라할 수가 없기 때문입니다. 이때에는 이렇게 하면 됩니다. 기도 인도자가 사전에 알려주고 하는 것이 좋습니다. 그냥 통성으로 기도합니다. 하고 시작을 하니까, 방언 기도하는 분들은 따다다! 따다다! 따다다! 합니다. 말로 기도하는 분들은 중얼중얼합니다. 옆에서 이렇게 기도하니 기도하지 못하는 분들은 주눅이 들어 기도 한마디 못하고 기도 시간 내내 다른 사람 떠드는 소리만 듣다가 끝나는 것입니다. 그러니 다음에 나오지를 않는 것입니다. 기도하지 못하는 분들은 이렇게 기도하면 됩니다. 호흡을 들이쉬고 내쉬면서 뱃속에서 나오는 소리로 주여! 호흡을 들이쉬고 내쉬면서 주여! 호흡을 들이쉬고 내쉬면서 주여! 아래 뱃속에서 나오는 영의 소리로 주여! 주여! 주여! 하는 것입니다.

제가 지금까지 23년 이상 성령사역을 하면서 기도를 시켜보면 주여! 주여! 주여! 하는 기도가 제일로 강력한 기도였습니다, 이 기도에 성령으로 세례가 임합니다. 이 기도에 막힌 영의통로가 열립니다. 이 기도에 깊은 상처가 치유됩니다. 이 기도에 귀신이 쫓겨나갑니다. 정말로 강한 기도가 호흡을 들이쉬고 내쉬면서 주여! 호흡을 들이쉬고 내쉬면서 주여! 하는 기도입니다. 이렇게 기도하다가 보면 성령이 임하여 방언도 터지고 성령의 세례도 받게 되는 것입니다. 기도 알고 보면 쉽습니다. 무조건 기도하라고 하고, 무조건 기도하려니 어려운 것입니다. 이렇게 기도를 성령으로 하다가 보면 자궁 수술한 것은 절대로 재발하지 않습니다. 성령의 역사가 심령을 장악하니 모든 기능이 정상이 되기 때문입니다.

이분이 집중치유를 마치고 하시는 말이 너무너무 좋다는 것입니다. 마음이 편안하여 날아갈 것만 같다는 것입니다. 딸에게 어떻게 이런 곳을 알았느냐고 데리고 와주어서 감사하다는 것입니다. 이렇게 성령으로 하는 집중치유는 몸으로 느끼고 보이는 은혜를 체험합니다. 저는 정말 집중치유가 힘은 듭니다. 그러나 몸으로 느끼고 눈으로 보이는 가시적인 현상이 나타나니 보람을 가지고 사역하고 있습니다.

3장 응답되는 기도 하는 법

(롬8:26)"이와 같이 성령도 우리의 연약함을 도우시나
니 우리는 마땅히 기도할 바를 알지 못하나 오직 성령이 말
할 수 없는 탄식으로 우리를 위하여 친히 간구하시느니라"

영의기도는 성령의 도우심, 교통하심을 받아야 하나님이 응답
을 하십니다. 성령의 도움으로 바르게 기도할 수 있습니다. 기도
는 영적차원의 일입니다. 영적인 일을 하려고 할 때는 반드시 성
령의 역사와 도움이 있어야 합니다. 성령님의 주인 되심과 역사
도우심이야말로 기도의 생명력입니다. 기도에 들어가기 전에 '저
의 주인이신 성령님 도와주세요. 기도를 도와주세요'하고 10회
이상 반복하세요. 기도는 훈련해야 합니다. 훈련을 하되 바르게
성령으로 기도를 해야 합니다. 성령으로 기도함으로 성령이 충만
하여 마음에 참 평안을 느낄 수가 있습니다.

하나님은 우리에게 뜻을 주시고, 그 뜻에 따라 기도하게 하심
으로 그 뜻을 이루십니다(빌2:13). 바로 이일을 위해서 성령님께
서 우리에게 오셔서 우리에게 하나님의 뜻을 가르쳐주시고, 그 뜻
대로 기도하게 하시고, 우리 대신 말할 수 없는 탄식으로 우리를
위하여 간구하십니다. 하나님의 사랑은 그리스도의 십자가의 은
혜로 나타났습니다. 그리고 이 하나님의 사랑, 그리스도의 은혜를
성령께서 우리에게 교통해주십니다. 우리에게 전달해주십니다.

그러므로 성령의 교통하심이 없으면 그리스도의 은혜도, 하나님의 사랑도 우리는 알 수가 없고, 받을 수가 없는 것입니다. 그러므로 기도로 무엇보다도 먼저 성령님을 구하고 찾아야 합니다. 우리의 기도는 무엇보다도 먼저 성령의 도우심, 교통하심을 받아야 합니다. 이것부터 훈련해야 합니다. 그래야 기도하면 할수록 마음에서 참 평안이 올라오는 것입니다.

1. 영의기도와 성령님의 사역

성령님은 우리 안에서 우리와 함께 계십니다(요14:16). 우리 안에서 예수를 증거하십니다(요15:26). 설교를 통해서 그리스도의 은혜를 받는 것은 감정적, 지식적으로 받는 것이므로 여기에 성령님의 역사가 없이는 그 은혜가 우리의 영, 마음으로 생명이 되어 흐르지 못합니다. 즉 예수의 십자가의 은혜를 받는 것은 오직 성령을 통해서만 가능합니다. 성령은 예수를 증거 하는 분이기 때문입니다. 그러므로 성령님을 늘 찾아야 합니다. 성령님과 교통해야 합니다. 제자들이 늘 예수님 곁에 있어야만 하였던 것처럼, 오늘 우리는 늘 성령님을 찾아야 합니다. 성령님을 떠나지 말아야 합니다. 특히 기도할 때, 성령님의 도우심, 임하심은 절대적입니다.

성령 하나님을 내안에 모신 크리스천에게 성령의 불(권능)은 위에서 떨어지는 것이 아니라, 내안에서, 나의 깊은 곳에서 부드럽게 올라오는 것입니다. 내안에서 올라오는 성령의 불(권능)이 바로 참 평안입니다. 이를 위해서 내안에 불순물이 없어야 합니다. 불순물을 제거하는 분이 바로 성령님이십니다. 내안의 불순물을 제거해야 성령의 불(권능)의 역사가 아름답게 나타납니다. 내안에 불순물이 있으면, 나에게서 나타나는 성령의 역사가 아름답지 못하게 됩니다. 내안에서 성령의 참 평안이 나타나려면, 내 안이 성령이 역사할 수 있는 조건이 되어야 합니다. 내 마음을 성령이 역사할 수 있는 상태로 준비해 드려야합니다.

성령님은 자율신경계통으로 활동하는 내부기관과 같이 내 의지로 움직일 수 없습니다. 40일 기도로 성령님을 어떻게 해보려는 것은 마치 심장을 내 마음대로 움직이려고 애를 쓰는 것과 같습니다. 심장의 건강을 위해 운동하며 콜레스테롤을 낮추는 것처럼, 나는 오직 그분이 역사할 수 있는 환경을 만들어 드리면 되는 것입니다. 마음을 열고 성령으로 기도하라는 것입니다. 그러면 성령이 역사하십니다.

미움을 자제하고, 성령님을 의지하고, 성령님의 도움을 찾고 요청하고 간구하는 것이 바로 성령이 역사하실 수 있는 조건을 만들어 드리는 것입니다. 이것이 성령 안에서 하는 온몸기도입니다. 이것은 오직 지속적인 훈련으로 이루어지게 됩니다. 성령 충만을 위하여, 성령의 활발한 활동을 위하여 내 심령을 준비하는 것, 영적정서 상태가 되게 하는 것이 바른 기도입니다. 성령으로 충만하여 영적인 상태가 되어 기도해야 영이신 하나님과 통하는 기도가 되는 것입니다. 성령으로 기도할 때 참 평안이 나타납니다.

2. 기도하기 전에 준비할 사항

1) **성령님께 성령님의 감동, 감화, 인도함을 받도록 간구, 요청하세요.** 유다서 1장 20절에 "사랑하는 자들아 너희는 너희의 지극히 거룩한 믿음 위에 자신을 세우며 성령으로 기도하며" '성령님과 함께 기도할 수 있게 해 주세요'하고, 성령님에게 도움을 요청하세요. 성령으로 기도할 수 있도록 간구하세요. 기도는 성령으로, 성령 안에서, 성령의 도우심을 받아야 한다는 사실을 꼭 기억해야 합니다. 기도와 성령을 일체화시켜야 합니다.

2) **기도에서 가장 먼저 간구해야 하는 것은 성령의 임재와, 충만, 교통함입니다.** 성령의 임재가 기도의 생명이고, 믿음생활의 생명입니다. 내 이성이 기도하고, 내 감정이 기도하고, 분위기가 기도하면 영이신 하나님과 통할 수가 없습니다. 또, 기도를 돕기 위해서 오신 성령님이 외면당하시고 슬퍼하시며 외로워하십니다. 자꾸 성령님의 도움을 요청하세요. 성령님의 임재는 너무나 중요합니다. 이것을 인정하세요. 성령께서 일하시도록 환경을 만들어 드려야 합니다. 장소를 만들어 드려야 합니다. 장소를 만들어 드리는 것은 자꾸 성령님을 찾는 것입니다. 성령님의 역사는 우리가 성령님에게 일할 수 있는 환경과 장소를 만들어 드릴 때 나타납니다. 우리의 마음을 성령님이 역사하실 수 있는 환경을 만들어 드리면 성령님이 역사하십니다.

3) **기도의 초기단계에서는 내 영혼이 성령님의 임재를 대부분 느끼지 못합니다.** 부정적 인식, 믿음의 부족, 인식부족, 필요성에

대한 무지, 하나님과의 거리감 때문입니다. 그러나 내가 느끼지 못해도 성령님은 지속적으로 역사하심을 알아야 합니다. 믿고 인정해야 합니다. 그러므로 성령을 느끼려고 노력해야 합니다. 성령님이 내 안에 주인으로 계신다는 사실을 인정해야 합니다. 지속적으로 노력해야 합니다.

이 방식대로만 하면 하나님이 활동하고 역사하십니다. 단지 내가 둔해서 느끼지 못하지만, 지속적으로 훈련하면 하나님의 역사하심을 느끼고 체험하게 됩니다. 이것을 더 사모하고 더 사모해야 합니다. 내안에 계신 성령님의 도우심으로 문제를 해결하게 됩니다. 더 높고, 넓게 깊은 단계로 나아가게 됩니다. 보화를 캐내기 시작하는 것입니다.

4) 기도 자는 자신의 마음 안에 하나님이 계신다는 것을 실제로 체험해야합니다. 이것이 진정 참된 기도의 시작이라고 할 수 있습니다. 그리고 드디어 하나님이 그런 사람, 즉 성령님과 교통하는 사람을 쓰시게 됩니다. 이것이 하나님의 사역의 기본원칙입니다. 이를 위해서 간구하고 목말라해야 합니다. 하나님을 믿으면서, 하나님께 가까이 가고, 하나님을 느끼고, 하나님을 사랑하고 하나님께 나를 드리고, 기적을 체험하는 차원을 향하여 나아가야 합니다. 밖에 있는 것에 관심 갖지 말고 오직 안에 있는 분에 대하여 목말라 해야 합니다. 성령님은 끊이지 않는 생수가 되시는 분입니다. 성령님은 끊이지 않는 샘물을 주십니다.

3. 성령 안에서 온몸기도와 마음

1) **기도는 마음, 즉 심령에서 나와야 합니다.** 심령에서 나와서 말로 표현되는 것이 바른 기도입니다. 심령에서 나오지 않는 것은 아무리 미사여구를 사용하여 장시간 기도해도 사실은 기도하고 있지 않는 것입니다.

2) **기도는 은총입니다.** 누구나 우상에게 기도할 수 있지만, 오직 하나님의 자녀만이 하나님 아버지에게 기도합니다. 그러므로 하나님 아버지에게 하는 기도는 은총입니다. 은총 속에서 아버지에게 하는 기도가 바른 기도입니다. 내가 하나님의 자녀가 되었다는 사실 하나만으로도 무한 감사할 수 있어야 하는데, 여기서 한 걸음 더 나가서 기도로 하나님과 만날 수 있게 됨은 진정 은총입니다. 기도는 은총이나 기도자의 노력이 은총과 합해져야 합니다. 구원은 거저 주시지만, 은혜와 은총은 거저가 아니라, 우리가 노력하고 찾아야 합니다. 거저주신 은혜는 저절로 묻힙니다. 이 은혜를 사용하기 위해서는 깊이 파 들어가야 합니다. 그러므로 기도는 깊어져야 합니다.

하나님의 성전에서 가장 깊은 곳에 지성소가 있는 것처럼, 우리의 지성소인 영혼(마음)에 하나님이 계십니다. 따라서 우리의 영혼은 무한한 크기와 능력을 가집니다. 우주보다 더 큽니다. 우리는 여기서 하나님을 만나야 합니다. 이것은 모든 크리스천에게 절대절명의 명제입니다. 마음은 하나님이 계신 영혼과 가장 가까운 곳에 위치해 있으며 하나님과 하나가 될 수 있는 장소입니다. 마음에서 하나님을 찾고 마음으로 하나님을 찾는 이런 사람이 하나님을 만납니다. 이런 사람은 하나님을 만난 모세처럼 삶의 자세가 달라집니다. 이처럼 하나님에게 가까이 가는 사람만이 하나님과 하나가 될 수 있습니다.

3) 마음은 감정, 기분, 지성, 애정을 느끼는 기관이 아니라, 더 깊은 곳에 있는 인간의 궁극적 기반이며 근원이 되는 곳입니다. 깊은 곳에 영을 담는 장소입니다. 마음은 지정의를 느끼는 곳이나, 육신보다 더 깊이 있기에 이것을 실감하는 것은 쉽지 않습니다.

4) 보통 이 깊은 마음은 일상생활에서 활동하지 않고 지-정-의의 행위 아래 마비되어 있습니다. 우리는 일상생활을 지-정-의라는 이성과 육신의 본능으로만 영위하고 마음을 사용하지 않습니다. 그래서 마음의 활동이 퇴화되었습니다. 감정과 육신, 생각은 무리할 만큼 혹사시키지만, 마음은 잠재우고 있습니다. 그러므로 깊은 기도를 할 수 없습니다. 기도는 지정의와 본능의 활동아래에서 잠자는 마음, 즉 영을 깨워 그 안에 거하시는 하나님과 교제하는 것입니다.

그러므로 하나님의 은혜는 위에서 오는 것이 아니라, 자신 안에서 올라오는 것입니다. 마음으로 하나님을 만나고, 마음으로 하나님에게 말하게 해야 합니다. 이것이 바른 기도입니다. 육체, 본능, 동물적인 기능이 내 뜻대로 되지 않을 때, 육체가 나와 또 다른 인격체라고 하는 것처럼, 마음은 우리 안에 있는 또 다른 인격체입니다. 마음이 굳어져 있으므로 하나님을 느끼지 못하고, 하나님과 교제하지 못하게 됩니다. 마음이 해야 할 역할까지 이성이 해야 하기 때문에 이성은 점점 더 복잡해집니다.

마음, 영성은 단순한 것입니다. 어린아이처럼 단순해지는 것이 마음을 깨우는 것입니다. 순수함을 찾는 것입니다. 마음이 깨어나서, 마음으로 살고, 생각하고 느끼게 될 때, 진정 크리스천의 삶이며, 이러한 사람의 느낌이나 생각이 세상 사람과 다르게 됩니다. 더 깊고, 더 굳건하고, 더 멀리보고, 더 깊이 느끼게 됩니다. 마음은 참 평안으로 가득하게 됩니다.

마음으로 보고, 느끼고 사는 것이 올바른 삶의 목표를 가지고 사는 것입니다. 마음은 우리의 삶의 방향이 하나님을 향하도록 방향을 잡아주는 것입니다. 그러므로 마음은 인생의 나침반입니다. 그런데 이 마음이 잠들어 있음으로 삶이 방향과 목적과 의미를 잃고 헤매는 것입니다. 영을 깨워야 합니다. 마음을 깨워야 합니다. 영이 살아나야 합니다. 마음을 깨뜨려서 내속에 있는 하나님을 느끼려고 해야 합니다. 하나님의 은혜가 솟아오르게 해야 합니다. 마음속에 파묻혀 있는 깊은 보물을 찾아내야 합니다. 파내야 합니다. 우리 몸에서 가장 중요한 부분은 머리도, 얼굴도 아니라, 마음입니다. 마음을 보살피고 꽃밭을 가꾸듯 가꿔야 합니다. 그 속에 엄청난 보화와 능력이 감추어져 있습니다.

하나님은 에스겔 11장 19절에서 "내가 그들에게 한 마음을 주고 그 속에 새 영을 주며 그 몸에서 돌 같은 마음을 제거하고 살처럼 부드러운 마음을 주어"말씀하십니다. 굳은 마음이란 성령님이 역사하지 못하는 마음이고, 부드러운 마음은 성령님이 역사하는 마음입니다. 믿음은 우리가 믿는 것이 아니라, 하나님이 우리에게 믿는 마음을 주신 것입니다. 즉 하나님께서 우리의 굳은 마음 대신에 새 마음을 주신 것입니다. 그래서 믿음은 은혜입니다. 그러므로 구원받은 자는 자꾸 새 마음을 가져야 합니다. 부드러운 마음을 가져야 합니다. 주님의 마음을 품어야 합니다. 우리의 굳은 마음은 하나님의 은혜를 받지 못하게 막습니다. 부드러운 마음은 초청해야 생깁니다. 왜냐하면 우리에게 부드러운 마음을 주시는 성령님은 인격이시기 때문입니다.

마음을 열어야 합니다. 부드러운 마음을 가져야 합니다. 영을 열어야 합니다. 기도가 피어오르게 해야 합니다. 기도는 영을 여는 것입니다. 영을 열어야 영이신 하나님을 만납니다. 마음을 열고 하나님을 만나야 합니다. 하나님을 만나는 것이 지상최고의 축복이며, 목표이며 모든 것입니다.

하나님은 로마서 8장 9절에서 "만일 너희 속에 하나님의 영이 거하시면 너희가 육신에 있지 아니하고 영에 있나니 누구든지 그리스도의 영이 없으면 그리스도의 사람이 아니라"하십니다.

하나님이 우리를 자녀 삼으신 것은 우리 속에 하나님이 오시기 위하여, 우리 속에 거하시기 위하여서입니다. 우리가 하나님의 성전이 되는 것입니다. 우리 속에 하나님이 계십니다. 그 하나님을 만나기 위해서 하나님이 계신 지성소인 마음속으로 들어가야 합니다. 마음속에 계신 하나님은 자꾸 찾아야 만날 수가 있습니다. 마음속의 지성소를 귀중히 여겨야 합니다. 자꾸 찾아서 통로를 열어야 합니다. 예수의 보혈로 이미 휘장이 활짝 열렸습니다. 하나님을 만나리라는 믿음생활의 목표를 가져야 합니다. 이러한 끈질김이 있어야 합니다. 하나님과 하나가 되어야 합니다. 내 영혼 깊은 곳에 계시는 하나님과 만나야 합니다. 그리고 그분의 통치를 받아야 합니다.

그렇기 위해서는 부드러운 마음을 가져야 합니다. 그래야 하나님의 성전이 된 의의가 있습니다. 진정한 기도의 장소는 내 마음이라는 지성소입니다. 고린도전서 2장 12절에 보면 "우리가 세상의 영을 받지 아니하고 오직 하나님으로부터 온 영을 받았으니 이는 우리로 하여금 하나님께서 우리에게 은혜로 주신 것들을 알게 하려 하심이라"하셨습니다. 구약시대에는 하나님의 영은 참으로 귀하게 오시고 역사하셨습니다. 아주 특별한 경우에, 특별한 사람에게 잠깐씩 오시고, 그것도 금방 떠나셨습니다. 그런데 이제 우리는 그렇지 않습니다. 하나님의 영이 오셔서 결코 떠나지 않으시고, 우리를 도우십니다. 대접받고, 일을 시키기 위해서가 아니라, 오직 우리의 연약함을 도우시기 위하여! 우리를 통하여 살아계심을 나타내기 위하여 얼마나 대단한 축복입니까? 세상의 영은 이제 우리에게는 없고 하나님의 영이 계실 뿐입니다. 단지 전의 습관, 성품이 우리 속에 계신 하나님의 영을 무시하고 있는 것입니다.

마귀의 성품인 조급함, 음란, 미움 등등이 안에 있으면 아무리

도덕을 강조해도 안 됩니다. 그러나 이제 우리에게는 이제 이러한 세상의 영은 없고 하나님의 영이 계십니다. 그 하나님의 영으로부터 은혜와 은총이 자꾸 올라오게 해야 합니다. 그리할 때, 우리의 성품이 변하게 됩니다. 세상의 영은 우리 중심에 있으면서 우리를 지배하지 못하나 밖에서 육신의 안목과 정욕, 습관과 성품으로 우리를 지배하려고 합니다. 그러므로 우리는 우리 중심에 계신 하나님의 영의 지배를 받는 습관, 성품을 훈련하여야 합니다. 성령님과 만나려고 해야 합니다. 노력해야 합니다. 그리할 때, 은총이 그 속에서 올라옵니다. 참 평안이 올라옵니다.

하나님의 성품이 우리에게는 없습니다. 우리 속에 계신 성령님에게 있습니다. 성령님을 만나려고 노력하고 하나님께 자꾸 나감으로 하나님의 성품이 깊은 속에서 올라오게 해야 합니다. 하나님은 고린도전서14장 15절에서 "그러면 어떻게 할까 내가 영으로 기도하고 또 마음으로 기도하며 내가 영으로 찬송하고 또 마음으로 찬송하리라" 말씀하십니다. 기도와 찬미를 영으로 해야 합니다. 얼마나 깊이에서 기도하고 찬미하고 있습니까?

하나님은 데살로니가전서 5장 23절에서 "평강의 하나님이 친히 너희를 온전히 거룩하게 하시고 또 너희의 온 영과 혼과 몸이 우리 주 예수 그리스도께서 강림하실 때에 흠 없게 보전되기를 원하노라" 하셨습니다. 영-혼-육은 각각 서로 다른 인격체입니다. 그러면서 한 인격체입니다. 하나님은 이 3부분이 다 하나님의 나라가 되기를 원하십니다. 그런데 그것은 오직 영이 주도권을 쥐어야만 가능합니다. 영이 잘되어야 혼과 몸도 살게 됩니다. 그러므로 육성-이성-영성 중에서 이성과 육성을 약화시키고 영성을 강화시켜야 합니다. 육신이나 세상에 대해서 좀 덜 민감해지고 하나님에 대해서 더 민감해져야 합니다.

5) **사람들 대부분은 마음의 활동보다는 이성에 의한 육체의 활동만 하고 있으며, 마음과 이성 사이에는 두꺼운 벽이 있어서 분리시켜놓고 있습니다.** 그러므로 마음의 기능이 약해져 있으며, 상대적으로 이성과 육신으로만 활동하고 있습니다. 이성과 육신이 인간의 활동을 지배합니다. 대부분의 결정을 마음이 아니라, 이성으로 내립니다. 그러므로 하나님과 무관한 결정이 되고 맙니다. 마음이 깨어서 마음으로 하는 결정이 하나님과 유관한 결정입니다. 가나안 땅을 분배하는 아브라함과 롯의 경우, 롯은 이성의 결정이고, 아브라함은 마음의 결정, 영적인 결정을 하였습니다. 이성의 결정은 하나님과 무관하고, 사단과 유관한 결정이 됩니다.

4. 기도는 마음을 비우는 것

기도는 부족한 무엇을 달라고 하는 것이 아니라, 내 안에 있는 좋지 않은 것을 성령으로 비우는 것입니다. 하나님의 은혜, 하나님의 생명, 하나님의 능력을 담는 내면이라는 그릇을 깨끗하게 하는 것입니다. 세상의 근심, 욕심, 불안함, 시기, 질투, 염려, 야망, 하나님이 보시기에 가증스러운 것들을 비워야 합니다. 우리의 마음을 쓰레기통으로 만들지 말아야 합니다. 배설물통으로 만들지 말아야 합니다. 비움 후에 하나님으로 채우는 것이 기도입니다. 이를 위해 자꾸 자기성찰을 해야 합니다.

그리고 주님의 마음, 주님의 평강을 중심에 가져다 놓는 것입니다. 묵상을 통해 자신을 성찰하여 마음에 가득한 것, 손에 꼭 쥐고 있는 것을 내려놓고 빈 손, 빈 마음이 되어야 합니다. 그래야 하나님으로 채워집니다. 기도에 기합이나 감정을 넣지 말아야 합니다. 성령으로 감정을 풀어놓아야 합니다. 감정을 내려놓아야 합니다. 편안하게 풀어놓아야 합니다. 무릎 꿇으려고 애쓰지 마세요. 편안한 자세의 기도는 사랑하는 아버지를 만나고 그분이 주시는 것으로 채우는 것입니다. 이를 사모하고, 성령으로 속을 비워야 합니다.

기도는 겸손한자가 할 수 있으며 기도하는 자는 더욱 겸손해져야 합니다. 겸손한 자가 하나님을 만날 수 있습니다. 겸손과 기도는 분리할 수가 없습니다. 하나님은 겸손한 자를 사랑하고 들어 쓰십니다. 영적으로 깨어난 사람, 하나님과 교제하는 사람은 기능적인 능력만을 추구하지 않습니다. 기능적인 것은 언제라도 바뀔 수 있습니다. 변화된 성품으로 말해야 합니다. 겸손한 성품을 추구해야 합니다. 기도는 높은 자리에서 내려와 종의 자리에서 하는 것이며, 나의 중심에서 내려와 주님을 자신의 중심에 모시고 그 발 앞에서 겸손히 그를 쳐다보는 것입니다. 그분과 내가 일체가 되고, 더 깊이 그분을 섬기고 따르려고 하는 것입니다. 이러한 마음의 자세가 가장 중요합니다. 하나님을 어떻게 생각하는가, 어떻게 그분을 모시고 있는가, 이것이 제일 중요합니다.

기도는 하나님과 인간이 만나는 신비한 체험, 접점입니다. 신비와 현실, 이성과는 거리가 멉니다. 그 거리를 좁혀주는 것이 체험입니다. 체험은 믿음의 기도로부터 옵니다. 체험은 하나님에게 접근하려는 사람에게 옵니다. 체험은 하나님을 경험하는 것이며 신비입니다. 이론이 실제의 경험이 되며, 상상이 현실화가 되며, 신앙의 활력을 주며 전환점이 됩니다. 기도 속에서 하나님을 만나야 합니다. 기도 속에서 하나님을 체험해야 합니다. 가장 보편적인 체험은 평안입니다. 기도 속에서 많건 적건 하나님이 주시는 평안을 체험해야 합니다.

기도에서 말을 하는 것이 중요한 것이 아니라, 성령으로 충만한 영적상태에서 영이신 하나님을 만나는 것입니다. 그리고 이러한 만남이 체험이고 신비입니다. 이러한 만남을 위하여 속을 비워야 하고, 하나님을 만나려는 마음가짐이 중요합니다. 아픔과 고통과 부족함을 가리려고 하지 말고, 그것을 드러내고, 내려놓고, 맡길 때, 주님은 우리를 만나고, 그것들을 빼내시고, 좋은 것을 채워주십니다. 이것이 주님과의 교제를 통한 은혜, 만남의 은혜, 교제의 은혜, 기도의 은혜입니다. 이것이 영의기도입니다. 영으로 기도할 때 마음에서 참 평안이 올라오는 것입니다.

5. 기도는 비운 마음에 참 평안 성령을 채우는 것

기도는 우리 속에 채워진 좋지 않은 것을 비워버리고 주님이 주시는 좋은 마음, 참 평안을 품는 것입니다. 우리 마음속에 예수 그리스도의 마음을 채우는 것입니다. 예수님의 마음이 참 평안입니다. 성령님의 마음으로 채워야 합니다. 하나님의 마음으로 채워야 합니다. 예수 그리스도의 마음을 품는 것은 즉 성령님을 품는 것입니다. 성령님을 사랑하고 사모하고 품는 것입니다. 그리할 때, 예수 그리스도의 마음을 품게 되는 것입니다. 성령님을 많이 찾으시기 바랍니다. 입술로 찾지 말고, 마음으로 찾아야 합니다. 안으로 찾아야 합니다. 그러면 차츰차츰 성품과 행동과 생각과 삶이 변화하게 됩니다. 이것이 바른 기도를 한 것입니다. 기도의 열매입니다. 그분이 원하시는 것은 무엇이든지 하겠다는 생각이 들게 됩니다. 이것이 바로 주님의 마음입니다. 이러한 마음이 점점 내 마음을 채우는 것을 느끼게 됩니다.

기도는 마음에 심겨진 잘못된 감정, 상처를 성령님의 도우심으로 비우고 지우는 것이며, 거기에 하나님의 성품으로 채우는 것입니다. 시간이 지날수록 차츰 안정감을 느끼게 될 것입니다. 나이가 들수록 이러한 부분이 더욱 중요하게 다가옵니다. 외부의 안정, 환경의 안정이 아니라, 마음의 안정감을 찾아야 합니다. 영으로 기도하면 마음에 안정감을 찾게 되어 있습니다.

이러한 기도는 영적인 기도입니다. 영적인 기도는 영적상태에서 해야 합니다. 성령님을 자꾸 찾으면 성령님이 나타나시며 의식에서 무의식으로, 의식에서 영적상태로 바뀌게 됩니다. 이때 생각하는 것은 의식(두뇌)이 아니라, 무의식(영, 마음)입니다. 마치 눈을 감고 고향을 떠올리는 것처럼 의식에서 나오는 것이 아닙니다. 이러한 상태가 마음의 상태, 영적상태입니다. 이런 상태에서 성령님에게 묻고, 간구하고, 도움을 요청해야 합니다. 영의기도를 하면서 치유를 받아야 합니다. 간단하게, 그러나 반복해서, 지속적으로 해야 합니다. 이처럼 영적상태에서 마음으로 하는 한마디가 그냥 입으로 하는 수천마디보다 더 강하게 역사합니다. 인간의 주체는 머리가 아니라, 마음입니다. 성령충만한 영적상태에서 하나님이 주시는 평안이 세상을 이기는 에너지입니다.

기도와 찬양, 기도와 성품은 서로 깊은 관계가 있습니다. 찬양이 마음의 상태를 이끌고 나갑니다. 찬양에 강한 힘이 있습니다. 시대를 알려면 노래를 알아보면 됩니다. 어떤 가사, 어떤 감정인가? 초신자는 보혈, 죄 사함을 찬양해야 합니다. 성숙한 성도는 하나님께 드리고, 하나님을 만나고, 하나님과 깊은 관계를 맺는 영의 찬양을 해야 합니다. 찬양도 발전해야 합니다. 찬양도 변해야 합니다. 예배와 섬김이란 그 대상의 성품을 닮고, 그 대상의 운명에 동참하게 되는 것입니다. 기도는 그 대상에게 나아가는 것이며, 만나는 것이고, 그 대상의 것이 내게 들어오는 것입니다. 그 대상과 내가 일체가 되는 것입니다. 그럴 때 참 평안이 마음에서 올라오는 것입니다.

4장 기도해도 변화되지 않는 원인

> (엡6:18)"모든 기도와 간구를 하되 항상 성령 안에서
> 기도하고 이를 위하여 깨어 구하기를 항상 힘쓰며 여러 성
> 도를 위하여 구하라"

하나님은 평안이십니다. 그렇기 때문에 성도들이 평안하기를 원하십니다. 많은 분들이 이구동성으로 하는 말이 왜 열심히 기도해도 평안하지 않느냐고 합니다. 성령으로 기도하면 평안하게 되어있습니다. 그런대도 평안하지 못하다면 원인이 있을 것입니다. 원인을 찾아야 합니다. 그 원인은 하나님이 알고 계십니다. 하나님에게 물어보아야 합니다. 하나님에게 집중적으로 기도하면서 물어보면 반드시 알려주십니다.

우리가 바르게 알아야 할 것은 기도를 하면 할수록 심령이 성령으로 충만해지므로 심령에서 예수의 인품이 나와야 맞는 것입니다. 삶에서 참 평안을 누려야 합니다. 이런 기도가 바른 기도요 영으로 하는 기도입니다. 그런데 반대로 기도는 많이 하는데 심령은 영적으로 변하지 않고 오히려 기도하지 않는 세상 사람들보다 더 성격이 예민하여 혈기를 잘 낸다는 것입니다. 기도를 할 때는 편안해지는 것 같다가 기도를 마치고 집으로 돌아가면 마음이 평안하지 못합니다. 불안합니다. 두렵습니다. 답답합니다. 조그만 말에도 짜증이 나옵니다.

필자가 부교역자를 할 때 경험적으로 보고 느끼고 체험한 것입니다. 이상하게 새벽기도 빠지지 않고 잘 나와서 기도하고, 공 예배 빠지지 않고 잘 드리고, 십일조 정확하게 잘 드리고, 구역예배 잘 드리는 성도가 남이 하는 조그마한 소리도 받아들이지를 못하고 혈기를 내는 것입니다. 그러면서 그 성도가 늘 하는 말이 목사님 저는 기도를 많이 해서 신경이 예민해져 가지고 남이 하는 조그마한 듣기 싫은 소리도 듣지를 못합니다. 그러는 것입니다.

이 성도는 이러한 경우 때문에 기도는 많이 하지만 변하지 않고 혈기가 심한 것입니다. 기도는 영의 활동입니다. 사람은 마음 안에 영이 있습니다. 그래서 마음을 열어라, 마음을 열어라 하는 것입니다. 마음을 열어야 영의 활동이 일어나기 때문입니다. 그런데 이 성도는 마음 안에 있는 영이 상처로 인하여 눌려있는 상태입니다. 그래서 이런 분들이 이구동성으로 하는 말이 나는 하루라도 기도를 쉬면은 죽는다고 말을 합니다. 육신적인 눈으로 보면 아주 좋은 현상입니다.

그러나 영의 눈을 열어 영적으로 보면 문제가 있습니다. 상처 뒤에는 악한 영이 웅크리고 있습니다. 이 악한 영은 어떻게 하든지 사람의 영을 압박하여 충만하지 못하게 하려고 합니다. 그러기 때문에 영안에 있는 성령의 역사가 밖으로 표출되지 못하는 것입니다. 이 분들은 기도를 하면 영의 활동이 일어나 영안에 있는 성령의 역사로 상처가 목에까지 올라오게 됩니다. 그러나 밖으로 터져 떠나가지는 않습니다. 왜냐하면 상처 뒤에는 악한 영이 있기 때문입니다. 제가 하는 이 이야기는 나중에 체험해보면 이해가 될 것입니다.

그래서 기도를 하면 가슴이 답답한 것이 조금 시원해집니다. 그러다가 기도를 쉬면 또 상처가 아래로 내려가면서 영을 압박합니다. 그러니 또 가슴이 답답한 것입니다. 그래서 또 기도하면 마음이 조금 시원해집니다. 이런 활동이 연속적으로 계속 일어나기 때문에 신경이 예민하여 지는 것입니다. 왜냐하면 이 성도는 예수를 믿고 기도를 열심히 해도 아직 전인격이 성령으로 사로잡히지 않았기 때문에 우리의 생명(혼)에 역사하는 악한 영이 떠나 간 것이 아니기 때문입니다. 그래서 사람은 약합니다. 생명(혼)을 가지고 있기 때문입니다.

그럼 이 성도가 언제 변하게 되느냐, 마치 사울이 다메섹 도상에서 예수님을 만나 눈이 멀어 식음을 전폐하고 삼일동안 고생하다가 성령이 충만한 아나니아가 가서 안수할 때 눈에 비늘 같은 것이 벗어져 보게 되고 음식을 먹고 변화되어, 그 시로 주는 그리스도시라고 증거하고 다닌 것같이 성령 충만한 사람으로부터 안수를 받는 다든지, 불같은 성령의 역사를 체험하여, 성령으로 세례받아 심령에서 성령의 불이 올라와 성령의 권능의 역사로 올라갔다가 내려갔다가 하는 상처가 기침이나 토함이나 하품 등으로 빠져나가기 시작하면 변화가 오기 시작하는 것입니다.

이런 체험을 한 분들의 다수가 몸에 힘이 쭉 빠져서 며칠 동안 힘이 없는 체험을 하기도 합니다. 그런데 심령은 변하여 혈기가 없어지고 마음에 참 평안을 찾으며 영으로 기도를 하게 됩니다.

방언기도를 하던 분들도 이런 체험을 하고난 다음에 방언기도의 소리가 달라지는 경우도 있습니다. 이는 그 성도의 속에서 역사하던 상처가 떠나가고 성령이 장악을 하니, 성령으로 변화되기 시작하는 것입니다.

그래서 성령 충만한 사역자의 안수기도와 불같은 성령 체험이 필요한 것입니다. 필자는 단언 합니다. 성도가 바른 영의 말씀과 불같은 성령을 체험하고 마음을 치유하여 온몸으로 기도하면 모두 성격이 예수님의 성격으로 변하게 됩니다.

기도는 신앙의 기본입니다. 기도는 예수를 믿고 성령으로 거듭난 성도의 호흡입니다. 모든 신앙생활이 기도로 시작이 됩니다. 성령 충만도 기도로 됩니다. 하나님의 음성도 기도해야 듣게 됩니다. 깊은 영성도 기도가 깊어져야 가능합니다. 기도는 성도의 호흡으로서 한시라도 기도를 쉬면 살수가 없습니다.

이 중요한 기도가 잘못된다면 열심히 믿음 생활하면서도 되는 것이 하나도 없을 수가 있습니다. 나아가 하나님과 교통할 수가 없게 됩니다. 하나님은 영이십니다. 영이신 하나님과 교통하려면 우리가 영적이 되어야 합니다. 영적이 되려면 성령 안에서 온몸으로 기도를 해야 합니다. 아무렇게나 기도한다고 영적이 될 수가 없습니다. 반드시 성령 안에서 온몸으로 기도를 해야 합니다. 성령으로 기도하는 것은 말로 하는 것이 아닙니다.

살아 역사하시는 성령께서 기도를 이끌어가시게 해야 한다는 것입니다. 성령께서 기도를 이끌어가게 하려면 영안에 계신 성령님을 밖으로 나타나시게 해야 합니다. 성령님을 밖으로 나타나시게 하는 것이 성령의 세례입니다. 성령으로 세례를 받아야 비로소 성령의 이끌림을 받는 기도를 할 수가 있습니다. 그럼 우리가 날마다 하는 기도에 무엇이 문제가 있을 까요? 제가 그동안 성령으로 치유사역을 하면서 나름대로 체험한 것을 정리하면 이렇습니다.

1. 감정으로 기도 하므로

교회나 기도원에 가보면 아주 기도를 잘하는 사람들이 있습니다. 저는 자기가 기도를 이렇게 잘한다고, 다른 사람 들으라고 하는 기도를 감정으로 하는 기도라고 말하기도 하고, 해대는 기도라고도 합니다. 기도는 반드시 성령의 이끌림을 받으면서 영으로 해야 합니다. 그런데도 기도를 하는데 목에 핏대를 세우면서 해대는 성도들이 많습니다. 방언기도를 하는데 따따다… 따다다… 따다다… 따다다다… 따다다다…. 하면서 숨을 제대로 쉬지도 않으면서 해댑니다. 그런데 이렇게 기도를 열심히 잘하는 분들이 성품에 변화가 없다는 것입니다. 남이 하는 조그마한 소리에도 인내하지 못하고 혈기를 냅니다.

우리 교회에는 주일 예배 때에도 말씀을 전하고 예배 순서에 따라 꼭 40분 이상씩 기도를 합니다. 성도들이 기도할 때 제가 돌아다니면서 모두 안수를 해드립니다. 그런데 어느 주일날 어느 권사님이 참석하셨습니다. 방언 기도를 하는데 따따다… 따다다… 따다다… 따다다다… 따다다다…. 하면서 목에 핏대가 서도록 감정으로 해대는 기도를 했습니다. 제가 안수를 하면서 이렇게 말했습니다. 실례지만 직분이 어떻게 됩니까? "예! 권사입니다." 그래요. 권사님! 마음에 상처가 많은 것 같습니다. 했더니, 권사가 하는 말이 "목사님! 저는 상처가 없습니다." 왜 상처가 없습니까? "저는 우리 남편이 한마디 하면 두 마디로 대꾸하기 때문에 상처가 있을 수가 없습니다."

오늘은 주일인데 왜 우리교회로 예배드리러 오셨습니까? "어제 남편하고 싸워서 본 교회에 가지 않고 충만한 교회에 와서 예배드리면서 은혜 받으려고 왔습니다. 충만한 교회는 책을 통해서 알게 되어 한번 와보고 싶었는데 오늘이 기회인 것 같아서 오게 되었습니다." 그래요. 권사님! 기도를 아주 많이 하시는 것 같습니다. "예! 매일 철야하며 기도합니다. 새벽기도도 빠지지 않고 하고 있습니다." 매일 철야를 하면서 기도하는 이유가 있습니까? "목사님! 저는 하루라도 철야를 쉬면 마음이 답답하고 편안하지 못하여 철야 기도를 쉴 수가 없습니다." 권사에게 제가 이렇게 조언을 했습니다.

권사님! 하루라도 철야를 쉬면 마음이 답답하고 편안하지 못한 이유가 바로 마음의 상처 때문입니다. 평일에 시간이 있으시면 화-수-목 집회에 몇 주만 지속적으로 참석하여 보세요. 그러면 마음이 평안해져서 남편 장로님하고 사이도 좋아지고 마음의 참 평안을 누리게 될 것입니다.

　이 권사가 순종하여 몇 주 참석을 하더니 이렇게 말하는 것입니다. "목사님! 제가 정말 상처가 많았습니다. 목사님께 안수 받을 때마다 마음속의 상처가 많이 떠나갔습니다. 그동안 교만한 것 회개도 많이 했습니다. 목사님! 저를 바르게 보도록 해주셔서 참으로 감사합니다." 제가 이렇게 말했습니다. 권사님! 아직 상처가 많이 남아 있습니다. 기도를 집중적으로 한 시간이상 받아야 깊은 곳의 상처가 떠나갑니다. 권사가 어떻게 해야 합니까? 토요일 날 개별집중치유기도에 예약하여 한번 기도를 깊게 하시면서 안수를 받으세요. 권사가 순종하여 토요일 날 집중치유를 받았습니다. 정말 말로 표현할 수 없을 정도로 많은 상처와 영적 존재들이 떠나갔습니다. 권사가 하는 말이 "목사님! 이제 세상이 다르게 보입니다. 정말 감사합니다. 지금까지 목사님 안수를 받으면서 내가 영적으로 너무 무지 했다는 것을 깨달았습니다. 왜 내가 그렇게 혈기가 심했는지 알게 되었습니다. 깨닫게 해주셔서 감사합니다."

　제가 지금까지 성령치유 사역하면서 체험한 바로는 해대는 기도를 하는 분들의 마음이 성령으로 정화되지 않기 때문에 성격이 급하고 마음이 평안하지 못하여 기도를 하루라도 쉬면 죽는 것 같다고 말합니다. 그러다가 성령을 체험하고 내면의 상처가 치유되기 시작하면 온유한 성품으로 변하는 것이 보통입니다. 삶에서 참 평안을 누리게 됩니다. 내면의 상처를 성령으로 치유하여 영의통로를 뚫어야 성령으로 기도할 수가 있게 됩니다. 기도하면 할수록 성령으로 심령이 정화되어 삶에서 참 평안을 누리게 됩니다.

2.습관적인 기도를 하므로

기도는 성령으로 온몸 기도를 해야 합니다. 문제는 습관적인 기도를 하고 있다는 것입니다. 무조건 많이 하고 열심히 간구하는 습관적인 기도를 하고 있습니다. 기도를 바르게 하려면 제가 알려드리는 대로 기도를 해야 합니다. 기도는 영의 활동입니다. 그러므로 예수를 믿기 전에 세상에서 하는 것과 같은 식으로 기도를 하면 누가 역사를 하겠습니까? 이는 교회 안에서 기도해도 마찬가지입니다. 그래서 성경에 성령으로 기도하라. 성령으로 온몸 기도를 하라고 하는 것입니다. 자기가 세상에서 하는 기도를 과감하게 버리고 성령의 인도를 받는 성령 안에서 온몸으로 기도를 해야 합니다. 성령의 인도를 받는 온몸기도는 이렇게 하면 됩니다.

이는 기도를 시작하기 전에 기도 인도자가 미리 알려주어야 합니다. 영의통로가 열리지 않았다고 생각되는 성도들은 숨을 들이쉬고 내 쉬면서 주여! 숨을 들이 쉬고 내 쉬면서 주여! 숨을 들이쉬고 내 쉬면서 주여! 자연스럽게 주여! 주여! 를 하면 되는 것입니다. 방언으로 기도할 줄 아는 분들은 호흡을 들이쉬고 내쉬면서 방언기도하고, 호흡을 들이쉬고 내쉬면서 방언기도를 합니다. 즉 마음의 활동이 강화되어 자신의 마음속 영 안에 계신 성령이 밖으로 나오시게 해야 합니다. 코로는 바람을 들이쉬고 아랫배로 호흡을 하는 것입니다. 호흡을 들이쉬고 내쉬면서 주여! 하다가 어느 정도 충만해지면, ① 호흡을 들이쉬면서 하나님…. 내쉬면서 사랑합니다…. ② 호흡을 들이쉬면서 하나님…. 내쉬면서 도와주세요…. ③ 호흡을 들이쉬면서 하나님…. 내쉬면서 용서하여 주세요…. ④ 호흡을 들이쉬면서 하나님…. 내쉬면서 감사합니다…. 이렇게 집중하며 기도를 하다가 보면 성령께서 감동을 주시시는 것이 있습니다. 성령이 알려주시는 것을 기도하는 것입니다. 이렇게 지속적으로 하다가 보니 방언도 터지고 성령으로 충만해집니다. 이렇게 해서 기도에 재미가 붙으니까, 교회에 가서 기도하고 싶은 생각이 드는 것입니다. 내가 성령치유 사역을 하다가 경험한 바로는 주여! 주여! 주여! 하는 기도 아무나 못합니다. 주여! 주여! 주여! 만 잘해도 기도가 열린 성도입니다.

영의 통로가 막힌 성도에게 주여! 주여! 주여! 하라고 해도 죽어도 못합니다. 왜냐하면 마귀가 영을 내리 누르기 때문에 못하는 것입니다. 이것은 제가 지난 23년간 성령치유 사역을 하면서 주여! 하는 기도를 시켜봤기 때문에 아주 잘 압니다. 당신도 지금 한번 주여! 를 해보기를 바랍니다. 만약 목회자가 이 책을 읽고 있다면 예배를 마치고 성도들에게 주여! 주여! 를 시켜보기를 바랍니다. 아마 내가 말한 것이 이해가 갈 것입니다. 목사님도 사모님도 주여! 를 못하시는 분들이 다수 있습니다. 기도는 성령으로 쉽게 하는 것이 온몸으로 하는 기도 입니다.

일단 이렇게 기도하여 영의통로를 뚫어야 합니다. 그다음에 마음으로 기도하고 영으로 온몸으로 기도하는 깊은 단계로 들어 갑니다. 주의 할 것은 호흡을 들이쉬고 내쉬면서 주여! 를 하면 속에서 더러운 것들이 기침을 통해서 나가고 웃음과 울음이 터지 기도 합니다. 이는 막혔던 영의통로가 뚫리면서 일어나는 성령의 역사입니다.

다른 문제는 기도에 관한 고정관념에 잡혀서 외형적 모습, 언어 의 구사에 너무 신경을 쓰느라고 기도를 못하는 것입니다. 기도는 언어의 구사가 아닙니다. 하나님과 인격적인 관계로서 눈빛만 보 아도 서로를 아는 관계에 들어가는 것이 바른 기도입니다.

그리고 특정한 장소에서 해야 기도가 된다는 잘못된 의식입니 다. 기도는 교회, 산, 기도원, 새벽기도에서 하는 것이라는 기도에 대한 고정관념이 기도를 어렵게 만듭니다. 자연스럽게 어디서든 지 성령의 지배 하에 마음으로 기도할 수 있어야 합니다. 기도의 본질은 무엇을 비는 것이라는 생각 때문입니다. 우리가 무속적인 기도인 '비나이다. 비나이다' 식의 기도의 개념은 문제없는 사람 은 기도의 필요가 없다는 그릇된 생각을 가져왔습니다. 기계 문명 이 발달할수록 더욱 영성을 위하여 기도해야 하는데, 이러한 잘못 된 생각 때문에 실상은 그 반대가 되었습니다.

문제가 하나님을 필요하게 만들어서는 안 됩니다. 하나님과 항 상 교제함으로 하나님의 권능으로 문제가 해결되게 하세요. 기독 교 신앙의 본질은 예방 신앙이어야 합니다. 문제가 생기고 오기 전에 기도하여 예방하는 것이 바른 신앙입니다.

공동으로 모여서 하는 기도의 습관이 기도를 어렵게 합니다. 이러한 분위기가 아니면 기도할 수 없게 만드는 것은 좋은 기도의 습관이 아닙니다. 혼자서 자신 안에 계신 하나님에게 어디에서나 교제하고 대화할 수 있게 하는 기도가 되어야 합니다. 당신의 집에서도 마음으로 기도하시고, 차를 운전하시면서도 마음으로 기도하시고, 일을 하시면서도 마음으로 기도하시고, 전철을 타고 가시면서도 마음으로 기도하시기를 바랍니다. 기도는 이렇게 하나님에게 나의 생각과 마음을 하나님에게 집중하는 것이 바른 기도입니다.

3.중언부언 독백의 기도를 하기 때문에

기도는 엄연하게 성령 안에서 성령으로 깊은 기도를 해야 하는데 자신의 생각과 욕심을 가지고 중언부언하면서 기도를 합니다. 새벽기도에 가서도 과거 정안수 떠놓고 빌던 방식대로 기도를 합니다. "무조건 비나이다"입니다. 이런 기도는 자신의 머리를 사용하여 하는 기도이기 때문에 성령님이 역사하시지않습니다. 실제로 제가 부교역자 할 때 제가 잘 아는 권사님이 계셨습니다. 이 권사님이 새벽기도에 나와서 꼭 제 뒤에서 기도를 하십니다. 제 뒤에서 기도를 하면 기도가 잘 된다고 꼭 제 뒤에서 기도를 합니다. 이분이 하는 기도가 아주 재미가 있습니다. 이렇게 합니다. "하나님! 우리 아들 직장생활 잘하게 해주시옵소서. 믿음생활도 잘하게 해주시옵소서. 손자들도 공부 잘하고 잘 자라게 해주시옵소서. 우리 큰 딸이 우울증에 걸려서 고생을 합니다. 우울증을 치유하여 주시옵소서. 우리 큰 사위가 술을 끊지를 못하고 있습니다. 술을 끊도록 도와주시옵소서. 외손자 외손녀가 상처 받지 않고 잘 자라게 해주시옵소서. 하나님! 우리 작은 딸이 질병으로 고생을 합니다. 병을 치유하여 주시옵소서. 사위도 사업이 잘되고 믿음 생활도 잘하게 하여 주시옵소서. 외손자가 건강하게 잘 자라기를 원합니다." 이렇게 조랑, 조랑, 조랑, 조랑, 조랑, 조랑, 하며 주시옵소서. 기도를 하는 것입니다. 이것이 무슨 이유입니까? 샤머니즘의 영향입니다. 그러다가 제가 교회를 개척하고 집회할 때 찾아 오셨습니다. 자기 딸들이 몸이 불편하여 치유 받게 하려고 데리고 온 것입니다. 이 권사님이 오셔서 기도하다가 성령의 세례를 받고 방언이 터졌습니다. 방언이 따다다, 따다다, 하고 나오니까, 종전에 하던 식으로 아들과 딸들을 위하여 간구를 할 수가 없는 것입니다. 저에게 따지는 것입니다.

왜 방언이라는 것을 받게 해가지고 나를 이렇게 답답하게 하느냐고 말입니다. 물어보니 이렇게 대답을 합니다. 아들과 딸들을 위하여 기도를 못하겠다는 것입니다. 제가 몇 번에 걸쳐서 설명을 하다가 이해하시지 못하여 그만 두고 권사님이 알아서 기도하시라고 한 적이 있습니다. 이와 같이 처음 교회에 들어올 때 기도에 대하여 바르게 가르쳐 주지 않으니 삼십년을 예수를 믿어도 샤머니즘적인 기도를 탈피하지 못하는 것입니다.

4.샤머니즘전인 기도를 하므로

저는 개인적으로 이렇게 생각을 하고 있습니다. 성도가 예수를 믿고 교회에 들어오면 성령으로 세례를 받고 내적인 상처를 치유하면서 기도를 바르게 가르치고 배워서 성령 안에서 온몸으로 하는 기도를 숙달해야 한다는 것입니다. 저는 목사가 되기 전에 평신도 생활을 15년 정도 했습니다. 그런데 어느 목회자가 기도에 대하여 바르게 알려주지를 않았습니다. 그저 기도하세요. 기도해야 하나님과 교통할 수가 있습니다. 기도해야 문제가 풀립니다. 기도를 어떻게 하라고 원리를 알려주지 않고 무조건 기도하라고 합니다. 그러니 모두 지난 세월 하던 샤머니즘적인 기도를 합니다. 아침에 밥솥 앞에 정안수 떠놓고 기도하던 것이 생각이 나니 그렇게 기도를 합니다. 돌무더기 앞에서 기도하던 것이 생각이 나니 그렇게 기도를 합니다.

절에 가서 불공을 드리며 빌던 것이 생각이 나니 그렇게 기도를 합니다. 이렇게 기도를 해도 누구하나 기도를 바로 잡아주는 사람이 교회에 없습니다. 그러니 무조건 기도 많이 하면 믿음이 좋은 것으로 생각을 하고, 기도하면 거듭난 성도인줄 믿어버립니다. 그러나 여기 에는 엄청난 잘못이 숨어 있습니다. 기도는 영의 활동입니다. 기도를 어떻게 하는 가에 따라서 성령의 역사도 일어나고 귀신도 끌어들일 수가 있습니다.

무당들도 철야하면서 얼마나 기도를 많이 합니까? 무당들이 북을 치고 장구를 치면서 기도하면 귀신들이 옵니다. 큰 귀신에게 접신 받으려고 무당들은 높고 유명한 산에가서 철야하며 기도합니다. 또 한가지 웃기는 것은 기도하면서 팔을 흔들거나 몸에 진동이 오면 성령으로 충만한 줄로 압니다. 그러나 기도를 하면 좌우지간 영의 상태가 됩니다. 귀신의 영향도 잘 받는 상태이고 성령의 영향도 잘 받는 무의식 상태가 됩니다. 이때 성령으로 충만한 사람은 성령의 역사가 나타나는 것입니다.

그러나 예수를 믿어도 샤머니즘적인 신앙의 잔재를 성령으로 치유 받지 못했으면 불을 보는 것과 같이 환한 귀신의 역사가 나타나는 것입니다. 일부 영적으로 눈이 열린 목회자들이 우려를 하고 있는 것이 사실입니다. 문제는 그런 양신의 역사를 분별하여 해결하지 못하는 것에 있습니다. 우리 기독교인들이 영적인 수준을 높여야 합니다. 그래서 "기도클리닉"을 하여 샤머니즘적인 기도가 바른 성령의 인도받는 성령 안에서 온몸으로 기도가 되도록 해야 합니다. 기도는 훈련해야 합니다. 바르게 가르치고 훈련하여 숙달해야 합니다.

기도회를 인도할 때 보신 분들은 제가 하는 이야기를 이해하실 것입니다. 예를 든다면 가족 중에 무당의 내림이 있는 분은 진동을 심하게 합니다. 팔을 흔들고 머리를 흔들면서 기도를 합니다. 더 지나면 발을 동동 구르면서 기도를 합니다. 이는 성령이 충만해서 일어나는 현상이라고 단정을 지으면 안 됩니다. 정확하게 성령의 임재로 무당의 영이 정체를 드러내는 것입니다.

그리고 중풍의 영향을 받는 분들도 팔과 다리를 흔들면서 기도를 합니다. 일부 초보 목회자들이 이를 성령의 역사라고 우기는 분들도 있습니다. 그러나 아닙니다. 성령의 지배로 그 사람 안에 역사하는 악한 세력이 정체를 폭로한 것입니다.

이것을 분별하여 해결해야 할 분들이 누구입니까? 목회자분들입니다. 제가 분명하게 말씀을 드리면 기도하면 만사가 해결되는 것이 아닙니다. 바르게 성령으로 성령 안에서 온몸기도를 해야 합니다. 성령으로 정확하게 기도를 하면 앞에서 지적한 모든 것이 해결이 됩니다. 교회에서 이런 현상이 일어난다고 경계해서 해결이 되는 것이 아닙니다. 원인을 찾아 해결해야 합니다. 우리 교회는 매 예배나 집회 시에 40-50분간 기도를 합니다. 기도를 시켜놓고 제가 돌아다니면서 안수를 합니다. 안수하면서 이상한 현상을 일으키거나 귀신의 역사가 일어나는 분들은 성령께서 저에게 알려주십니다. 저는 기도를 정지시키고 축사를 합니다. 몇 번만 축사하면 모두 떠나갑니다. 왜냐하면 기도를 많이 해서 열려 있기 때문에 쉽게 드러나고 떠나가는 것입니다. 귀신이 떠나가니 편안하게 잔잔하게 기도를 합니다. 본인이 느낍니다. 기도도 성령으로 잘되고, 영육의 질병도 문제도 해결이 되는 것을 말입니다. 목회자는 이런 상황을 영안으로 분별하여 해결해주어야 합니다. 그래야 성도들이 영적으로 깊어지는 것입니다.

성도들이 기도를 많이 하고 신앙생활을 오래해도 변하지 않는 것은 목회자가 무조건 기도하면 문제가 해결이 된다고 하기 때문입니다. 무조건 기도하라고 해서 생각나는 대로 기도를 하니 이런 영적인 문제가 해결이 되지 않는 것입니다. 제가 여기에서 부가해서 말한다면 성령의 역사가 바르게 일어나면 샤머니즘적인 잔재들이 떠나갑니다. 그러기 때문에 성령으로 기도하면 잔잔하게 성령의 역사만 일어나는 것입니다. 바르고 분명하게 분별하여 치유해야 성도들이 하나님과 친밀하게 지내며 하나님의 복을 받을 수가 있습니다. 바른 기도를 하는 습관을 들여야 합니다. 습관이 잘못되면 고치는데 시간이 많이 걸리고 힘이 들기 때문입니다.

5.무조건 열심히 기도하므로

열심히 기도하면 문제가 해결이 된다고 합니다. 그래서 기도원마다 철야를 하면서 열심히 기도를 합니다. 무엇을 어떻게 해야 할지도 모르면서 막연하게 기도합니다. 그저 해결하여 달라고 기도를 합니다. 이런 식으로 천일을 철야하며 기도해도 문제는 해결되지 않습니다. 오히려 생각지도 못한 문제가 생길 수도 있습니다. 그렇다고 기도하지 말라는 말은 아닙니다. 오해하지 마시기를 바랍니다.

기도를 어떻게 하라고 알려주지 않고 무조건 저녁마다 철야하고 기도하면 문제가 풀린다고 합니다. 그래서 기도원마다 철야를 하는 성도들이 있습니다. 그런데 철야하다가 이혼하는 성도가 많다는 것입니다. 실제로 내가 저녁마다 철야하고 새벽에 오는 성도의 남편에게 물어보았습니다. 밤마다 철야할 때 기분이 어떠했느냐고 말입니다. 그랬더니 이를 갈고 있었다는 것입니다. 죽이고 싶을 정도로 미웠다는 것입니다. 그래서 문제가 풀렸냐고 물었습니다. 더 악화되었다는 것입니다. 지금 사면초과에 걸려있다는 것입니다. 무조건 철야한다고 문제가 해결이 되는 것이 아닙니다. 반드시 말씀과 성령의 역사로 문제의 원인을 찾아 해결하며 성령의 이끌림을 받는 성령 안에서 온몸기도를 해야 합니다. 온몸 기도를 하면서 원인을 영성으로 보면서 회개도 하고 영적인 전쟁을 하면 문제는 서서히 해결이 됩니다.

　그러나 막연하게 철야하면 해결이 되겠지 하면서 천일을 철야를 해도 문제는 해결되지 않습니다. 문제는 영적인 원리를 적용하지 않고 막연하게 철야만 한다는 것입니다. 영적인 원리에 따라 분명하게 적용을 하면서 기도를 해야 되는 것입니다. 반드시 영적인 조치를 하면서 기도를 해야 문제가 해결이 되는 것입니다. 우리나라 성도들이 기도는 엄청나게 많이 합니다. 그러면서도 진작 문제가 해결되지 않고 능력이 나타나지 않는 것은 바른 기도를 하지 않기 때문입니다. 한마디로 성령 안에서, 성령으로 기도하지 않기 때문입니다. 기도는 반드시 성령으로 성령 안에서 해야 합니다. 우리 성도들은 성령 안에서 온몸으로 하는 기도를 예수를 믿고 교회에 첫 발을 디디면서 부터 숙달해야 합니다. 기도는 성령 안에서 온몸으로 해야 합니다. 그렇지 않으면 샤머니즘적인 기도가 될 소지가 있습니다. 자신이 세상에서 하던 기도를 하니까.

5장 기도하기가 힘이 드는 이유

(시 42:5)"내 영혼아 네가 어찌하여 낙심하며 어찌하여
내 속에서 불안해하는가 너는 하나님께 소망을 두라 그가
나타나 도우심으로 말미암아 내가 여전히 찬송하리로다"

기도하다 보면 때로 기도가 막혀서 잘 되지 않는 것을 경험하였을 것입니다. 사람은 누구나 감정적인 기복이 있기 마련이어서 어느 날은 기도가 잘 되지만 어떤 날은 기도가 힘들고 막혀서 답답할 때가 있습니다. 이렇게 단순이 신체적인 변화 사이클에 의해서 기도가 영향을 받는 것과는 달리 매우 심각할 정도로 기도가 막혀서 기도가 안 되는 경우가 있습니다. 기도가 제대로 되지 않고 힘이 들고 답답하며 때로는 한 마디의 말도 할 수 없을 정도로 기분이 가라앉고 마음속이 눌리는 느낌을 받습니다.

기도하려고 하면 할수록 더욱 기도가 안 되고 답답하기만 합니다. 그래서 결국은 기도를 포기하고 말지요. 이렇게 되면 그 다음의 기도에도 역시 마찬가지로 힘이 들게 되며, 이런 날이 계속 되다 보면 마침내 깊은 영적 침체에 빠지기도 합니다. 이렇게 기도가 막히는 이유가 무엇일까요? 기도가 막히는 원인은 사람에 따라서 다양하지만 보편적으로 겪는 이유는 크게 네 가지로 생각해 볼 수 있습니다.

첫째, 하나님에게 범죄하였거나 불순종하고 있는 경우,

둘째, 기도의 수준을 높이기 위하여,

넷째, 마음에 쌓인 상처로 영의 통로가 막힌 경우,

넷째, 하나님께 일방적으로 말하는 기도에서 듣는 기도로 변화하여야 하는 경우 등입니다.

첫째, 하나님에게 범죄하였거나 불순종하고 있는 경우, 하나님은 그 사람의 기도를 듣지 않게 됩니다. "너희가 손을 펼 때에 내가 눈을 가리 우고 너희가 많이 기도할지라도 내가 듣지 아니하리니 이는 너희의 손에 피가 가득함이니라."(사1:15). 범죄와 불순종을 하게 되면 영적으로 성숙하지 못한 사람의 경우에 자신의 영 보다는 양심이 위축을 당합니다. 양심에 거리낌이 생기고 그것이 부담이 되어 일시적으로 기도하는 것이 쉽지 않게 되어 기도를 제대로 할 수가 없습니다.

족제비도 낯이 있다고 하는 말처럼 보편적인 사람에게 양심은 범죄함과 불순종에 대한 경고를 알리는 수단입니다. 아직 영적으로 거듭나지 못했거나 영이 성숙하지 못한 사람의 경우 성령님은 양심을 이용하여 말씀하십니다. 양심의 소리는 모든 사람에게 가장 유효한 하나님의 음성입니다. 영적으로 성숙한 사람은 이런 변화를 바로 영이 느끼고 우리 몸에 그 신호를 보냅니다. 영이 보내는 신호는 일체의 영적인 일이 위축되거나 거부되는 것이지요. 영의 일이 범죄함으로 인해서 자유함을 잃게 되는 것입니다.

우리는 하나님이 우리 죄를 용서하신 결과로 영의 자유함을 얻습니다. 이 말은 우리 영이 자신의 몸에서 마음대로 활동할 수 있는 권리를 회복한다는 것을 의미합니다. 우리 영이 자유로워지면 우리 몸에서 여러 가지 영적인 현상들이 나타나게 되는 것입니다. 전에 자유하지 못했을 때 전혀 알지 못하고 경험하지 못했던 것들을 보고 듣고 느끼게 되는 것입니다. 우리는 죄사함을 받고 거듭나는 순간부터 다양한 영적 경험들을 할 수 있는 자격을 얻게 되는 것이지요. 그런데 우리는 다시 죄를 짓고 불순종의 늪에 빠지게 됩니다. 이렇게 되면 우리의 영은 다시 자유함을 잃거나 활동이 위축되어 하나님의 은혜에서 멀어지게 되는 것입니다. 그러므로 우리는 항상 정기적으로 우리의 죄를 살피고 회개하며 순종하는 삶을 살아야 하는 것입니다.

죄가 제때에 처리되지 않으면 이 죄는 다음 죄로 인해서 우리 의식의 밑으로 가라앉게 됩니다. 이런 죄는 표면에 나타나지 않기 때문에 회개할 기회를 좀처럼 얻기 어렵고 우리의 기억에서 사라지게 됩니다. 그러나 고백하지 않은 죄는 결코 사라지지 않으며 이런 죄를 마귀가 이용하여 그 사람을 괴롭힐 수 있는 발판으로 삼게 되는 것입니다. 죄와 불순종으로 인해서 기도가 막히기 때문에 우리는 즉시 그 죄를 기억하고 회개해야 하는 것입니다. 그 죄가 우리 의식의 밑으로 가라앉기 전에 처리하게 하시려고 성령님은 여러 가지로 우리에게 신호를 보내십니다. 그 중 한 방법이 기도가 막히게 하는 것입니다. 즉시 영의통로를 뚫어야 합니다.

둘째로 기도의 수준을 높이기 위해서 입니다. 하나님께서는 성도들을 그 자리에 머무르는 신앙생활이 되지 않도록 하십니다. 신앙이 발전하도록 역사하는 영적 활동이 바로 기도입니다. 기도를 통하여 브레이크를 사용하여 영적인 성숙을 꾀하도록 하십니다. 기도에 브레이크를 사용한다는 것은 기도가 막히고 힘들고 답답하게 만든다는 것입니다. 이는 예수님을 믿을 때 우리 안에 오신 성령님께서 하시는 역사입니다. 성령하나님께서 기도를 통하여 신앙을 발전시키는 데 대략 5단계로 발전을 시키십니다. 기도를 많이 해본 사람들을 관찰해 보니 각기 단계가 있었습니다. **첫째 단계는 갈구하는 단계입니다.** 하나님께 무엇을 해달라고 몹시 애타게 바라고 구하는 기도를 한다는 것입니다. "구하라 그리하면 너희에게 주실 것이요 찾으라 그리하면 찾아낼 것이요 문을 두드리라 그리하면 너희에게 열릴 것이니 (8) 구하는 이마다 받을 것이요 찾는 이는 찾아낼 것이요 두드리는 이에게는 열릴 것이니라."의 마태복음 7장 7-8절 말씀을 육적으로 해석하여 드리는 기도입니다. '저 돈 좀 벌게 해주세요.' '병을 낫게 해주세요.' '승진하게 해주세요.' 하는 기도입니다. 자기 소망을 들어달라고 신에게 통사정하고 울부짖는 기도를 합니다. 자꾸 뭔가를 달라고 요구합니다. 처음에는 이런 식으로 기도할 수밖에 없습니다. 인간은 발등에 불이 떨어지면 우선 당장 그 불을 끄는 데 온 정신을 집중할 수밖에 없습니다. 자존심을 버리고 울부짖을 수밖에 없습니다. 이성(理性)을 따질 계제가 아닙니다. 이렇게 하나님께 해주세요. 기도를 하다가 기도가 되지 않거나 응답이 안 되면 이리지리 뛰어다니다가 깨닫고 다음 단계로 넘어갑니다.

이 단계가 지나면 **둘째 단계가 옵니다. 이때부터는 하나님의 초자연적인 권능을 선포하는 단계입니다.** 뭔가를 달라고 하지 않고 조용하게 자신 안에서 올라오는 성령의 권능을 알고 사용하는 것입니다. 젖 달라고 떼를 쓰지 않습니다. 이제 영적으로 조금 성숙한 상태라고 볼 수가 있습니다. 말씀을 읽고 깨닫고 주님! 예수 그리스도의 보혈의 능력으로 나의 병을 고쳐 주옵소서. 주님께서 나의 연약한 것을 담당하시고 병을 짊어지셨사오니 예수 이름으로 병을 치료하여 주시옵소서. 모세처럼 간절히 기도하고 난 다음에 여호수아처럼 들어와서 너희 질병은 물러갈지어다. 너희 관절염은 물러가라. 너희 암은 물러가라. 너희 심장병은 물러가라. 너희 폐병은 물러가라. 너희 피부병은 물러가라. 환란은 물러가라. 풍파는 물러가라. 질병은 떠나가라. 물리치며 기도하게 됩니다. 갈구하는 기도만 하면 안 된다는 것을 깨닫습니다. 가만히 앉아서 하나님이 해주시기를 기다리면 절대로 안 된다는 것을 깨닫게 됩니다.

셋째는 감사의 단계입니다. 사업이 망했어도 '감사합니다.', 죽을병이 찾아와도 '감사합니다.', 불이 나도 '감사합니다.'라고 기도합니다. 이 단계가 되려면 적어도 50세는 넘어야 가능하다고 봅니다. 인생을 살아오면서 깨달아야 알수 있기 때문입니다. 그저 감사할 뿐입니다. 감사하는 이유가 합력하여 선을 이루는 것을 깨달았기 때문입니다. 체험해서 하나님의 역사를 깨달아 알기 때문입니다. "마음을 살피시는 이가 성령의 생각을 아시나니 이는 성령이 하나님의 뜻대로 성도를 위하여 간구하심이니라 (28) 우리가 알거니와 하나님을 사랑하는 자 곧 그의 뜻대로 부르심을 입은 자들에게는 모든 것이 합력하여 선을 이루느니라."(롬 8:27-28). 성령께서 기도를 인도하시면서 간구하게 하시기 때문입니다. 성령하나님은 이정도의 수준으로 기도하면서 신앙 생활하는 성도가 되기를 원하십니다.

넷째는 찬양하는 단계입니다. 무슨 일이 없어도 항상 하나님을 찬양합니다. 일상생활에서도 항상 기도가 되는 상태입니다. 밥 먹는 시간에도, 지인들과 이야기하는 상태에도, 자기가 하는 일을 하면서도 기도가 되는 상황입니다. 기도하려고 노력하지 않아도 자동으로 기도가 됩니다. 항상 하나님을 찾는 것입니다. 기도가 몸과 마음에 배어서 온몸으로 기도하는 것입니다. **다섯째는 내가 주안에 주가 내안에 단계입니다.** "너희가 내 안에 거하고 내 말이 너희 안에 거하면 무엇이든지 원하는 대로 구하라 그리하면 이루리라."(요 15:7). "내 안에 거하라 나도 너희 안에 거하리라" 예수님을 주인으로 믿는 사람은 예수님과 하나가 되는 것입니다. 예수님이 자신이고, 자신이 예수님이십니다. 이것이 믿어져야 합니다. 이것이 믿어지지 않으면 예수님을 믿는 것이 아닙니다. 걸어 다니는 살아계신 하나님의 성전이 될 수가 없습니다.

보통 사람의 기도는 첫째서부터 시작합니다. 셋째부터는 상당히 수준 높은 기도지만 보통 사람이 들어가기는 쉽지 않습니다. '기도 줄'을 잡기가 쉽지 않습니다. '기도 줄' 잡기 위해서는 교회 예배당을 잘 선택해야 합니다. 기도훈련을 시키는 목회자의 수준이 중요하기 때문입니다. 반드시 기도는 체험해야 다른 이들에게 가르치고 훈련을 시킬 수가 있기 때문입니다. 기도는 체험해보지 않고는 성경말씀 속의 기도에 대하여 이해할 수가 없기 때문입니다. 모두 기도의 수준을 높이시기를 바랍니다.

셋째로 마음의 상처로 영의 통로가 막힌 경우입니다. 마음에 상처가 있어서 영의 통로를 막으면 아무리 기도를 하려고 해도 자의적인 기도 밖에 되지 않습니다. 성령의 이끌림을 받는 기도를 할 수가 없습니다. 영이 막혀있기 때문입니다. 이때에는 막힌 영의 통로를 뚫어야 합니다. 영의 통로를 뚫는 기도는 다음 11장에서 자세하게 다루게 되기 때문에 여기에서 생략합니다.

넷째, 하나님께 일방적으로 말하는 기도에서 듣는 기도로 변화하여야 하는 경우입니다. 기도가 막히면 이는 이제까지 행했던 자신의 기도 형태를 변화시키기 위한 성령님의 의도가 있는 것입니다. 마음으로 듣는 기도는 성숙한 그리스도인이면 누구나 해야 하는 아주 일반적인 기도입니다. 그럼에도 불구하고 듣는 기도가 익숙하지 못한 사람이 많은 것은 훈련을 받지 않았기 때문입니다. 말하는 기도는 누구나 할 수 있습니다. 말하는 것은 어려서부터 해온 것이기 때문이지요. 그런데 듣는 것은 새로 배워야 하는 것입니다. 듣기 위해서 전제되는 것이 기다림이지요. 기다리게 하기 위해서 성령님은 우리의 기도를 막는 것입니다. 그 기다림은 오래 가지 않습니다. 불과 몇 분 정도면 되는 것을 우리는 기다리지 못하고 말하려고 합니다. 말하는 기도에 너무 익숙해져서 눈감고 기다리는 몇 분의 시간이 길게 느껴지는 것입니다.

조금만 기다리면 생각이 머리 속에 들어옵니다. 물론 자신의 생각이나 마귀의 생각이 들어오기도 합니다. 이것을 어떻게 구분해야 하는지는 영분별의 문제이므로 "영들을 보는 눈을 개발하라"

를 읽어보시기를 바랍니다. 듣는 기도는 우리의 의무적인 기도의 패턴이며 이 기도를 할 수 있어야 비로소 주님과의 친밀함을 만들 수 있고 주님이 원하는 삶을 살 수 있는 것입니다. 듣는 기도를 통해서 우리는 비로소 주님이 원하시는 삶으로 만들어져 가고 주님에게 올바르게 헌신할 수 있게 되는 것입니다. 이상의 네 가지 영역의 변화를 위해서 주님은 우리의 기도를 막고 돌아보게 하시는 것입니다. 기도가 막히고 답답하다면 무작정 방황하지 말고 이런 부분을 깊이 점검하여 바른 방향으로 나아가 승리하기 바랍니다.

기도는 하나님의 음성을 들으려고 하는 것입니다. 성령께서 기도의 수준을 높이려고 훈련하시는 것입니다. 하나님의 음성을 들으려면 성령의 임재가 된 상태에서 자꾸 물어보는 것입니다. 자꾸 하나님을 찾으면서 물어보다가 보면 자신이 영적인 상태가 됩니다. 자신이 영적인 상태가 되니 영이신 하나님이 응답하시는 음성이 들리게 됩니다. 하나님께 자꾸 물어보면 하나님께서 자신의 영적인 수준에 따라서 알려주십니다. 즉 꿈으로 라도 응답하여 주십니다. 문제는 지속적으로 하나님이 응답하실 때까지 물어보는 것이 중요합니다. 반드시 하나님이 응답하여 주신다는 믿음을 가지고 응답이 올 때까지 물어보아야 합니다. 우리는 하나님의 자녀입니다. 모든 일을 자기 마음대로 하는 것이 아닙니다. 하나님에게 물어보고 하나님의 뜻을 알고 행하는 버릇이 되어야 합니다.

어느 분이 사모로 목사로 50년을 목회를 했습니다. 50년 동안 영적인 것을 바르게 알지 못하여 모든 것을 자신의 생각대로 했습니다. 그러다보니 목회가 되지 않고 앞이 캄캄한 상태가 되었습니다. 여기저기 다니면서 예언도 듣고 상담도 받았습니다. 그러다가 저희 충만한 교회를 알게 되어 왔습니다. 상담을 했습니다. 육신적인 믿음생활에 심령이 굳어져서 영적인 이야기를 알아듣지를 못했습니다. 가슴이 답답하여 기도를 못한다고 하소연을 했습니다. 왜 이런 상태까지 진전이 되었는지 깨닫지를 못해서 집회에 지속적으로 참석하여 영적인 말씀을 들어가며 원인을 찾아보라고 했습니다. 얼마 지나자 이렇게 말하는 것입니다. 자신이 이렇게 영적인 깊이를 알지 못하고 자신의 마음대로 목회를 한 것이 잘못된 것 같다는 것입니다. 그래서 성령의 임재 가운데 회개하라고 했습니다. 그런데 문제는 회개해도 마음이 답답한 것이 풀리지를 않는 다는 것입니다. 필자에게 빨리 기도의 통로를 뚫어달라는 것입니다. 그래서 제가 이렇게 대답을 했습니다. 육신적인 믿음 생활에 자아가 굳어져서 쉽게 영적으로 바뀌지 않습니다. 지속적으로 말씀을 듣고 성령으로 기도하려고 노력을 해야 합니다. 단시간에 해결이 될 수가 없습니다. 이런 분들은 사고가 영적으로 바뀌고, 생각이 영적으로 바뀌어서 하나님 중심의 신앙으로 회복해야 가슴이 답답한 것이 뚫리는 것입니다.

하나님은 모세를 40년 훈련을 했습니다. 하나님 중심으로 돌리는데 40년이 걸린 것입니다. 이런 분들은 의지적으로 하나님 중심으로 신앙을 회복하려고 노력을 해야 빨리 회복이 됩니다. 제가 지금까지 말씀과 성령으로 치유사역을 하면서 체험한 결론은 3년은 훈련해야 가능합니다. 그러므로 우리는 어려서부터 하나님 중심의 심앙이 되어야 합니다.

기도할 때에 졸음이 와서 기도를 제대로 하지 못하고 망쳤던 경험이 있을 것입니다. 때로는 육신이 피곤해서 졸음을 이기지 못하고 아무런 기도도 못하고 잠만 자서 주님께 면목이 없었던 경험이 누구나 있는 것이 정상입니다. 주님의 제자들이 감람산에서 주님과 함께 마지막 밤을 보내면서 기도할 때에 주님은 제자들과 거리를 하고 홀로 피 땀을 흘리시면서 간절한 마음으로 죽음을 맞을 준비를 하는 동안 제자들은 그날 하루 너무도 분주하고 사건이 많아서 육신이 참으로 피곤했기에 잠들고 말았습니다.

그날 밤의 상황을 마가는 이렇게 기록하고 있습니다. "돌아오사 제자들이 자는 것을 보시고 베드로에게 말씀하시되 시몬아 자느냐 네가 한 시간도 깨어 있을 수 없더냐? 시험에 들지 않게 깨어 있어 기도하라. 마음에는 원이로되 육신이 약하도다 하시고 다시 나아가 동일한 말씀으로 기도하시고 다시 오사 보신즉 그들이 자니 이는 그들의 눈이 심히 피곤함이라. 그들이 예수께 무엇으로 대답할 줄을 알지 못하더라."(막 14:37~40).

이런 중대한 상황에도 불구하고 제자들은 육신의 피곤함을 이기지 못하고 졸았습니다. 주님이 깨웠지만 소용이 없었습니다. 졸음이 쏟아지면 만사가 다 귀찮은 것이 육신의 한계가 아닙니까? 제자들도 마찬가지여서 무엇으로 대답할 줄을 알지 못했다고 합니다. 한마디로 잠 이외에는 그 어느 것도 할 수 있는 상태가 아니었던 것입니다.

많은 사람들이 이런 육신의 피곤 때문에 기도를 할 수 없는 경우가 많고 이를 자주 반복하게 되면 기도의 맥이 끊겨 결국 기도하지 못하는 사람이 되는 것입니다. 기도란 노동이기 때문에 의지적으로 계속하고자 하는 노력이 필요하고 그것이 습관이 되어 몸에 익숙하지 않으면 우리는 기도를 지속적으로 할 수 없게 됩니다. 그런 연유로 안타깝게도 많은 사람들이 기도 없이 신앙생활을 합니다.

낮의 분주함은 우리의 육신을 피곤하게 하여 기도할 수 없는 상태가 됩니다. 그러므로 기도할 수 없을 정도의 분주함은 축복이 아니라 오히려 시험이 될 수 있음을 알아야 할 것입니다. 이렇듯 기도를 방해하는 졸음이 있는가 하면 이와는 전혀 다른 차원의 졸음이 있습니다. 욥기 33장 15~17절을 보면 "사람이 침상에서 졸며 깊이 잠들 때에나 꿈에나 밤에 환상을 볼 때에 그가 사람의 귀를 여시고 경고로써 두렵게 하시니 이는 사람에게 그의 행실을 버리게 하려 하심이며 사람의 교만을 막으려 하심이라"

이 말씀에서 볼 때 사람이 졸 때나 잠들 때 꿈과 환상을 통해서 주님은 우리들에게 계시를 주시는 것입니다. 꿈과 환상의 목적이 대체로 우리의 행실을 바로잡고자 하는 데 있습니다. 꿈과 환상은 일반적으로 우리의 속사람의 문제를 자각하게 함으로써 하나님 앞에 바르게 설 수 있도록 성령께서 도와주시는 것입니다.

성령의 음성을 듣는 차원 중에 특히 계시적인 단계에 들어갈 때 기도하는 사람이 자주 '비몽사몽'(trance)이라는 졸음과 같은 상태에 빠지게 됩니다. 베드로는 욥바 성에서 기도할 때 이런 비몽사몽을 경험했습니다(행 11:5). 바울 역시 그런 경험이 있음을 고백하고 있는데, "예루살렘으로 돌아와서 성전에서 기도할 때에 비몽사몽간에 보매 주께서 내게 말씀하시되 속히 예루살렘에서 나가라 저희는 네가 내게 대하여 증거하는 말을 듣지 아니하리라"(행 22:17:18)라고 적고 있습니다. 구약시대에 하나님이 아브라함과 언약을 맺을 때에도 그에게 깊은 잠이 임하였습니다. 창세기 15장 12~14정에 보면 "해 질 때에 아브람에게 깊은 잠이 임하고 큰 흑암과 두려움이 그에게 임하였더니 여호와께서 아브람에게 이르시되 너는 반드시 알라 네 자손이 이방에서 객이 되어 그들을 섬기겠고 그들은 사백 년 동안 네 자손을 괴롭히리니 그들이 섬기는 나라를 내가 징벌할지며 그 후에 네 자손이 큰 재물을 이끌고 나오리라."

이와 같은 몇 가지 성경의 예에서 볼 때 하나님의 임재가 있고 계시가 주어지는 상황에서 우리는 졸음이나 깊은 잠을 경험하게 되는데 이를 성경은 '비몽사몽'이라고 표현하고 있습니다. 영어로 이를 표현할 때 주로 사용하는 단어가 'trance'인데 그 뜻은 '황홀경'이라는 의미이지만 실신 상태 또는 혼수상태를 의미합니다. 하나님의 임재가 강하면 우리는 이와 같은 혼수상태에 빠져 계시를 받게 됩니다. 꿈과 환상이라는 수단으로 우리들에게 주어지는 것입니다. 기도할 때 자주 졸음을 경험함으로써 기도를 망쳤다고 안타까워하는 사람들 가운데에는 그 졸음이 단순히 육신이 피곤해서 오는 졸음이 아닌 경우가 있습니다. 기도하려고 자리를 잡으면 시도 때도 없이 몇 분이 되지 않아 그만 졸음이 오면서 머리가 무거워지고 몸이 나른해져서 그 자리에 꼬꾸라지려고 하기에 의지적으로 졸음을 쫓으려고 하지만 어느 새 졸아버려 기도를 망쳤다고 생각합니다.

물론 육신이 졸려서 오는 졸음이 있고, 영이 약해서 기도할 때면 의당 졸음이 와서 기도를 제대로 하지 못하는 사람도 있습니다. 그런데 이런 육신의 약함으로 인한 졸음과 성령의 임재로 인한 졸음과는 말로 설명하기에는 충분하지 못한 분명한 차이가 있습니다. 요즘 집회에서 성령이 강하게 임하실 때에 회중들이 쓰러지고 넘어져 잠든 사람처럼 되는 모습을 흔히 볼 수 있을 것입니다.

기도할 때 자주 졸음이 와서 기도를 제대로 할 수 없는 상태가 된다면 이는 단순한 졸음을 넘어서 성령의 임재에 의한 기름부음 속으로 들어가는 것을 경험하는 것일 수 있습니다. 집회에서 인도자에 의해서 임재 속에 들어가는 것만이 전부가 아니라 그것은 오히려 맛보기일 수 있으며 진정한 임재는 자신 안의 골방에서 조용하게 기도에 몰입할 때 일어날 수 있습니다.

다시 베드로의 이야기 속으로 들어가 보면, 그는 기도하려고 지붕에 올라갔고 그 때의 시간은 제 육시였습니다. 식사하기에는 다소 늦은 시간이어서 베드로는 시장했습니다. 사람들이 어떤 일로 인해서 식사 준비가 늦어졌기에 그는 그 자투리 시간에 기도하려고 옥상에 올라갔고 그곳에서 비몽사몽을 경험하였습니다. "하늘이 열리며 한 그릇이 내려오는 것을 보니 큰 보자기 같고 네 귀를 매어 땅에 드리웠더라" 그가 짧은 시간에 졸음 속으로 빠져 들어갔고 이와 같은 놀라운 환상을 보게 되었습니다. 성경은 군더더기는 걸러내고 주요 골자만 기록하기에 베드로가 기도할 때 이런 졸음 현상을 얼마나 자주 경험했는지에 관해서는 침묵하고 있지만 그가 이런 계시를 받기에 이르기까지 그는 늘 기도에 힘썼고 그럴 때마다 자주 임재에 들곤 했을 것이 분명합니다.

하나님으로부터 계시를 받는 일은 어느 한 날 갑자기 일어나기도 하지만 대부분의 경우 우리에게 있어서 많은 단계들이 필요합니다. 이것을 '임재연습'이라고 부릅니다. 집회에서 쓰러지는 임재의 경험을 했지만 별 유익이 없었을 것입니다. 그저 힘이 빠지고 정신이 몽롱해지고 설명하기 힘든 묘한 분위기 속으로 들어간 것은 분명하지만 그 이상은 없습니다.

이것이 임재로의 초대인 것입니다. 성령의 임재 속으로 들어가는 경험이 쌓여 어느 날 주님이 필요할 때에 주님의 시간에 하늘 문이 열리는 경험을 하게 되는 것입니다. 베드로가 하늘이 열리면서 그곳으로부터 한 그릇이 내려오는 환상을 보았듯이 우리 역시 하늘이 열리는 영적 경험 속으로 들어갈 날이 있는 것입니다. 그러기 위해서 거쳐야 하는 것이 졸음이라는 달갑게 여겨지지 않는 임재의 경험을 거치게 되는 것입니다.

자신도 모르게 임하는 성령의 임재와 육신의 분주함과 게으름 때문에 생기는 생리적인 졸음을 구분할 수 있어야 할 것입니다. 육신적인 졸음과 성령의 임재는 겉보기에는 같아 보이지만 여기에는 분명한 구별점이 있습니다. 성령의 임재 속에서 겪는 졸음은 그 사람이 일상적으로 기도에 많은 시간을 들이고 하나님과 늘 친밀한 관계를 유지하려는 갈망과 실천이 있습니다. 베드로처럼 작은 자투리 시간도 아까워 옥상으로 올라가 기도한 것 같은 주님에 대한 갈망이 남다른 것입니다.

늘 기도에 힘쓰고 구별된 삶을 살고자 하는 노력이 따라주어야 합니다. 육신을 힘들게 하여 기도에 방해를 받는 일은 절제하고 거룩한 삶을 살고자 합니다. 말씀을 묵상하고 기도에 힘씀으로써 기도 생활이 일상이 되어 있는 것입니다. 이런 꾸준한 기도를 해 오는 가운데 어느 날부터 졸음이 오기 시작한다면 이는 성령의 임재로 보아도 좋을 것입니다. 성령의 임재가 일어난다고 해서 당장에 신묘한 영적 현상들이 나타나는 것은 아닙니다.

아무런 유익도 없는 것 같은 의미 없는 졸음을 반복하는 가운데 하나님이 필요로 하는 때에 꿈과 환상을 통해서 성령의 음성을 듣게 되는 것입니다. 때로는 계시가 임해서 새로운 일을 행하게 되기도 하는 것입니다. 일상적인 삶에서 하나님의 말씀대로 살지 않으면서 기도 생활도 등한히 하는 사람은 기도하려고 하면 영이 아직 힘이 약해서 육신을 이기지 못하고 졸음이 오고 몸이 쑤시고 잡생각이 많이 나고 할 말도 생각나지 않아 기도에 몰입하지 못한다면 그건 단순히 생리적인 작용에 의한 졸음일 뿐입니다.

기도하려고 하면 졸음이 오고 기도를 멈추면 다시 정신이 말똥말똥해지는 것은 영의 지배를 거의 받지 못하고 육신에 매여 사는 삶을 살기 때문에 오는 바람직하지 못한 현상입니다. 이는 마치 예배 전에는 활동적이던 사람이 예배만 시작하면 슬슬 졸기 시작하는 것과 같습니다. 졸음은 영이 약하고 육신에 매몰되어 사는 사람들에게 기도할 때면 맞닥뜨리는 심각한 문제입니다. 이를 극복하고 성령의 인도를 받는 사람으로 변화되기 바랍니다.

6장 자신의 기도를 진단하는 비결

(고전14:15)"그러면 어떻게 할까 내가 영으로 기도하고, 또 마음으로 기도하며 내가 영으로 찬송하고 또 마음으로 찬송하리라"

하나님은 영이십니다. 영이신 하나님과 사람이 교통하려면 육신적인 상태로는 교통할 수가 없습니다. 반드시 성령으로 충만하여 영적인 상태가 되어야만 영이신 하나님과 교통할 수가 있는 것입니다. 그래서 기도는 성령의 인도 하에 영으로 해야 하나님이 들으시고 응답을 하실 수가 있는 것입니다. 그래서 성경은 (요6:63)"살리는 것은 영이니 육은 무익하니라 내가 너희에게 이른 말은 영이요 생명이라." 고 말하는 것입니다. 그러므로 우리가 하나님이 응답하시는 기도를 하려면 반드시 성령의 인도 하에 영적인 상태에서 기도를 해야 되는 것입니다.

그래서 기도는 아무렇게나 하는 것이 아니고 반드시 영적인 원칙을 가지고 기도하도록 이론과 훈련을 받아야 합니다. 그리고 내가 바르게 기도하고 있는지 아닌지를 말씀과 성령으로 분별하여 잘못되었으면 고쳐나가야 합니다. 기도는 영적인 활동입니다. 어떻게 기도하느냐에 따라 성령도 역사할 수가 있고, 마귀도 역사할 수가 있는 것입니다. 왜냐하면 세상 사람들도 자신의 육체적인 욕심을 이루기 위해서 돌무더기 앞에서 손을 비비며 기도합니다. 이때 누가 찾아오겠습니까? 두말할 필요 없이 인간의 옛 주인 마귀가 찾아오는 것입니다. 이는 성도의 기도도 마찬가지입니다. 성도가 육신적이 만족을 얻기 위하여 육신적인 상태에서 기도하면 성도도 육신이 있기 때문에 마귀가 찾아 올 수가 있는 것입니다.

왜냐하면 우리의 옛 사람은 마귀가 주인이었기 때문에 우리가 육체가 되어 기도한다면 마귀가 오지 말라고 해도 자동으로 찾아오는 것입니다. 그래서 기도는 바르게 성령의 인도 하에 영으로 해야 하는 것입니다. 제가 지금까지 성령치유 사역을 하면서 임상적으로 경험한 바로는 본인들의 믿음은 좋았고 나름대로 기도를 열심히 한다고 하는 데 성령으로 바르게 하지 못하니, 기도를 하는 만큼 심령이 성령으로 충만하지 못하고, 마음의 상처가 치유되지 못하고 심성이 변하지 않는 다는 것입니다. 저는 단언합니다. 성도가 성령의 인도 하에 영으로 기도하면 성령으로 충만해지기 때문에 심성이 변한다는 것입니다.

그러므로 기도는 반드시 성령의 지배 하에 성령으로 해야 영이신 하나님과 교통하므로 심령이 성령으로 충만하게 되고 마음의 상처가 치유되는 것입니다. 그래서 기도는 영적인 생활의 기본이라고 해도 과언이 아닌 것입니다. 이번 장에서 말씀과 성령으로 자신의 기도를 분별하여 보시고 잘못된 기도를 했다면 바르게 고쳐서 영으로 기도하는 모두가 되시기를 바랍니다. 가만히 마음으로 기도하시면서 책을 읽으며 자신의 기도를 진단하여 보시기를 바랍니다. 절대로 다른 성도의 기도를 판단하면서 글을 읽지 말고 순수하게 기도하는 자신을 생각하면서 진단하시기를 바랍니다.

1. 자신의 기도가 어떤 기도인지 진단하라.

영안으로 자신이 어떤 기도를 하고 있는지 말씀과 성령으로 기도하는 자신의 마음상태를 바르게 진단해 보시기를 바랍니다. 기도는 마음에 초자연적인 능력이 나타나기 때문에 기도하는 마음이 어떤 상태에 있느냐에 따라 결과는 엄청나게 달라집니다. 기도는 영의 활동입니다. 영에는 성령도 계시고 마귀도 있습니다. 그러므로 우리가 어떻게 기도하느냐에 따라 마귀도 올수가 있고 성령님도 임재 하실 수가 있는 것입니다. 그래서 기도는 중요합니다. 기도는 우리의 영 안에 계신 성령으로 해야 되는 것입니다.

1) **영이 막혀있는 기도**: 기도는 성령과 더불어 기도하는 것인데 오늘 초신자들에게 무조건 기도하면 만사가 해결된다고 하면서 무조건 기도하라고 합니다. 기도가 무엇이라는 것을 제대로 안다면 무턱대고 기도하라고 하지 않을 것입니다. 초신자들이란 신학적으로는 예수를 믿어서 거듭났다고 입심 좋게 말할 수 있을는지 모르지만, 이러한 육성적으로 마음이 막혀 있는 영적 상태는 아직도 불신의 영의 압박에서 벗어나지 못하고 있어 성령의 인도를 받는 영의 기도를 할 수가 없는 것입니다. 기도하고 싶은 마음은 있지만, 기도 할 수가 없고, 기도가 되지 않는 것입니다. 왜요, 성령의 인도를 받지 못하여 하늘이 닫혀있고, 영이 막혀 있는 자에게 기도하라고, 수천번 말해 본들 기도 할 수도 없고, 기도하고 싶은 마음이 생기지 않는 법입니다. 답답한 마음으로 문제에 눌려 있는 자들에게 기도를 하란다고 기도 할 수 있는 것이 기도가 아닙니

다. 오히려 역효과만 초래하게 됩니다. 필자도 초신자 때 소리 내어 기도를 하지 못해서 수요일과 금요철야에 가지 않은 경험이 있습니다. 그래서 기도를 인도하는 분들은 통성기도를 하지 못하는 성도들을 위하여 통성기도를 못하는 분들은 이렇게 기도하라고 알려주고 하는 것이 좋습니다.

필자의 경우는 통성기도를 못하시는 분들은 코로 숨을 아랫배까지 깊게 들이쉬고 내쉬면서 주여! 를 하라고 알려주고 통성기도를 인도합니다. 성령으로 하지 않는 기도는 하나님을 만나는 기도가 아닙니다. 오히려 인간의 육성으로 기도를 하게 되니 마귀가 달려들지도 모르는 일입니다. 그러므로 기도는 목회자가 먼저 바르게 훈련하여 숙달하고 성도들이 바르게 기도를 하도록 가르쳐야 하고 바르게 훈련하고 지도해야 합니다.

2) 마음에 없는 기도: 기도할 때 억지로 마음에도 없는 기도를 하거나 마지못해서 기도하면 기도가 되지 않고 영은 방황하며, 성령의 임재 안에 들어가지를 못하게 되고, 기도는 힘들고 성전 뜰만 밟다가 돌아오게 됩니다. 그러한 기도는 기도 시간이 지루하게 느껴지고 기도가 힘이 들며 기도를 통하여 능력을 받지도 못합니다. 또 영감이나 말씀은 커녕 오히려 내면에 도사리고 있는 공중 권세 잡은 자들이나 어둠의 주관자들이나 정사나 권세를 만나게 되어 생명과 말씀이나 응답을 도적질 당하거나 강도질 당하게 됩니다. 하나님께 고침을 받고자 하는 마음과 하나님께 영광을 돌리고자 하는 마음의 자세가 먼저 되어야 합니다. 그래야 마음이 열리고 성령의 이끌림을 받는 기도를 할 수 있는 것입니다. 절대로

기도는 성령의 이끌림을 받는 온몸 기도를 해야 합니다. 그래야 기도를 통하여 마음이 변하고 응답도 받을 수가 있는 것입니다.

3) **자의적인 기도**: 성령과 더불어 기도하지 않는 자의적인 기도는 하나님을 만나지 못하는 기도로서 엄격한 의미에서 인간의 수양이나 욕구 분출에 불과 하거나 자의적인 위안에 불과 하기 때문에 성경에서는 성전 뜰(육체)에서의 기도는 응답하지 않는 다고 말하고 있는 것입니다.

그러므로 기도할 바를 모르면 하나님의 뜻을 알게 해달라고 먼저 하나님의 뜻을 구하여야 하는데, 하나님의 뜻대로 구하지 아니하는 자의적인 기도는 육성 적으로 흐르기 때문에 위험합니다. 인간적인 기도는 위험이 따르지 않다고 생각할지 모르지만 인간적인 생각 속에서 사단이 역사하고 있는 영적 원리를 헤아려야 합니다. 베드로는 예수님의 말씀을 마귀의 생각으로 해석하여 주님에게 질책을 당합니다(마16:23). 고로, 하나님의 뜻 영적인 만족에 목적을 두고 기도를 하시기를 바랍니다.

4) **정욕 적인 기도**: 사람은 영적인 존재이므로 자신이 무엇을 바라고 기도하느냐에 따라서 그 대상의 영이 침입합니다. 그러므로 우리의 기도는 예수님을 부르면서 하나님의 영광에 목적을 두고 기도해야합니다. 그래서 기도는 인간의 영적-혼적-육신적 모든 전인격적인 요소가 하나님의 속성을 지니지 않은 상태에서 기도한다는 것은 결국은 사단을 자신도 모르게 침입할 틈을 제공하게 되는 것입니다. 사단의 속성은 전신갑주로 무장해도 공격하고 넘어뜨리려고 합니다. 그런데도 이와 같이 틈을 열어놓고 기도하

는데 공격하지 않는다고 생각하는 것은 광명의 천사로 가장하여 말씀을 가지고, 공격하는 사단의 교묘한 술책을 헤아리지 못하고 있는 무지의 소치입니다. 신비하고 신령한 하나님이시지만 진정 없이 신령한 상태에서만 기도한다든지 하나님의 뜻과는 상관없는 자기의 소원만을 구하며 기도하든지 정욕 적으로 기도하는 것은 사단이 침입하게 됩니다. 반드시 성령으로 온몸기도를 해야 합니다. 그래서 주님은 (마6:24)"한 사람이 두 주인을 섬기지 못할 것이니 혹 이를 미워하고 저를 사랑하거나 혹 이를 중히 여기고 저를 경히 여김이라 너희가 하나님과 재물을 겸하여 섬기지 못하느니라" 고 말씀하고 계십니다.

5) 의식 없는 기도: 성령의 역사는 인간의 동의를 얻어 역사하시는 것이 영적 원리입니다. 하나님께 순종하거나 말씀을 받아들이 않는 자에게는 억지로 역사하시지 않습니다. 그러나 사단의 역사는 인간의 동의 없이 강권적으로도 침입을 합니다. 여기에서도 기도의 위험한 영적 요소를 헤아려 볼 수 있습니다.

인간의 동의를 얻는 다는 의미는 인간의 지-정-의의 전인격이 순종하는 것을 의미하기 때문에 기도할 때 이성이나 감정이나 의지가 있어야 하는데 의식 없이 하는 형태의 무의식 상태에 가까운 말씀의 속성과 성령의 인도를 떠난 방언기도나, 멍멍한 상태나, 관상기도나, 중언부언하는 기도나, 졸면서 하는 기도나, 습관적인 기도나, 생각 없이하는 기도 등은 귀신이 침입할 수 있는 여지가 있는 위험한 기도입니다.

기도는 영의 활동입니다. 사람은 마음 안에 영이 있습니다. 그래서 마음을 열어라, 마음을 열어라 하는 것입니다. 마음을 열어야 영의 활동이 일어나기 때문입니다. 그런데 일부 성도들은 마음 안에 있는 영이 상처로 인하여 눌려있는 상태입니다. 상처 뒤에는 악한 영이 웅크리고 있습니다. 이악한 영은 어떻게 하든지 사람의 영을 압박하여 충만하지 못하게 하려고 합니다.

그러기 때문에 영안에 있는 성령의 역사가 밖으로 표출되지 못하는 것입니다. 이런 분들은 기도를 하면 영 안에 있는 성령의 역사로 상처가 목에까지 올라오게 됩니다. 그러나 밖으로 떠나가지는 않습니다. 왜냐하면 상처 뒤에는 악한 영이 있기 때문입니다. 제가 하는 이 이야기는 나중에 체험해보면 이해가 될 것입니다. 그래서 기도를 하면 가슴이 답답한 것이 조금 시원해집니다. 그러다가 기도를 쉬면 또 상처가 아래로 내려가면서 영을 압박합니다. 그러니 또 가슴이 답답한 것입니다. 그래서 또 기도하면 마음이 조금 시원해집니다. 이런 활동이 연속적으로 계속 일어나기 때문에 일부 기도를 많이 하는 성도들의 신경이 예민하여 지는 것입니다. 그래서 조그마한 소리에도 참아내지 못하고 혈기를 내는 것입니다. 왜냐하면 이 성도는 예수를 믿고 기도를 열심히 해도 아직 전인격이 성령으로 사로잡히지 않았기 때문에 우리의 생명(혼)에 역사하는 악한 영이 떠나 간 것이 아니기 때문입니다. 그래서 사람은 약합니다. 생명(혼)을 가지고 있기 때문입니다. 그럼 이 성도가 언제 변하게 되느냐, 마치 사울이 다메섹 도상에서 예수님을 만나 눈이 멀어 식음을 전폐하고 삼일동안 고생하다가 성령이 충만한 아나니아가 가서 안수할 때 눈에 비늘 같은 것이 벗어지고 보게 되고 음식을 먹고 변화되어, 그 시로 주는 그리스도시라고 증거하며 돌아다닌 것같이, 성령 충만한 사람으로부터 안수를 받는 다든지, 불같은 성령의 역사를 체험하여 올라 갔다가 내려갔다가 하는 상처가 기침이나 토함이나 하품 등으로 빠져나가기 시작하면 변화가 오기 시작하는 것입니다. 이런 체험을 한 분들의 다수가 몸에 힘이 쭉 빠져서 며칠 동안 힘이 없는 체험을 하기도 합니다. 그런데 심령은 변하여 혈기가 없어지고 마음에 참 평안을 찾으며 영으로 기도를 하게 됩니다. 방언기도를 하던 분들도 이런 체험을 하고난 다음에 방언기도의 소리가 달라지는 경우도 있습니다. 이는 그 성도의 속에서 역사하던 상처가 떠나가고 성령이 장악을 하니, 성령으로 변화되기 시작하는 것입니다. 성도의 마음은 말씀과 성령의 역사가 변화 시키는 것입니다. 아무리 자기가 변화되겠다고 마음을 먹어도 성령의 역사가 일어나지 않으면 변화되지 않습니다. 왜냐하면 인본주의 에는 마귀가 역사하기 때문입니다. 마귀는 사람이 이길 수가 없습니다. 그래서 성령 충만한 사역자의 안수기도와 불같은 성령 체험이 필요한 것입니다. 저는 단언 합니다. 성도가 바른 영의 말씀과 불같은 성령을 체험하고 마음을 치유하고, 성령의 인도를 받으며 성령으로 바르게 기도만 된다면 모두 성격이 예수님의 성격으로 변하게 됩니다. 그리고 삶에서 성령의 열매를 맺으면서 살아갈 수가 있습니다. 저는 지금까지 성령치유 사역을 하면서 많은 분들이 이렇게 변화되는 것을 체험하며 사역을 하고 있습니다. 기도는 꼭 성령의 이끌림을 받으면서 성령으로 해야 합니다. 그래야 성령으로 충만해지고 마음도 유들유들한 예수님의 성품으로 변화되는 것입니다.

어느 목사님의 이야기를 빌리자면 삼각산에서 징을 치고 북을 치고 장구를 치는 무당 셋과 어느 목사 둘이서 이들과 목이 터지라고 산상기도 대결을 우연히 벌이게 된 적이 있다는 이야기를 들었습니다. 이렇게 무당들도 나름대로 열심히 기도합니다. 그러나 무당들의 기도는 성경에서 말하는 기도의 대상이 다르기 때문에 아무렇게나 기도해도 될 것입니다. 무당들도 신에 사로잡혀 깊은 기도를 하는데, 그들이 기도에 몰입하면 목사들이나 기도원 사역하는 분들보다 더 깊은 영적 상태에 몰입합니다. 그렇게 몰입하여 심령감찰(투시)도 되고 영험도 체험하고 귀신도 받습니다. 그러나 하나님의 자녀들이 하는 기도는 무당들처럼, 혹은 이단들이 기도하는 기도처럼, 말씀 없이 기도하거나 바르지 못한 방법과 말씀으로 기도하면 어떤 존재를 만나겠습니까? 불을 보듯 뻔 한 사실인데도 우리는 기도의 원리를 모르고 무조건 기도하여 응답 받는 사실이나 기도의 감동만을 전하면서 기도하는 데만 열중합니다.

그러나 보다 중요한 것은 기도하는 대상이 하나님이며 하나님을 만나야하기 때문에 기도하는 방법이 중요합니다. 무당들이 귀신을 만나는 것도 아무렇게나 기도하지 않는 데, 어찌 그리스도인이 기도하는데 아무렇게나 기도한다고 하나님을 만나겠습니까? 하나님께 나아가는 길은 성령 안에서 깊이 몰입되어야 하지만, 말씀 없이 몰입하는 기도는 하나님 아닌 다른 세상 신을 만나게 될 수 있습니다. 그래서 이를 구분하고 이에 대한 영적 원리와 감각적인 차이와 실제적인 차이를 이해하고 분별하여야 합니다.

성령으로 영으로 기도하면 마음에 초자연적인 능력을 갖게 됩니다. 그러나 말씀 없이 육성적으로 기도하거나 마음의 욕망이 지나치거나 한이 있는 기도는 위험합니다. 이러한 상태로 기도하면 기도할 수 록 마음이 강퍅해지기 때문에 말씀을 갖지 못한 기도 꾼들의 이러한 강퍅한 마음에 하나님께로 오는 능력이 아닌 세상 신의 신령한 능력이 나타나게 되어, 이것이 하나님으로부터 온 것으로 잘못알고, 교만해지고 양신 역사를 하게 되고 말씀보다 신비를 쫓게 됩니다. 말씀보다도 신비한 체험을 중요시 할 수 있다는 말입니다. 하나님은 제가 영적 사역을 장기간 하다가 보니, 이러한 무속인들과 다름없는 기도원 사역자들이나 기도꾼들이 양신역사를 하는 것을 많이 보게 되었고, 순진한 성도들이 이 런 엉터리 사역자들에게 기도를 잘못 배워서, 기도가 잘 못 되어가는 그 원인을 보게 하시고, 말씀 없이 기도하는 것의 위험을 경고하도록, 이 기도의 영적 원리를 알게 하셨고, 기도에 대하여 주신 이 말씀을 증거하고 기록하고 있는 것입니다. 더구나 기도는 영적 투쟁인데 기도가 왜 영적 투쟁이라 하는지 그 의미를 먼저 알아야 합니다. 수많은 그리스도인들이 기도하는 법을 제대로 배우지 못해 귀신의 영에 사로잡히거나 귀신들에게 조종당하고 있는 모습을 너무나 많이 보게 하셨습니다.

예를 든다면 서울에 사시는 기도에 열심있는 어느 사모님이 은혜가 넘쳐 밤낮 하나님에게 성령 달라고 기도했는데 기도가 잘 못 되어 성령이 온 것이 아니고, 악령이 와서 고생을 했습니다. 그러다가 본인에게 연락되어 우리 교회에 와서 몇 개 월 다니면서 축사와 내적치유 받고 간적이 있습니다. 기도는 영적 준비와 말씀과 성령의 역사 없이는 위험한 것입니다. 왜요, 기도는 영적인 활동이기 때문입니다. 우리가 기도를 어떻게 하느냐에 따라 성령의 역사도 나타나고 마귀의 역사도 나타나고 인간의 역사도 나타날 수 있기 때문입니다. 잘못된 기도를 하여 성령이 아닌 다른 신을 받지 않으려면 우선 불같은 성령으로 세례를 받고 성령의 강한 임재로 영의 통로가 열려야 합니다. 그래서 불같은 성령 체험이 중요한 것입니다. 기도도 성령으로 성령의 이끌림을 받으면서 해야 영으로 바른 기도를 할 수 있기 때문입니다.

2.성령의 인도를 받는 신령한 기도를 하라.

1) **성령과 더불어 하는 기도**: 자신의 필요나 희망이나 소원이나 뜻을 이루기 위한 기도를 주로 하는데 이것은 어디까지나 인간이 필요한 것을 간구하는 '간구'라는 것입니다. 기도는 자신의 생각이나 마음을 따라서 자신이 원하는 것으로 하는 것이 아닙니다. 예수님을 부르면서 성령 안에 깊이 몰입되어 성령의 인도하심을 따라 성령과 더불어 하는 것이지 사람이 혼자서 하는 것이 아닙니다. 하늘과 땅을 오르락내리락하는 천사의 영과 기도의 영이 우리의 빌 바를 하나님 앞에 아뢰는 것입니다. 그래서 성도는 무엇보다도 성령으로 기도의 영의 와야 합니다.

2) **하나님을 만나는 기도**: 하나님은 분명하게 자신 안에 주인으로 계십니다. 기도는 하나님 존전에 나아가는 길인데 기도하는 성

도들이 어떻게 하나님 존전에 나아가는 지도 알지 못하는데, 어찌 바른 기도를 할 수 있겠습니까? 하나님 존전에 나아가는 방법을 구약에서 가르쳐주고 예수님도 가르쳐 주고 계십니다. 자신의 죄를 씻어내지 못하고서는 하나님 앞에 나아 갈 수가 없습니다. 구약에는 짐승을 잡아 피의 번제를 드리고 하나님 앞에 나갔습니다. 교회 시대에는 예수 그리스도가 십자가에서 피를 흘리고 죽었기 때문에 피의 공로로 하나님 앞에 나갈 수 있는 것입니다. 기독교가 다른 종교와 다른 것은 예수님을 통하여 죄를 용서받을 수 있어 하나님 앞에 나아 갈 수 있는 길이 열려있다는 것이 다릅니다.

또한 기도는 하나님을 만나야 하는데 하나님을 만나기 위해서는 초자연적이고도 신령 적인 요소가 있어야 하지만, 이 신령한 요소만으로는 하나님을 만날 수가 없고, 말씀이라는 하나님의 인격적인 요소가 있어야합니다. 인격적인 하나님을 만나야 하는데, 하나님을 신령한 초자연적인 속성과 능력의 하나님만을 생각하면 위험합니다. 그 초자연적인 요소 속에는 하나님도 계시지만 사단이 있기 때문입니다. 사단도 기적과 이적을 일으키기 때문입니다. 이는 애굽의 술사들을 보면 알 수 있습니다(출7:9-12). 신령한 영적 상태와 조건도 되어야 하지만 진정한 마음이 있어야 합니다. 이 진정은 하나님의 속성의 하나이며 예수 그리스도를 통하여 죄와 허물의 사함을 받고 육성을 탈피한 은혜로운 마음에서 나오는 것입니다. 이러한 이유로 반드시 기도는 성령으로 해야 합니다.

3) 말씀으로 하는 기도: 먼저 무조건 기도하라고 말할 것이 아니라, 기도가 무엇이라는 것부터 가르쳐야 하고 기도하는 방법부

터 알려주고 가르쳐야 할 것입니다. 그러므로 기도 할 수 있는 사람이 되도록 먼저 심령에 성령의 빛을 비추어 주어야 합니다. 답답하고 어둠에 눌려있는 심령과 무지의 어둠에 갇혀있는 심령에 성령이 먼저 들어가서 자신의 심령이 죄라는 어둠과 무지에 갇혀있는 자신을 발견할 수 있는 빛의 속성을 가진 말씀이 먼저 비추어져야 합니다. 먼저 불같은 성령의 역사를 체험하게 하여 마음 안에 영의 통로가 열려야 합니다.

깊은 영의기도를 알려주려면 기록된 말씀부터 먼저 주어야 합니다. 이 빛이, 이 말씀이 듣는 자의 마음 속에서 깨달아지기 시작하면 이 빛이 더 밝게 빛나야, 영이 지각하고 이의 필요성이 일어나야 됩니다. 이것이 바로 애통하는 마음의 시작입니다. 이 마음이 시작되어야 기도에 대한 필요성을 지각하고 기도할 수 있는 마음이 되어 집니다. 그러나 말씀 없이 기도하면 이것은 하나님께 기도하게 되지 않고, 인간적인 욕구를 구하는 기도가 되거나, 하나님 아닌 다른 존재에게 기도할 수 있게 되는 위험이 있습니다. 하와가 선악과를 자꾸 보며 사모하니까 마귀가 하와를 속인 것과 마찬가지로 마귀가 원하는 것을 가지고 나타날 수 있습니다. 그래서 사모하고 기도하는 대상이 중요합니다. 하나님께 대한 기도의 영은 말씀 없이 역사하지 않습니다. 그러나 알지 못하는 신에게 기도하는 영은 말씀 없이 역사합니다. 그러므로 말씀 없이 기도하는 것은 그리스도인의 기도가 아닙니다. 항상 영의 활동이나 은사 활동은 말씀 안에서 일어나야 합니다.

말씀 없이 성령의 인도 없이 기도하는 것은 무속인의 기도와 다를 바가 없습니다. 기도하는 자는 말씀이 있어야 합니다. 성령의 인도를 받아야합니다. 그리스도인도 말씀 없이 기도 할 수도 있습니다. 그러나 말씀 없이 기도하는 것은 그리스도인들이 하는 기도가 아닙니다. 말씀으로 기도해야 하고 말씀과 함께하는 기도의 영이 임하여 기도를 통하여 하나님을 만나는 것입니다.

성령 안에서 말씀으로 기도하시면 말씀 하나님이 우리에게 나타나시는 날 어제나 오늘이나 동일하셔서 살아서 말씀하시고 계시하시는 산 하나님을 그대로 볼 것이며 성경이 열리고 말씀이 열리고 하늘이 열릴 것입니다.

4) 하나님의 마음 안에서 하는 기도: 말씀으로 기도하고 말씀으로 살아가며 말씀과 더불어 먹고 마시는 삶을 살면 말씀이 뼈가 되고 살이 되고 피가 되어 육체가 말씀화가 되어 가면 신령한 하나님의 속성과 형상이 나를 통하여 나타나게 되고, 하나님과 하나 되는 하나님의 마음이 됩니다.

이러한 마음이 되면 말씀이 솟아나고 말씀이 풍성해지며 말씀이 생명력이 넘치게 되어 하나님의 역사가 나타나며 하나님의 말씀이 나타납니다. 말씀이 말씀을 헤아리는 기쁨을 맛보게 되고 비밀이 열리고 하나님의 말씀이 환상으로 또는 예언의 영으로 또는 대언의 영으로 나타납니다. 그리고 하나님의 사랑으로 하나님의 영광으로 나타나게 됩니다.

7장 어떤 기도가 세상적인 기도인가?

(눅 11:1)"예수께서 한 곳에서 기도하시고 마치시매 제
자 중 하나가 여짜오되 주여 요한이 자기 제자들에게 기도
를 가르친 것과 같이 우리에게도 가르쳐 주옵소서"

예수를 믿는 성도의 기도는 세상에서 하는 몹시 애타게 바라고
구하고 갈구하는 비나이다. 비나이다. 하는 기도가 아닙니다. 성
령으로 거듭난 우리에게 성령 안에서 기도해야 합니다. 그런데 기
도에 대하여 명확하게 알려주는 분이 없다는 것입니다. 무조건 기
도하세요. 기도하면 문제가 풀립니다. 어떻게 하라고 하지를 않고
무조건 열심히 하라는 것입니다. 무조건 기도하라고 하니까, 세상
에서 하던 방식으로 기도를 하는 것입니다. 세상에서 하던 방식으
로 하니 아무리 기도를 열심히 해도 변화가 일어나지를 않습니다.
기도는 분명하게 영의 활동입니다. 어떻게 기도하느냐에 따라서
성령이 역사할 수도 있고, 귀신도 역사할 수가 있는 것입니다. 기
도가 바르지 못하면 아무리 많이 기도해도 변화되는 것이 없을 수
있습니다. 왜 그렇겠습니까? 기도할 때마다 귀신이 역사하기 때
문입니다. 그렇기 때문에 기도훈련을 받아야 합니다. 바른 목회자
에게 바르게 기도하는 훈련을 받으면 실수가 없을 것입니다. 기도
는 바르게 배우고 바르게 해야 합니다. 기도를 지도하는 목회자는
자신이 기도를 정확하게 한 후 바르게 기도하도록 해야 합니다.

1. 무조건 구하는 기도

우리가 바르게 알고 고쳐야 할 것이 있습니다. "구하라 그러면 주실 것이요 찾으라. 그러면 찾을 것이요 문을 두드리라 그러면 너희에게 열릴 것이니라"는 성경 구절을 인간적으로 육적으로 알고 열심히 세상 복을 구하는 많은 교인들이 있습니다. 그런데 주님이 여기서 하신 말씀의 핵심이 무엇인가를 알아야 합니다.

"하늘에 계신 너희 아버지께서 구하는 자에게 좋은 것으로 주시지 않겠느냐"라는 말씀이 이 구절의 핵심이라고 나는 생각합니다. 그런데 좋은 것이 무엇인가요? 좋은 직장인가요? 좋은 학교인가요? 부자가 되는 것인가요? 만사형통인가요? 하는 일마다 만족이 채워지는 것인가요? 과연 이것들이 좋은 것일까요? 그것 좋은 것은 성령입니다. 기도하며 구하면 성령을 주시는 것입니다.

주님은 이 세상은 마귀에게 속해 있다고 말씀하셨습니다. 즉 세상 것을 구하지 말고 오직 하늘의 것을 구하라고 말씀하셨습니다. 내 마음이 하늘나라를 이루는 것을 구하라는 것입니다. 내 마음이 하늘나라를 이루어 하나님의 음성을 바르게 듣고 순종하는 것입니다. 내 전인격이 하늘나라가 되려면 성령으로 구해야 하지 않겠습니까? 답은 분명합니다. 성령으로 기도하는 것입니다.

그렇다면 좋은 것이란 오직 하늘에서 내려 주시는 것 외에는 없는 것이 아닌가요? 하나님이 세상 것을 가지고 좋은 것이라고 말씀하셨을 리는 만무하지 않은가요? 세상 것은 아무리 많이 가져도 만족이 채워지지 않는 물거품이 아닌가요? 그런데 하나님이 과연 이런 물거품을 가지고 좋은 것이라고 말씀하셨을까요?

좋은 것이란 변함이 없는 것이 되어야 합니다. 그런데 세상 것에서는 변치 않는 물질이란 없습니다. 즉 영원한 생수가 될 수 있는 것이 없다는 것입니다. 영원히 변치 않는 영원한 기쁨이란 오직 주님의 영이 내게 임하는 것이 아닌가요? 바로 주님이 말하는 좋은 것이란 성령을 말하는 것입니다. "나더러 주여! 주여! 하는 자마다 천국에 가는 것이 아니라 오직 하늘에 계신 내 아버지의 뜻대로 행하는 자라야 들어가리라"(마태7장)라는 말씀은 바로 인간들의 욕심적 기도는 전혀 이루어지는 것이 아니라는 것을 말하는 것입니다.

오직 반석을 구하라는 것입니다. 반석이 무엇인가요? 바로 주님이 아니신가요? 주님의 은혜를 구하는 것 외에는 모두가 죄악이요, 모래위에 지은 집이요, 수많은 능력으로 귀신을 쫓아내고 훌륭한 목사나 종교지도자가 되었다고 한들 주님은 이런 자들을 불법을 행하는 자들아 내게서 떠나가라 라고 하시며 모른다고 부인하는 이유는 이런 자들의 구하는 기도가 바로 자신들의 능력을 구했기 때문입니다.

귀신을 쫓아내고 병을 고친다 한들, 이들이 주님의 뜻보다 이런 능력을 구하는 기도를 했다면 그것이 바로 마귀의 능력을 구한 탓이 아니었을까요? 즉 주님께 물어보고 주님이 원하시는 뜻대로 구해야 한다는 것입니다. 주님은 영이십니다. 고로 주님께 물어보고 뜻대로 하려면 성령으로 충만한 영의 상태가 되어야 합니다. 영의 상태는 성령으로 충만해야 가능한 것입니다. 성령이 충만해야 하나님의 음성을 들을 수 있기 때문입니다. 하나님의 음성이 들려야 매사를 하나님의 뜻대로 행할 수 있기 때문입니다.

성경에서 말하는 좋은 것이란 오직 성령이 자신에게 임하는 것 외에는 다른 것이 없음을 말하는 것입니다. "너희가 악할지라도 좋은 것을 자식에게 줄 줄 알거든 하물며 너희 하늘 아버지께서 구하는 자에게 성령을 주시지 않겠느냐 하시니라"(눅 11:13).

그런데 세상 욕심으로 가득한 육신에 속한 목자들은 애당초 욕심으로 가득한 눈으로 성경을 읽어본 탓에 무엇이든지 하나님에게 구하면 준다고 해서, 성도들에게 온갖 세상적인 기도를 쉼 없이 하게 하는 것입니다. 온종일 열심히 구하면 다 들어주신다고 말하며, 하루 종일 또는 철야하며 무엇이든지 구하라고 말합니다. 무슨 문제이건 정확하게 진단하지 않고 무조건 기도하라고 합니다. 그러나 아무리 구해도 응답을 받지 못할 뿐만 아니라, 자신의 심성이 본성이 변하지를 않는 다는 것입니다. 무조건 구하라는 이런 육신에 속한 목회자들 덕분에 자신의 심령이 변하고, 하늘의 것만을 구하는 자들은 찾아보기 힘들고 온통 세상적인 기도만이 넘쳐나게 됩니다.

세상에서 이루어진 가시적인 일들이 과연 하나님이 이루어 주신 것인지, 마귀가 이루어 준 것인지 무엇으로 알 수 있는가요? 병을 고치고 부자가 되고 원하는 일이 이루어진다고 한들 그것이 과연 하나님이 해주신 일인지 마귀가 해준 것인지 무엇으로 보장한 단 말입니까? 우리는 바르게 알아야 합니다. 세상의 잡신을 섬기는 자들(남묘호랭객쿄)이 등이 기도해도 병이 고쳐진다는 것입니다. 그러므로 병만 고쳐졌다고 하나님의 응답이라고 단정하면 안 됩니다.

육신에 속한 성도들은 자기에게 유익하면 좋은 쪽으로 해석하는 경향이 있습니다. 즉 자기가 원했던 일이 이루어지면 그것을 하나님의 일이라고 하고, 실패하면 마귀의 일이라고 말한다는 것입니다. 과연 그럴까요? 마귀가 응답을 해도 처음에는 맞는 다는 것을 알아야 합니다. 그러나 하나님의 음성을 듣지 않았기 때문에 하나님과 상관이 없는 사람이 됩니다. 나에게 유익이 되면 하나님의 도우심이고, 기도가 이루어 진 것이고, 유익이 없고, 실패한다면 하나님의 기도가 이루어진 것이 아닐까요?

이처럼 우리 인간들은 하나님의 뜻을 스스로는 알 수가 없습니다. 반드시 성령으로 충만한 영적인 상태에서만 분별이 가능한 것입니다. 그렇기 때문에 세상적인 기도는 애초에 할 필요가 없는 것입니다. 그래서 기도는 바르게 배워서 성령으로 해야 합니다. 예수님의 제자들이 누가복음 11장 1절에 "예수께서 한 곳에서 기도하시고 마치시매 제자 중 하나가 여짜오되 주여 요한이 자기 제자들에게 기도를 가르친 것과 같이 우리에게도 가르쳐 주옵소서" 한 것을 기억해야 합니다. 기도는 반드시 바르게 배워서 성령으로 해야 합니다. 성령으로 기도를 하지 않기 때문에 마귀가 응답을 해도 분별할 수가 없는 것입니다.

우리가 기도하면서 기도 내용이 악의 것인지 하나님의 일인지 알 수도 없는 것들을 구해서 이루어 진다한들 무슨 의미가 있느냐는 말입니다. 때문에 우리들은 성령으로 충만한 가운데 오직 주님의 은혜만을 구해야 하는 것입니다. 그것만이 확실한 하나님의 은혜임을 느끼고 알 수 있는 사실이 되는 것입니다. 이것 외에는 모두가 물거품입니다. 인간의 욕심입니다.

이런 가장 소중하고 가장 값진 진주를 모르고, 세상 욕심을 주님과 바꾸지 못하고 움켜쥐면서, 주님을 사랑한다고 주님을 따른다고 모든 것을 받았다고 자랑하니 한국교회의 지붕위에는 온통 쓰레기 같은 기도만이 울려 퍼지는 것입니다. 성도들의 심령이 치유되고 예수님의 성품으로 변화되어 주님의 음성을 듣고 순종하는 기도가 되지 못하는 것입니다.

주님 이외의 다른 무엇이 필요하다면 바로 그것이 간음하는 것이 아닐까요? 당신이 예수를 믿고 교회에 다니는 성도라면 한번쯤 남들이 모두 눈을 감고 기도할 때 눈을 뜨고 그들의 기도하는 것을 바라볼 필요가 있습니다. 과연 세상적인 기도가 아닌 것이 있는가를 말입니다. 복달라고 아우성치는 자들로 가득하니 복이 무엇인지 애초에 모르던 자들이었다는 것을 느끼게 될 것입니다.

그런데 왜 눈을 감고 기도를 할까요? 눈을 뜨고 기도하면 미안해서 일까요? 창피해서일까요? 차라리 눈을 뜨고 기도한다면 그렇게 많은 욕심이 가득한 기도는 많이 줄어들지 않을까라고 혼자 생각해볼 때가 있습니다.

　오직 성령이 임재하여 자신을 장악하기 위하여 기도하는 것 외에는 모두가 인간의 욕심입니다. 좋은 것은 성령만으로도 차고 넘칩니다. 더 이상 세상적인 욕심을 구하는 기도는 하지 말아야 합니다. 인간은 욕심이 끝이 없는 것처럼, 끝없는 간구를 하는 본능이 있습니다. 본능은 육입니다. 매 순간을 쉼 없이 기도하는 것입니다. 그런데 이것이 바로 인간의 기도입니다. 이런 자신들의 추악한 기도를 깨우치고, 끊임없이 이런 욕심이 가득한 자신의 기도를 없애달라고 주님께 기도하는 것이 주님이 가르쳐 주신 기도가 되는 것입니다. 욕심이 가득한 기도 때문에 자신의 추악한 모습을 되돌아보고, 회개하며 오직 주님의 은혜를 소원하는 기도만을 하는 것이 바로 주님의 뜻이요 주님의 은혜라고 봅니다.

　주님의 은혜를 모른다면 세상적인 기도는 절대로 멈추지 않으리라 생각이 듭니다. 오직 주님의 은혜만을 소망하는 상한 심령으로 살아가기를 소원합니다. 조용히 눈을 감고 자신의 기도를 진단하여 보세요. 잘못되었다면 빨리 고쳐야 할 것입니다. 그래야 자신이 변하여 하나님의 군사가 될 수 있습니다. 잘못된 기도를 찾아내어 성령으로 기도하는 우리가 되기를 소원합니다.

　하나님께 무엇이든지 구하면 주시지 않습니다. 어린 유아가 칼을 달라고 하면 칼을 줄 부모가 없을 것입니다. 칼로 자신에게 상처를 입힐 수 있기 때문에 주지 않습니다. 하나님도 마찬가지 일 것입니다. 아무거나 달라는 대로 주시지 않습니다.

2. 문제가 생기면 하는 기도

입시철이 되면 사찰에 많은 사람들이 찾아가 무릎이 닳도록 기도를 하는 것을 메스컴을 통해서 보았을 것입니다. 이렇게 세상 사람들도 자신이 믿는 신에게 갈구하는 기도를 합니다. 그런데 이들의 기도는 신에게 문제를 해결하여 달라고 소원을 비는 것입니다. 문제가 생기면 문제를 풀어달라고 하는 기도입니다.

교회도 마찬가지입니다. 수능 시기가 되면 새벽기도에 사람들이 많이 나와서 기도합니다. 수능이 끝나면 기도하지 않습니다. 예수를 믿는 우리는 기도가 달라야 합니다. 수능 시기에 임박해서 수능에 대박을 터트리게 해달라고 하나님에게 기도하는 것이 아닙니다. 문제가 생기면 하는 임기응변식의 기도는 세상에서 하는 샤머니즘의 갈구하는 기도방식입니다. 우리는 항상 하나님과 교통하면서 하나님의 뜻을 알기 위하여 기도하는 것입니다.

하나님은 반드시 예수를 믿는 우리에게 하나님의 뜻을 알게 하십니다. "주 여호와께서는 자기의 비밀을 그 종 선지자들에게 보이지 아니하시고는 결코 행하심이 없으시리라"(암 3:7). 하나님의 뜻을 구하고 성령으로 충만한 생활을 하기 위하여 기도하는 습관이 되어야 합니다. 기도는 문제가 생기면 하는 것이 절대로 아닙니다. 물고기가 물을 떠나면 살 수 없는 것과 같이 성도는 하나님을 떠나서는 아무것도 할 수 없는 나약한 존재입니다. 하나님에게 머물러 있기 위하여 무시로 기도해야 합니다.

3. 성령의 임재와 샤머니즘의 강신 역사를 구분 못함

기도의 문제가 또 있습니다. 기도의 훈련을 정확하게 받지 못하여 기본을 알지 못함으로 일부 교회에서는 '성령 임재'와 '샤머니즘적 강신역사'를 분별하지 못합니다. 대략 샤머니즘적인 기도의 대표적인 현상들은 이렇습니다. 일부 기도원이나 나름대로 성령이 충만하다고 자부하는 교회의 기도회와 부흥회에서 이런 일이 종종 일어납니다.

"큰 소리로 기도하고, 누군가는 괴성을 지르며 발작 증세를 보이기도 합니다. 박수를 이상하게 치는 것은 기본이고 춤을 추거나 노래를 부르는 이도 있습니다. 각종 부흥회와 기도회 등에서 흔히 볼 수 있는 풍경입니다. 부흥회, 기도회라는 단서를 달지 않으면 여느 무속신앙의 신내림과 큰 차이점을 보이지 않습니다. 과연 기독교의 '성령 체험'과 샤머니즘의 '강신'은 어떻게 다를까요?" "한국 교회 일부에서는 부흥회를 통한 신비적인 체험만을 성령의 임재로 강조하는 경향이 있습니다. 즉 성령의 임재를 몸의 신비 체험을 통해 인식할 수 있다는 것이라면서 말씀이 없고 바르지 못한 체험을 강조합니다" 그래서 일부 기독교인들은 이러한 신비 현상을 체험하길 원하며, 일부 교회는 이를 성령운동이라는 명명으로 근거 없이 주장하고 있습니다. 분명하게 말하자면 바른 성령운동은 예수님의 성품으로 변하여 삶에서 성령의 열매가 보이는 것입니다. 바르게 생명의 말씀을 전하고 성령을 체험하면 변하지 말라고 해도 변할 수밖에 없습니다. 성령으로 기도하여 변화되는 성령체험을 하도록 해야 합니다. 그러나 이러한 신비적 체험을 분석해 보면, 여러 가지 면에서 타종교의 신비 체험과 별로 다르지 않음을 발견하게 됩니다. "무당들의 강신 체험에서 일어나는 황홀경과 부흥회 등에서 강조하는 기독교 성령 체험의 현상들이 특별히 다른 점이 없기 때문입니다."

우리가 바르게 알아 짚고 넘어가야 할 것은 "기독교의 성령 체험이 종교 혼합주의적 신비의 현상 가운데 하나인지, 아니면 정말 기독교의 성령 임재의 현상인지를 성경의 증언에 기초해 분석해 볼 필요가 있다는 것입니다" "영적인 면에 무지한 일부 교회는 성령 임재 현상과 귀신의 강신(무당 신내림) 현상을 명백히 분별하지 못하고 그대로 수용하고 있는 것이 사실입니다" 반드시 분별하여 치유하여 바꾸어야 합니다. 그래야 성도들이 바른 신앙으로 바른 기도하여 하나님과 친밀하게 지낼 수가 있습니다. '성경적 영성'은 "그 본질은 예수 안에서 성령으로 이루어지며 근본은 영에 있으며, 영의 인격적 기관인 마음을 통해 작용하는 것으로 사람들의 삶에 원동력을 부여해 주며, 전인격적인 행동을 행하도록 도와주는 모든 활동"입니다. "하나님의 말씀에 순종하며 그 분의 형상을 회복하는 그리스도인의 삶 자체가 성경적인 영성"입니다. 그리고 예수님과 같이 변화되는 것을 목적으로 합니다.

반면 샤머니즘에서의 영혼은 "살아있는 사람의 영혼이 아니라 죽은 사람의 영혼"이며 샤머니즘은 그런 영혼에 대해 "신에 대한 두려움을 갖고 신을 숭배하는 사상을 갖고 있습니다" "신에게 잘 보이기 위하여 열심을 내고, 자신의 문제를 신에게 해결해 달라고 손과 발이 닳도록 갈구하며 비는 것입니다" "더 나아가 자연을 숭배하는 정령사상을 가지고 있어 샤머니즘의 영성은 다신론적이며 범신론적입니다. 즉 초인적 존재에 의한 길흉화복의 욕구를 충족시키는 것이 샤머니즘적 영성"입니다. 결국 "샤머니즘적 영성은 전인격적 삶에 초점을 두는 성경적인 영상과는 완전히 다르다는 것을 알아야 합니다" 성경에 나타난 '성령 체험' 현상의 특징은 권능. 능력. 예언. 황홀경. 재능. 지혜. 방언. 환상. 음성. 장소의 진동. 급하고 강한 바람 같은 소리. 등으로 나타납니다. 오늘날 '신비적 성령운동'의 현상들로 넘어짐. 웃음. 짐승의 소리. 괴성. 불. 환영. 등을 들 수가 있습니다. '신비적 성령운동'의 이런 현상은 성경이 보여주는 '성령 체험'의 현상들과 분명하게 다릅니다.

그리고 이런 체험을 했어도 전인격이 변화되지 않는 것이 특징입니다. 제가 그동안 성령치유 사역을 하면서 성령으로 기도를 하게하고 안수사역을 한 결과 성령의 역사로 인하여 이런 현상을 일으키는 흉측한 것들이 모두 떠나가더라는 것입니다. 성도에게서 모두 떠나가니 이런 현상이 더 이상 일어나지 않았습니다. 그러므로 이런 현상을 일으키는 것은 귀신입니다. 그리고 짐승의 소리와 괴성 등으로 나타나는 '신비적 성령운동'의 현상들은 샤머니즘의 '강신 체험'에서 보이는 공포스러운 몸짓. 짐승의 소리. 목소리 변화. 광증적 발작. 등과도 유사합니다. 이는 많은 사역으로 말씀으로 무장되고 바른 체험을 한 사역자만이 구별해 낼 수가 있습니다. 상당히 신중한 분별이 필요합니다. 일부 목회자들이나 성도들이 성령으로 나타나는 현상인지 샤머니즘의 '강신 체험'에 일어나는 현상과 흡사한 것인지를 구별하지 못합니다. 그렇기 때문에 성령의 충만으로 일어나는 현상으로 알고 묵인하고 지냅니다. 그러나 정확한 말씀과 체험한 성령이 역사하는 열린 영의 눈으로 보면 반드시 구별이 됩니다. "성령 임재의 체험을 강조하는 기독교 신비적인 성령운동은 성경적 성령 체험과 비교했을 때 많은 차이가 있습니다. 오히려 샤머니즘적 특성과 유사점이 많다는 것을 알 수 있습니다." 분별력을 길러야 합니다. "그러므로 신비주의적 성령운동의 체험을 강조하기보다는 체험 이후의 변화된 삶에 중점을 두는 성경적 영성을 가져야 할 것입니다." 반드시 바른 복음으로 성령을 체험하면 사람이 변하게 되어 있습니다.

"사탄과 귀신들은 거짓의 영으로 임해 사람들을 미혹하며 그들의 속성대로 사람들에게 고통만 안겨 주고, 궁극적으로는 멸망의 길로 인도 하는 것이 있다는 것을 알고 경각심을 갖어야 합니다" "그 동안 한국의 일부 교회들이 황홀경이나 입신(성령의 깊고 강한 임재) 및 성령 체험 등을 추구하며 샤머니즘적 신비주의와 혼합주의 영성에 빠져 성령의 임재를 무당의 강신(접신) 체험과 같은 현상으로 착각한 것이 사실입니다. 뿐만 아니라 성령의 임재와 악령의 위조된 임재를 구별하지 못하는 경우도 있었습니다. 그러므로 강신 체험과 유사한 신비적 체험을 철저히 분별하여 치유해야 할 것입니다" 우리는 이와 같은 오류를 범하지 않기 위하여 기도에 대하여 바르게 배우고 알고 해야 합니다. 치유하는 방법은 성령 안에서 온몸기도가 되도록 해야 합니다. 호흡을 들이쉬고 내쉬면서 주여! 호흡을 들이쉬고 내쉬면서 주여! 계속하면 성령의 역사로 귀신들이 떠나가면서 평안한 상태로 온몸기도가 됩니다.

8장 기도가 어렵다고 생각하는 원인

(살전5:16-18)"항상 기뻐하라. 쉬지 말고 기도하라. 범사에 감사하라."

대부분의 성도들이 기도는 조리 있고 구수한 말로 하나님을 설득하는 것으로 알고 행합니다. 그렇기 때문에 기도가 어렵다고 합니다. 그래서 기도하면 어렵고 힘들다고 의식이 굳어있기 때문에 기도를 기피하게 되는 것입니다. 기도는 자신 안에 주인으로 계신 성령하나님께 몰입하고 집중하는 것이고 무시로 성령하나님을 찾는 것입니다. 성도는 살아계신 하나님의 성전입니다. 걸어 다니는 성전이 되어 무시로 하나님을 찾는 것이 기도입니다. 주여! 나 하나님! 하면서 부르고 찾는 것입니다. 기도는 하나님과의 대화라고 했습니다. 어린 아이가 사심 없이 부모에게 말하는 것같이 쉽게 하는 것이 기도입니다. 너무 말을 잘하고 말을 많이 하려고 하기 때문에 기도가 어려운 것입니다. 저는 개인적으로 기도는 하나님에게 집중하며 찾는 것이라고 생각을 합니다. 기도를 너무나 어렵게 생각을 하지 마시기를 바랍니다. 주여! 하면서 주님을 부르세요.

1.기도를 쉽게 배우는 훈련

제가 교회를 처음 개척하고 노인 분들 다수가 오셔서 믿음 생활을 같이 하셨습니다. 그런데 이분들이 이구동성으로 하시는 말씀이 기도를 못한다는 것입니다. 그러면서 저에게 어떻게 기도를 하면 잘할 수 있는지 가르쳐 달라는 것입니다. 그래서 제가 이렇게 말했습니다. "기도는 머리를 사용하여 말을 멋있게 잘하는 것이 기도를 잘하는 것이 아닙니다. 앞으로는 이렇게 기도를 하세요." 하고 기도를 가르쳐 드렸습니다. 그 기도가 이 네 가지 기도법입니다. ① 호흡을 들이쉬면서 하나님…. 내쉬면서 사랑합니다…. ② 호흡을 들이쉬면서 하나님…. 내쉬면서 도와주세요…. ③ 호흡을 들이쉬면서 하나님…. 내쉬면서 용서하여 주세요…. ④ 호흡을 들이쉬면서 하나님…. 내쉬면서 감사합니다…. 이렇게 기도를 하라고 했습니다. **단 호흡을 들이쉬면서 성령의 불이 들어온다고 생각하는 것입니다. 호흡을 내쉴 때 자신 안에서 성령의 불이 나온다는 믿음을 가지고 기도하시라고 했습니다.** 노인 분들은 힘이 없기 때문에 젊은 사람들 같이 통성으로 기도를 못하십니다.

그리고 제가 가르쳐 준대로 기도를 매일 그렇게 숙달하시라고 했습니다. 그렇게 하고 얼마인가 지났습니다. 이자녀 집사님이라고 93세 되는 집사님이 계셨습니다. 그래도 교회 오실 때 차타고 오시지 않고 걸어서 오시는 아주 건강하고 정정한 집사님이십니다. 그 집사님이 주일날 오시더니 "목사님! 목사님! 제가요. 지난 토요일 새벽 3시에 일어나 잠이 오지 않아서 침대에 누워서 목사님이 하라는 대로 ① 호흡을 들이쉬면서 하나님…. 내쉬면서 사랑합니다…. ② 호흡을 들이쉬면서 하나님…. 내쉬면서 도와주세요…. ③ 호흡을 들이쉬면서 하나님…. 내쉬면서 용서하여 주세요…. ④ 호흡을 들이쉬면서 하나님…. 내쉬면서 감사합니다…. 하면서 기도를 했습니다. 그랬더니 조금 있다가 막 눈물이 나고 얼굴이 뜨거워지고 감사가 넘치고, 목사님 생각이 나서 목사님을 위하여 기도를 많이 했습니다. 막 마음에 평안이 올라오고 저절로 하나님 감사합니다가 저절로 나왔습니다." 하면서 자랑을 하는 것입니다. 이것이 바로 성령으로 하는 온몸기도입니다. 기도를 너무 어렵게 알려주지도 말고, 또 어렵게 하시지도 말기를 바랍니다. 교회에서 기도 훈련을 시키시는 분들은 주의해야 합니다.

그리고 교회에서 통성으로 기도를 할 때가 있습니다. 그때 통성기도 못하는 성도는 정말 죽을 맛입니다. 이것을 알아야 합니다. 제가 초신자 때 많이 당해봤기 때문에 잘 압니다. 이때는 "통성기도를 못하시는 분들은 이렇게 기도하시기를 바랍니다." 하고 기도를 시작하기 전에 기도 인도자가 미리 알려주어야 합니다. 통성기도 못하는 성도들은 숨을 들이 쉬고 내 쉬면서 주여! 숨을 들이 쉬고 내 쉬면서 주여! 숨을 들이 쉬고 내 쉬면서 주여! 이렇게 하면 되는 것입니다. 방언도 못하고 기도도 열리지를 않은 성도들에게 무조건 통성으로 기도하라고 하니까, 기도 못하는 성도들은 아예 교회에 나오지를 않는 것입니다. 제가 초진자였을 때 그랬습니다. 기도를 멀리하기 때문에 능력있는 기도가 되지 않는 것입니다. 그렇게 주여! 주여! 주여! 를 하다가 어느 정도 충만해지면, ① 호흡을 들이쉬면서 하나님…. 내쉬면서 사랑합니다…. ② 호흡을 들이쉬면서 하나님…. 내쉬면서 도와주세요... ③ 호흡을 들이쉬면서 하나님…. 내쉬면서 용서하여 주세요…. ④ 호흡을 들이쉬면서 하나님…. 내쉬면서 감사합니다…. 이렇게 집중하며 기도를 하다가 보면 방언도 터지고 성령으로 충만해집니다.

이렇게 해서 기도에 재미가 붙으니까, 교회에 가서 기도하고 싶은 생각이 드는 것입니다. 제가 그간 성령치유 사역을 하다가 경험한 바로는 아랫배에서 나오는 소리로 주여! 주여! 주여! 하는 기도 아무나 못합니다. 주여! 주여! 주여! 만 잘해도 기도가 열린 성도입니다. 영의 통로가 막힌 성도에게 주여! 주여! 주여! 를 하라고 해도 죽어도 못합니다. 왜냐하면 마귀가 영을 압박하기 때문에 못하는 것입니다. 이것은 내가 지난 23년간 성령치유 사역을 하면서 주여! 하는 기도를 시켜봤기 때문에 아주 잘 압니다. 당신도 한 번 지금 주여! 를 해보시기를 바랍니다. 만약 목회자가 이 책을 읽고 있다면 예배를 마치고 성도들에게 주여! 주여! 를 시켜보기를 바랍니다. 아마 제가 말한 것이 이해가 갈 것입니다. 목사님도 사모님도 주여! 를 못하시는 분들이 다수 있습니다. 기도는 성령으로 쉽게 하는 것이 성령 안에서 하는 온몸 기도입니다. 그런데 일부 성도들이 기도가 어렵다고 합니다. 필자가 성도들을 대상으로 파악한 결과 대략 다음과 같은 이유로 기도가 어렵다고 합니다.

2.기도를 어렵게 생각하는 이유
1) 기도의 언어구사를 잘하려고 하는 것입니다. 기도에 관한 고

정관념에 잡혀서 외형적 모습, 언어의 구사에 너무 신경을 쓰고 있습니다. 기도는 언어의 구사가 아닙니다. "하나님사랑합니다." 이렇게 순수한 마음을 드리는 것이 기도입니다. 눈빛만 보아도 서로를 아는 관계에서 이루어지는 것이 바른 기도입니다.

2) **특정한 장소를 찾으려고 하는 것입니다.** 기도는 교회예배당, 산, 기도원, 새벽기도에서 하는 것이라는 기도에 대한 고정관념이 기도를 어렵게 만듭니다. 집에서나 직장에서나 일을 하면서 자연스럽게 어디서든지 마음으로 기도할 수 있어야 합니다.

3) **기도의 본질은 무엇을 바라고 비는 것이라는 생각 때문입니다.** 우리가 무속적인 기도인 '비나이다 비나이다' 갈구하는 식의 기도의 개념은 문제없는 사람은 기도의 필요가 없다는 그릇된 생각을 가져왔습니다. 기계 문명이 발달할수록 더욱 영성을 위하여 기도해야 하는데, 이러한 잘못된 생각 때문에 실상은 그 반대가 되었습니다. 문제가 하나님을 필요하게 만들어서는 안 됩니다. 하나님과 항상 교제함으로 문제가 해결되게 하세요. 기독교의 신앙의 본질은 예방 신앙이어야 합니다. 문제가 생기고 오기 전에 항상 기도하여 예방하는 것이 바른 신앙입니다.

4) **문제가 생기면 최후수단, 비상 대책수단으로 하는 기도라고 의식하기 때문입니다.** 기도에 관한 이러한 개념이 진정한 기도의 길을 막게 됩니다. 산소는 죽을 만 할 때만 취하는 것이 아닙니다. 늘 산소를 섭취하듯 아주 자연스럽게, 호흡하듯 기도해야합니다. 문제가 생긴 다음에 문제 때문에 하는 기도보다 미리미리 하는 공

격적인 기도를 하시기 바랍니다. 평안함 속에서 미리미리 준비하고 마음 안에 성령의 권능을 쌓고 채우는 기도를 하세요. 그래서 하나님은 우리를 위하여 이렇게 말씀하시는 것입니다. 데살로니가전서 5장 16-18절에 "항상 기뻐하라. 쉬지 말고 기도하라. 범사에 감사하라 이것이 그리스도 예수 안에서 너희를 향하신 하나님의 뜻이니라." 고 하시는 것입니다.

5) 의무감으로 하는 기도이기 때문에 기도가 힘이 드는 것입니다. 기도는 항상 해야 하며 자연스럽고, 즐기는 기도를 해야 합니다. 쉬지 말고 항상 하나님을 찾는 기도가 되어야 합니다. 분명하게 기도는 자신 안에 계신 하나님께 몰입 집중하는 것입니다.

6) 하나님에게 기도한다는 사고방식 때문입니다. 아버지에게 기도한다는 기본자세를 분명히 아시기 바랍니다. 성령으로 온몸기도 해야 합니다. 하나님은 순수한 기도를 들어 응답하여 주십니다.

7) 감정으로 기도하려고 하기 때문입니다. 기도는 감정으로 하는 것이 아닙니다. 기도에서 감정을 빼내야 합니다. 찬양에서도 감정을 빼세요. 감정은 될 수 있는 대로 낮추어야 합니다. 감정으로 확 타오르고, 확 식어버리지 않게 하세요. 신앙이 성품과 감정을 다스리게 하세요. 감정과 성품이 신앙을 다스리게 하지 말아야 합니다. 성령님이 역사하는 설교인가 감정이 역사하는 설교인가? 감정이 들끓어 오르는 기도나 찬양을 하지 말고, 믿음의 기도와 찬양을 하시기 바랍니다. 감정은 영의 활동이 아니고 육체의 활동입니다.

8) 공동으로 모여서 하는 기도의 습관이 기도를 어렵게 합니다.

이러한 분위기가 아니면 기도할 수 없게 만드는 것은 좋은 기도의 습관이 아닙니다. 혼자서 조용히 어디에서나 하나님과 교제하고 대화할 수 있는 기도가 되어야 합니다. 당신의 집에서도 마음으로 기도하시고, 차를 운전하시면서도 마음으로 기도하시고, 일을 하시면서도 마음으로 기도하시고, 전철을 타고 가시면서도 마음으로 기도하시기를 바랍니다. 기도는 이렇게 하나님에게 나의 생각과 마음을 집중하는 것이 바른 기도입니다.

9) 기도의 개념, 동기, 목적을 잘 모르고 무조건 기도하기 때문입니다. 기도의 시간이 중요하지 않습니다. 바르게 기도하는 것이 중요합니다. 기도는 무조건 오래하면 좋다는 가르침이 기도를 더욱 못하게 하고 기도를 멀리 하게 합니다. 저에게 목사님들이 전화로 질문을 많이 하십니다. "목사님은 대관절 하루에 기도를 얼마나 하시기에 그렇게 능력이 강하게 나타납니까?" 그러면 제가 다시 질문을 합니다. "목사님은 하루에 얼마나 기도하고 계십니까?" 하면은 "저는 하루에 7시간 이상씩 7년을 기도했는데 능력이 나타나지를 않습니다." 그래요, 많이 하십니다. 그렇게 대답을 합니다. 그리고 제가 24시간 기도한다고 대답을 하면 이분이 따라서 24시간 기도할 것 같아서 "항상 기도하고 있습니다." 이렇게 대답을 합니다. 기도는 기도하는 시간을 가지고 따져서는 안됩니다. 단 십 분을 하더라도 자신 안의 하나님의 보좌에 연결되는 기도가 되어야 합니다. 하나님은 내 안에 계신다고 했습니다. 저는 깊은 영의 기도를 숙달하려고 교회 안에서 자지 않으면서 기

도했습니다. 어떻게 자지 않고 기도를 했느냐고요? 교회 강단 앞에 의자를 가져다 놓고 의자 위에서 자면서 기도했습니다. 누워서 기도하면 잠이 들어버리기 때문에 의자 위에서 불편한 가운데 기도를 했습니다. 의자 위에서 기도하다가 떨어지기도 수없이 했습니다. 이렇게 약 7개월 정도 하니까, 서서히 깊은 영의 기도가 되었습니다. 그래서 기도는 바르게 배워야 하고 바르게 해야 쓸데없는 고생을 하지 않습니다. 이제 기도 많이 한다고 자랑하지 말고 기도하여 자신이 변한 모습을 보여 주려고 하시기를 바랍니다. 깊은 영의 기도를 하면 사람이 변합니다.

3. 성령으로 바르게 기도하는 자세는 이렇다.

1) 그분은 나의 아버지시며, 나의 모든 은밀한 것을 다 알고 계신다는 의식으로 기도하세요. 은밀한 것을 다 풀어 놓으세요. 마음을 활짝 열고 솔직한 심정, 상한 심령, 약한 부분, 어려운 부분을 드러내세요. 사람에게 못하는 모든 것을 하나님 앞에 다 내놓으시기 바랍니다. 그래야 깊은 곳이 치유가 됩니다.

2) 기도를 통해서 자신 안의 하나님을 만난다는 믿음으로 기도하세요. 신명기 4장 7절에 "우리 하나님 여호와께서 우리가 그에게 기도할 때마다 우리에게 가까이 하심과 같이 그 신의 가까이 함을 얻은 큰 나라가 어디 있느냐." 기도로 자신 안의 하나님과 가까이 함을 얻으시기 바랍니다.

3) **하나님의 내게 향한 뜻을 알기 위한 자세로 기도하세요.** 내 뜻을 하나님에게 강요하지 마시기를 바랍니다. 기도는 하나님의 뜻을 내게 가져오는 것입니다. 하나님을 부리려고 기도하지 말고, 하나님의 시계에 내 시계를 맞추려고 기도하시기 바랍니다. 우리의 마음은 수시로 변화하나, 하나님의 마음은 불변하십니다. 방송국 주파수와 시계에 내 시계를 맞추듯 하나님의 마음에 내 마음을 맞추어야 합니다. 예수님은 철저하게 하나님 아버지 뜻에 자기 뜻을 맞추는 기도를 하셨습니다. 예수님의 기도는 사람들 중에서 생활함으로 마음에 묻은 때, 혼탁해진 것을 씻고 하나님 아버지의 뜻을 받기 위한 기도였습니다. 하나님을 내게 가져오려고 하시지 말고, 나를 하나님께로 가져가려고 하시기 바랍니다. 기도의 구조 조정을 해야 합니다.

4) **깨어서 기도하세요.** 깨어서 기도하라는 것은 항상 하나님을 찾으라는 말입니다. 깨어서 기도하는 것 어렵지 않습니다. 항상 하나님을 찾아서 잠자는 영을 깨우는 훈련을 하시기 바랍니다. 영은 자지 않습니다. 우리가 영을 재우고 있습니다. 영을 재워놓고 있습니다. 영을 가두워놓고 있습니다. 그 대신 본능과 이성을 깨워놓고 그에 따르고 있습니다. 영으로 기도하세요. 영이 깨어난 상태에서 기도하세요. 영을 깨우는 방법은 하나님을 찾는 것입니다. 하나님은 골로새서 4장 2절에서 "기도를 계속하고 기도에 감사함으로 깨어 있으라." 하십니다. 하나님께 대한 감사와 사랑의 고백이 기도의 흐름이 되어야 합니다. 감사와 사랑의 고백이 기도

의 양 바퀴 입니다. 이것을 간단하게 반복하세요. 이러한 기도로 영이 깨어납니다. 하나님은 우리의 사랑과 감사의 고백을 듣기를 원하십니다. 이러한 기도를 하면, 하나님이 우리 속에서 기뻐하시고, 활동하시고, 따라서 우리 영이 깨어나게 되고, 하나님의 기뻐하심을 느끼게 됩니다. 에배소서 6장 18절에 "모든 기도와 간구를 하되 항상 성령 안에서 기도하고 이를 위하여 깨어 구하기를 항상 힘쓰며 여러 성도를 위하여 구하라." '성령 안에서' 라는 말은 '영으로' 라는 의미입니다. 우리의 영은 깨어나기만 하면 나침반의 자석처럼 바로 하나님께로 향하게 됩니다. 우리의 영에는 씨앗처럼 하나님이 주신 무한한 생명력이 들어 있는데, 영이 깨어있지 않으면 이 생명력이 활동을 하지 못합니다. 그리고 우리는 그 대신 본능과 이성만을 따르게 됩니다. 내 영을 깨워야 합니다. 성도의 기본적 의무는 먼저 영을 깨우는 것입니다. 영이 활동하게 하는 것입니다. 영이 깨어있지 않으면 켜있지 않은 TV처럼 공중파는 엄청나지만 아무것도 할 수 없습니다. 영이 깨어서 하는 기도는 우리에게 생명과 같이 귀한 것입니다. 이것이 기도의 맥입니다. 기도의 맥을 뚫기만 하면 무한한 생수를 파낼 수 있습니다. 우리의 영은 마음속 깊은 곳에 들어 있습니다. 그러므로 영이 깨어나면서 올라오는 에너지는 무한합니다. 영에 이르기까지, 영을 깨우기까지 파내려가는 것은 우리가 노력할 일입니다. 은혜의 빗물은 거저 주시지만, 속에서 솟아나는 은혜의 맑은 샘물은 땀 흘려 샘을 파야합니다. 파내서 얻는 샘이야말로 진정 생명수가 됩니다.

9장 기도훈련은 어떻게 해야 할까?

(눅 11:1)"예수께서 한 곳에서 기도하시고 마치시매 제자 중 하나가 여짜오되 주여 요한이 자기 제자들에게 기도를 가르친 것과 같이 우리에게도 가르쳐 주옵소서"

기도는 바르게 훈련을 받아야 합니다. 지금 한국 교회의 성도들이 변화되지 않는 것은 기도를 바르게 하지 못하는 것에서 기인한 것입니다. 기도를 하라고만 하지 어떻게 하라고 구체적인 방법을 알려주지 않기 때문입니다. 얼마 전에 안수집사라는 분이 저에게 이렇게 말했습니다. 목사님 제가 믿음 생활을 20년 이상을 했는데요. 어느 목회자 한분이 기도는 이렇게 하는 것입니다. 하나님의 음성은 이렇게 듣습니다. 하고 명확하게 가르쳐 주는 분이 없어서 그냥 기도를 하면서 여기까지 왔습니다. 목사님 기도에 대하여 명확하게 알려주셔서 감사합니다. 목사님이 알려주신 대로 기도를 하니 성령도 충만해지고 마음도 평안해졌습니다.

기도가 바르게 되어야 모든 영적인 것이 바르게 됩니다. 기도가 바르지 못하니 모든 것이 잘못되어 열심히 신앙생활을 하면서도 세상 사람들과 똑같은 고통을 당하는 것입니다. 기도를 바르게 알고 바르게 하시기를 바랍니다. 기도에도 원칙과 절차가 있습니다. 그것은 성경에 기록되어 있습니다. 영안을 열고 성경을 보면 모든 법칙이 보일 것입니다. 기도에는 다음과 같은 원칙이 있습니다.

1. 기도의 원칙

첫째, 기도는 나와 하나님의 인격적 교제입니다. 내가 하나님 안에 하나님이 내안에 들어오시는 인격적인 교제입니다. 서로의 사정을 알고 대화하는 것입니다. 반드시 하나님과 같은 영적인 상태가 되어야 하나님과 인격적인 교제가 가능한 것입니다. 그러므로 성령의 세례를 받고 성령의 이끌림 가운데 기도를 해야 영이신 하나님이 들어주시는 기도가 될 수 있는 것입니다. 성령 안에서 성령으로 온몸기도를 하려고 해야 합니다.

둘째, 기도는 성령님의 도움과 교통함으로 이루어집니다. 기도의 대상은 하나님이십니다. 그런데 하나님은 영이 십니다. 영이신 하나님과 대화하려면 내가 영적인 상태가 되어야 하는 것입니다. 내가 영적인 상태가 되는 것은 성령 안에서 기도해야 합니다. 하나님의 사정은 하나님의 영외에는 아무도 알지 못합니다. 하나님의 영은 성령이십니다. 한마디로 자신의 생각과 머리로 기도하지 말고 성령 안에서 성령이 감동하시는 내용으로 기도하라는 것입니다.

셋째, 기도는 기도의 대상을 설득시키는 것이 아니고 하나님의 뜻에 의해서 내가 나를 설득하는 것이며 고백하는 것입니다. 감사와 사랑을 드리는 것입니다. 하나님은 이미 가장 소중하신 것, 자기를 우리에게 주셨습니다. 하나님께 드리면 드릴수록 더 받게 됩니다. 마음을 드리세요. 마음을 담는 그릇인 시간과 물질, 헌신, 몸을 드리세요. 이미 가장 귀중한 것을 받았으니, 드리세요. 하나님에게 쓰임 받다가 갑시다. 하나님은 우리를 쓰시려고 부르셨습니다. 쓰임 받기 위해서 드리세요. 드리고 또 드려야 합니다. 드려야 하나님으로부터 받게 됩니다.

넷째, 기도는 하나님의 거룩한 뜻을 나의 뜻에 접목시키는 것입니다. 기도는 하나님에게 집중하여 그분의 뜻을 아는 것입니다. 내 뜻을 아뢰는 것이 아니고 하나님의 뜻에 내가 순종하기 위해서 기도하는 것입니다. 하나님의 음성을 듣는 기도를 하려고 하세요. 하나님의 음성은 하나님과 같은 영의 상태가 되어야 들립니다. 성령 안에서 온몸으로 기도를 하여 하나님과 같은 영의 상태에 들어가려고 해야 합니다.

다섯째, 기도는 하나님으로부터 심령의 상처, 질병을 치유 받는 것입니다. 기도는 회복입니다. 실로 깊은 경지에 들어가면 성령의 역사로 마음 안의 스트레스와 세상 노폐물들이 나갑니다. 세상을 살아가다가 보면 찌꺼기가 자꾸 들어오게 마련입니다. 이 찌꺼기란 바로 스트레스를 말합니다. 영적인 성도가 세상을 살아가는 것이 스트레스입니다. 이런 찌꺼기(스트레스)를 바로바로 제거하지 않으면 쌓이게 됩니다. 찌꺼기가 쌓이면 그곳이 마귀의 거처가 되기 쉽습니다. 그래서 온몸 기도에 돌입하지 못하게 됩니다. 무의식에 들어있는 찌꺼기를 처리해야 온몸 기도가 가능합니다. 이는 성령의 불세례를 받고 배에서 나오는 소리로 기도를 하여 일단 영의 통로를 열어야 합니다. 그리고 아랫배로 강한 호흡을 하면서 성령으로 온몸 기도를 하면 성령의 불이 마음에서 올라와 이러한 찌꺼기는 밖으로 밀려 나오는 것입니다. 왜냐하면 내 안에 계신 성령님은 세상의 그 무엇보다도 강하고 크신 분이시기 때문입니다. 그러므로 성령으로 기도하는 것은 심령을 치유하는 능력이 됩니다. 하루가 지나기 전에(잠자리에 들어가지 전에) 성령으로 기도함으로 심령을 정화 하시기를 바랍니다. 그리하므로 항상 깨끗한 심령을 유지 하시기를 바랍니다. 온몸 기도로 성령이 충만한 상태에서 잠을 주무시는 습관을 드리시기를 바랍니다. 그러면 영성에도 좋고 건강에도 유익합니다. 성령의 인도를 받는 깊은 기도를 하려면 무엇보다도 마음 안에 있는 찌꺼기의 처리를 먼저 해야 합니다. 찌꺼기는 기도할 때 성령께서 처리하십니다.

여섯째, 기도는 기도의 대상에게 집중하는 것입니다. 하나님은 쉬지 말고 기도하라고 하십니다. 쉬지 말고 기도하라는 것은 쉬지 말고 하나님에게 집중하라는 것입니다. 기도는 하나님에게 집중하는 것입니다. 하나님에게 집중하려니 항상 하나님을 찾는 습관이 되어야 합니다. 무시로 하나님을 찾는 습관이 되어야 합니다.

일곱째, 기도는 마음으로 하는 것입니다. 마음을 열고 성령의 인도를 받으며 성령 안에서 마음으로 하는 것이 기도입니다. 마음 안에 영이 있습니다. 영 안에 성령이 계십니다. 그러므로 기도는 머리로 이성으로 하는 것이 아닙니다. 마음을 열고 마음 안에 계신 성령의 인도를 받으며 성령으로 하는 것입니다.

여덟째, 기도는 진실, 단순해야 합니다. 순수하게 하나님을 찾는 것이 기도입니다. 목마른 사슴이 물을 찾는 것과 같이 단순하게 하나님을 찾는 것입니다. 하나님은 장구한 내용의 기도를 좋아하시지 않습니다. 고로 장구한 내용은 들어주시지 않는 다는 것입니다. 단순하게 하나님 사랑합니다. 하나님 감사합니다. 하나님 도와주세요. 하나님 용서하여 주세요. 주여! 주여! 주여! 이렇게 진실하고 단순하게 하세요. 그러면 몰입되어 영적으로 깊이 들어가게 됨으로 하나님의 응답을 받을 수가 있습니다.

아홉째, 기도는 말하기보다는 듣는 것입니다. 말하고 듣고, 묻고 듣는 것입니다. 내 안에서 음성이 들리게 될 때까지 기도에 몰입하는 것입니다. 몰입하여 마음에서 들리는 소리를 들으세요. 실패하면 또 다시 해보세요. 위로하고 격려하는 음성을 들으세요. 주님은 위로하고 격려하시는 분, 편하신 분, 나를 편하게 해주시는 분입니다. 이 분을 편하게 찾아 나서세요. 하나님은 참으로 부드러우신 분이십니다. 꿀보다도 더 달콤하고, 솜털보다 더 부드럽고, 더 따뜻한 분이십니다. 이 분을 더 자주 찾으세요. 친절하신 분이시며 겸손하신 분, 좋으신 분, 이분을 찾아나서세요. 기능보다 인격적인 하나님을 찾아나서세요. 만나고, 교제하고, 느끼세요. 그럴 때, 그 성품이 나에게 배어 들어옵니다. 쑥쑥 나에게 밀려들어옵니다. 하나님은 바로 이것을 원하십니다. 나도 남을 편안하게, 부드럽게 대해주게 됩니다. 나는 변할 수 있습니다. 주님을 통해서, 주님의 마음을 옮겨 받음으로 변하실 수 있습니다.

열째, 기도는 사랑을 나누는 것입니다. 인격이신 주님과 사랑을 나누는 것입니다. 사랑을 주는 사람이 사랑을 받게 됩니다. 사랑의 말을 고백하세요. 인격적으로 사랑의 말을 나누세요. 주님의 사랑이 자신의 마음 안에 풍성하게 하세요. 하나님 사랑합니다. 하나님 감사합니다. 하나님은 반석이십니다. 요새이십니다. 피난처이십니다. 하나님 저에게 능력을 주시어 하나님의 살아계심을 나타내는 사명을 감당하게 하세요. 내거 너의 손에 권능을 주리라. 내가 너의 말에 권세가 나타나게 하리라.

2. 성령의 인도에 순종하라.

그리스도인은 성령에 의해 태어난 사람으로 성령은 그 사람 안에서 중생의 사역을 이루십니다. 성령으로 거듭나서 하나님의 자녀가 되는 것입니다. 그러나 사람이 성령에 의해 거듭났지만, 성령으로 세례 받지 못한 경우도 있습니다. 그러므로 중생과 성령세례는 동의어가 아니라는 뜻입니다. 불같은 성령으로 세례를 체험하시기를 바랍니다. 체험이라는 것은 내가 하나님의 역사하심을 몸으로 느끼고 눈으로 보게 된다는 뜻입니다. 성령의 세례를 받음으로 비로소 성령의 불을 받고 성령의 충만을 받을 수가 있습니다. 성령의 충만을 받아야 성령 안에서 온몸 기도를 할 수 있게 되는 것입니다. 성령 안에서 온몸 기도를 하므로 성령의 불이 임하고, 심령에서 성령의 불이 올라오는 온몸 기도를 할 수 있는 것입니다. 성령의 세례는 성령의 불로 사로잡히는 것이기 때문입니다.

기도는 내 안에 계신 하나님에게 하는 것입니다. 하나님은 영이시기 때문에 성령의 인도를 받아야 합니다. 그래서 기도는 영혼의 호흡이요 하나님과의 대화라 합니다. 이것은 가장 깊숙한 곳에 거하는 성령으로 부터 영의 흐름이 외부적으로 흘러나오는 것입니다. 영력이 흘러나오고 영적 생명이 흘러나옴으로 영에 몰입됨으로 인하여 성령 안에서 기도할 수 있게 되는 것입니다. 우리 몸의 지성소인 영속에 주인으로 계시는 성령하나님이 흘러나오는 방편이기에 우리가 하나님을 만나기 위해서는 이 성령을 통하여 하나님으로부터 주어지는 각종 은혜와 능력과 응답을 받게 되는데, 이러한 기도를 통하여 하나님으로부터 주어지는 생명이 우리의 마음을 거룩하게 만들어가고, 영적인 생명과 능력을 키워 나갑니다. 열매가 맺어지고 영적인 지각이 예민해지고 영성이 개발되어집니다.

그러므로 성령 안에서 기도하는 훈련이 필요합니다. 우리의 간구는 마음의 소원이나 원하는 바를 구함으로 성령 안에서 기도하기가 심히 어렵습니다. 그러나 영으로 기도하고 마음으로 기도하면 성령 안에서 기도하기가 쉬워집니다. 성령에 몰입되어 아무런 자신의 생각이나 욕심도 없이 오로지 하나님으로부터 주어지는 것을 받게 되는 기회가 되기 때문에 영으로부터 주어지는 각종 은혜와 은사가 넘치게 됩니다. 영적인 기능과 지각이 발달됨으로 성령의 인도함을 따르게 됩니다. 성령 안에서 기도하기 위하여 성전 뜰에서 먼저 육신의 생각으로 기도하지만, 시간이 흐르고 마음이 안정이 되고, 생각이 주님의 사랑과 말씀을 묵상하면서 진지하고 순전한 마음으로 하나님의 지성소에서 깊어지는 기도를 하게 됩니다.

그러나 하나님이 찾아오시는 경우에는 다르겠지만, 내가 하나님께 나아가는 경우가 대부분이기에 이때는 지성소로 나아가야 하는 것입니다. 내 생각과 구하는 것까지 모두 저 버리고, 오로지 성령 안에 깊이 사로잡히는 경지에 들어가서, 기도 줄을 잡고, 시간도 의식하지 않는 깊은 경지에 몰입되어지는 상태에서 주님과 더불어 주거니 받거니 하거나, 성령님과 주거니 받거니 하는 기도는 성령의 인도함을 따르는 가장 기본적인 훈련이 되는 것입니다.

3. 편안한 자세로 기도하십시오.

우리는 일반적으로 기도할 때 무릎을 꿇고 반듯한 자세로 기도해야 한다는 생각을 가지고 있습니다. 이렇게 하는 것이 주님에게 공손한 예의가 된다고 보기 때문입니다. 사실 이런 마음가짐은 있어야 합니다. 마음은 주님 앞에서 엄숙하고 단정하여야 하지만 자세는 굳이 그럴 필요가 없습니다. 물론 자세가 발라야 마음가짐도 바르게 되는 것은 사실입니다. 그래서 주님 앞에 나올 때 몸가짐을 반듯이 하려고 자세를 올바르게 취하는 거지요. 그러나 자세를 바르게 하면 오래 기도하는데 방해가 됩니다. 특히 젊은 세대들은 가부좌하고 앉는 것에 익숙하지 못합니다.

종일 의자에 앉아 생활하기 때문에 무릎을 꿇고 앉기가 불편하며, 오랜 시간 이런 자세를 유지하기란 불가능하기도 합니다. 그래서 몸을 뒤틀게 됩니다. 기도하다가 무릎과 관절이 상합니다. 많은 분들이 기도하다가 무릎이 상해서 앉지도 걷지도 못한다고 합니다. 이렇게 됨으로 깊은 영의 상태에 들어갈 수가 없습니다.

그래서 기도할 때 전통적인 자세가 문제가 되는 것이지요. 기도할 때 굳이 정좌하고 앉을 필요는 없습니다. 마찬가지로 기도가 숙달이 되었다면 눈을 감을 필요도 없습니다. 저는 성도들에게 주일날 도 앞에 나와서 누워서 기도를 하라고 합니다. 누워서 기도를 하면 쉽게 영의 상태에 들어갈 수가 있습니다. 치유도 잘됩니다. 그래서 반듯이 편안하게 누워서 기도를 하라고 합니다.

당신에게도 이 방법을 권합니다. 반듯이 누워서 기도하다보면 잠들기 쉽습니다. 그러나 상관없습니다. 잠도 주님이 주시는 것이지요. 잠들면 꿈을 통해서 주님과 교제하지 않습니까? 잠이 들지 않아도 좋고 잠들어도 좋습니다. 성도들 가운데 기도는 꼭 말로 해야 하는데 잠들면 하고자 하는 말을 다하지 못하는 것이 아니냐고 반문할 사람도 있겠습니다.

그러나 기도는 말을 많이 하는 것이 목적이 아니지요. 주님을 찾으며, 주님을 부르며, 주님과 친밀함을 느끼는 것입니다. 주님의 평안 속에서 잠드는 것도 매우 중요한 기도의 한 부분입니다. 그래서 주님은 사랑하는 자에게 잠을 주신다고 하지 않습니까? 그렇다고 눕자마자 잠드는 것은 좀 곤란하지요. 처음에는 잠에 쉽게 빠져들겠지만 주님의 임재가 쉽게 이루어지면 잠들 여지가 없습니다. 정신이 매우 맑아지고 피곤이 사라지면서 주님과의 깊은 교제를 나눌 수 있게 되는 것입니다.

눈은 굳이 감을 필요가 없습니다. 천장이 보이면 보이는 데로 기도하십시오. 이것도 처음에는 방해가 되지만 익숙하면 전혀 방해가 되지 않습니다. 누웠다가 불편하면 일어나 앉고, 그리고 불편하면 서서도 하고, 걸으면서도 하고, 그리고 다시 눕고 자신이 편한 대로 하는 기도의 습관이 좋습니다. 한 가지로 고정시키면 사고(thinking)가 굳어집니다. 생각이 굳어지는 것 이상 위험한 것이 없습니다. 그렇기 때문에 젊은이일수록 고정관념에서 벗어나는 노력을 항상 해야 하고 실천해야 합니다. 오늘 밤에는 누워서 기도해 보십시오. 얼마나 편한지 모릅니다. 지금까지 들어가 보지 못한 깊은 경지에 들어갈 수가 있습니다. 기도하는 자세는 육체가 편안해야 깊은 경지에 들어갈 수가 있는 것입니다.

충만한 교회에서는 매주 1주전 전화(02-3474-0675) 예약하여 집중기도 내적치유 시간이 월화금토에 있습니다. 대상자는 여기서도 저기서도 치유와 능력을 받지 못한 분/ 성령으로 깊은기도를 하고 싶은 분/ 병원에서 포기한 질병을 치유 받을 분/ 코로나19 후유증으로 고생하는 분/ 방언기도를 포함한 성령의 은사와 권능을 단기간에 받고 싶은 분/ 마음이 불안하고 두려워서 고통하는 분, 불치병, 귀신역사를 빨리 치유 받을 분/ 목, 허리디스크, 허리어깨통증, 근육통, 온몸이 아프고 무거움에서 치유해방 받고 싶은 분/ 자녀나 본인의 우울증, 공황장애, 조울증, 불면증을 빨리 치유 받을 분/ 가슴이 답답하고 기도하기가 힘이 드는 분/ 생업과 목회로 영육의 탈진에 빠져서 고통당하시는 분/ 성령의 불세례를 체험하고 싶은 분/ 최단기간에 성령치유 능력 받고 싶은 분이 참석하시면 쉽게 만족한 효과를 거둘 것입니다.

2부 기도하며 성령 불을 받는 여러 방법

10장 성령으로 기도하며 불 받는 법

(엡6:18~20)"모든 기도와 간구를 하되 항상 성령 안에서 기도하고 이를 위하여 깨어 구하기를 항상 힘쓰며 여러 성도를 위하여 구하라. 또 나를 위하여 구할 것은 내게 말씀을 주사 나로 입을 열어 복음의 비밀을 담대히 알리게 하옵소서 할 것이니, 이 일을 위하여 내가 쇠사슬에 매인 사신이 된 것은 나로 이 일에 당연히 할 말을 담대히 하게 하려 하심이라"

하나님은 예수를 믿고 성령으로 거듭난 우리에게 성령 안에서 기도하라고 하십니다. 우리가 신앙생활 하는 가운데, 가장 어려운 것 한 가지가 바로 기도입니다. 기도하는 습관이 되지 않으면 기도생활을 꾸준히 지속적으로 해 나가는 것이 얼마나 어려운 가를 우리는 경험하며 살아가고 있습니다. 기도는 기본이 있습니다. 기도의 기본을 적용하지 않고 기도함으로 아무리 열심히 그리고 오래 기도를 해도 참 평안을 누리지 못하는 것입니다.

우리는 기도를 바르게 알아야 합니다. 기도는 하나님과 사귀는 것입니다. 하나님과 가까이 하는 것입니다. 하나님과 함께 시간을 보내는 적극적인 행위입니다. 하나님과 사랑을 나누는 시간입니다. 하나님께 사랑을 고백하고 감사하는 시간입니다. 우리의 삶에서 가장 깨어있는 시간, 하나님의 소리를 듣는 시간입니다. 자신을 치료하는 시간입니다. 예수를 믿는 성도가 하는 기도는 세상 사람들이 하는 기도와 다릅니다. 자신이 매일 철야하며 새벽기도를 해도 영육이 변화되지 않고, 환경이 어려운 것은 세상적인 기도를 하기 때문입니다. 예수를 믿는 성도가 하는 기도는 다음과 같은 원칙을 가지고 해야 합니다.

1. 성령 안에서 기도하라.

바른 기도생활을 위해서 '좋은 기도의 습관'이 중요하긴 하지만 그 보다 더 중요한 것이 있습니다. 그것은 바로 기도의 영을 받아 가지고 있는 겁니다. 우리가 새벽기도를 생각해볼 때 우리가 항상 새벽에 그 시간에만 살아가는 것이 아니지 않습니까? 우리가 예배당 안에서만 살고 있지는 않지 않습니까? 우리가 가정에서나 직장에서나 세상에서 살아갈 때 우리 앞에 다양하게 펼쳐지고, 우리에게 다가오는 그런 도전과 문제, 그 어려운 상황 속에서 우리의 기도가 정해진 기도의 제목만으로는 우리 삶을 다 감당하지 못해요. 그래서 좋은 기도의 습관을 갖는 것도 중요하지만, 우리가 기도의 영을 가져서 성령 안에서 기도하는 것 그것은 더욱 중요합니다. 마치 내 영이 기도의 영이신 성령 안에 푹 잠겨 있는 것처럼 내가 하루 24시간 어디에서 무엇을 하고 있든지 하나님과 끊임없는 교통가운데서 내 삶이 진행되는 것, 그것이 바로 기도의 영을 가지는 것인데, 이것이 바로 기도생활의 이상이라고 할 수 있습니다. 그래서 하나님 말씀은 우리에게 '성령 안에서 기도하라' '성령으로 기도하라'라는 말씀을 여러 번 당부하십니다.

그 중 한 곳인 에베소서 6장 18절을 같이 읽겠습니다. "모든 기도와 간구를 하되 항상 성령 안에서 기도하고 이를 위하여, 깨어 구하기를 항상 힘쓰며, 여러 성도를 위하여 구하라" 과거 개역성경에는 '무시로 성령 안에서 기도하라'고 했는데, '무시로'란 항상이란 뜻입니다. 영어로 always 또는 all times입니다.

그렇다면 어떻게 기도하는 것이 '성령 안에서 기도'하는 것일까요? '성령 안에서 기도한다'는 의미는, "성령의 영성과, 성령의 지성과, 성령의 감성을 따라서 기도하는 것이다" 라고 말할 수 있습니다. 또, 성령의 지배와 장악 가운데 기도하는 것입니다. 실제적으로 성경에 보면, 성령께서 우리를 위하여 말할 수 없는 탄식으로, 성령의 생각이 삼위일체 하나님과 합치된 상태에서 우리 안에 와계신 성령께서 우리를 위하여 계속 기도하고 계십니다.

"이와 같이 성령도 우리의 연약함을 도우시나니, 우리는 마땅히 기도할 바를 알지 못하나 오직 성령이 말할 수 없는 탄식으로 우리를 위하여 친히 간구하시느니라. 마음을 살피시는 이가 성령의 생각을 아시나니 이는 성령이 하나님의 뜻대로 성도를 위하여 간구하심이니라."(롬8:26~27)

'성령 안에서 기도하라'는 엡6장 18절의 말씀을 실행 할 수 있는 그 약속이, 이 로마서 말씀에 주어져 있습니다. 로마서 8장 26~27절속에는, 성령의 [영성] [지성] [감성]이 나타나 있어요. 성령의 영성은 무엇과 같은가요? 어머니의 영성과 같지요. 어머니는 자녀들을 한없는 사랑으로 용납해주고 품어줍니다. 그러한 것처럼 성령은 포근한 영성, 온유하신 영성, 인자하신 영성으로서 마치 어머니가 자식을 위해 기도하듯이, 성령께서 우리를 위하여 기도하고 계신다는 거예요. 우리는 무엇을 위하여 기도하는지도 모르고, 우리 앞에 어떤 일이 일어날지도 모릅니다.

그렇기 때문에 성령께서 '우리를 위하여 마땅히 무엇을 위해서 기도할지 모르지만, 우리를 위하여 앞서 기도'하고 계신다는 것입니다. 성령의 영성이 그러하단 것입니다. 또 성령의 영성은, 성령은 지성을 가진 인격체이셔서 우리를 위해서 기도 할 바를 명확하게 인지하시고, 그리고 그 생각을 갖고 기도하고 계십니다.

롬8장 27절 말씀에 성령은 지성을 지니신 분이시다. 라는 것을 보여주는 한 표현이 있습니다. '마음을 살피시는 이가 성령의 생각을 아시나니' '성령의 생각'이라고 했습니다. 성령은 생각하십니다. 즉, 지성을 지니신 분이십니다. 우리를 향하신 그 성령의 생각이 얼마나 많은지 시편 40편 5절에 이런 말씀이 나옵니다.

"여호와 나의 하나님이여 주의 행하신 기적이 많고 우리를 향하신 주의 생각도 많도소이다" 우리의 부모가 자녀를 위해서 기도하지 않습니까? 자녀에 대한 모든 사정을 헤아리고 살펴서 자녀를 위해서 기도합니다. 부모는 자녀를 위해서 기도하지만, 자녀는 부모를 그렇게 생각하지 않아요. 자기 인생이 바쁘기 때문에 내리 사랑을 해서 부모는 자녀를 위해서 그렇게 안타깝게 간절히 기도하지만, 자녀들은 그 부모에 대한 마음을 헤아리지 못합니다. 저도 자녀를 위해서 기도하면서 '이 아이들이, 부모인 내가 이렇게 하나님 앞에서 간절히 자기들을 위해 기도하는 것을 알고 지내기나 하나?' 그런 생각을 할 때가 있습니다.

마찬가지로 우리는 별로 하나님을 생각하지 못하고 살아가지만 성령께서 우리를 위하여, 해변의 모래보다 더 많으신 그 생각, 그 사랑의 생각을 가지고 우리를 위해서 기도하고 계십니다. 또한 성령은 감성을 지닌 분이십니다. 로마서 8장 26절 말씀에 성령의 감성을 보여주는 한 어구 한 표현이 있습니다. "말할 수 없는 탄식으로 우리를 위하여 기도하시는 성령님"이라고 했습니다.

성령은 감성을 가지고 계세요. 우리는 성령을 근심하게 할 수도 있고, 우리는 성령을 기쁘시게도 할 수 있습니다. 성령이 인격적으로 우리를 대해주십니다. 이 말씀이 보여주는 바대로 성령님은 어머니와 같은 그런 넓으신 자애로우신 사랑의 영성을 지니셨고, 또한 성령은 생각을 가지신 지성을 지니신 인격체이시고, 성령은 우리를 위하여 말 할 수 없는 탄식으로 하나님 앞에서 기도하시는 감성을 지니신 분이십니다. 성령께서 우리 안에 오셔서 우리를 위해 그토록 기도하시는 그 성령의 영성과 지성과 감성을 따라 기도하는 것이 성령님 안에서 기도하는 것입니다.

2. 성령으로 기도하라.

기도는 내 생각대로, 내 욕심대로, 내 마음대로 기도하는 것이 아니라, 내 영이 성령 안에 잠긴 것처럼 성령이 그 영성과 지성과 감성을 따라서 기도하는 것, 그것이 바로 우리가 지향하는 이상적인 기도입니다. 예를 들어서 설명 드립니다. 이미 세월이 지나서 다 잊어버리셨겠지만, 부모님들이 어린 자녀들을 키울 때, 자녀들이 막 글자를 깨우쳐 갈 나이일 때 글씨 쓰는 법을 가르쳐 주지 않습니까? 그때 어떻게 가르쳐 주셨어요? 아이가 글자를 삐뚤삐뚤 쓰니까 엄마나 아빠가 아이를 품안에 안고 아이의 작은 손을 내가 손으로 잡고 연필을 쥔 아이의 손을, 내가 붙잡아서 글자를 써 갑니다. 마찬가지로 기도할 줄 모르는 우리들을 성령께서 안으시고 품으시고, 나의 작은 손을 그 권능의 손으로 붙드셔서 내게 기도하는 법을 가르쳐 주신다는 거예요. 부모가 어린자녀든 장성한 자녀든 자녀를 위해서 밤낮 기도하듯이 성령께서 우리에게 오셔서 나는 의식도 하지 못하는데, 나는 느끼지도 못하는 사이에 나를 위하여 말할 수 없는 탄식으로, 그 많으신 성령의 사랑의 생각을 갖고서, 하나님의 뜻에서 합치된 방향으로 나를 위하여 기도하고 계시는데 내가 그것을 깨닫고 성령의 인도를 따라 기도하는 것이 바로 성령 안에서 기도하는 것입니다.

그것이 그토록 중요한 이유는 우리가 성령 안에서 기도하게 되면, 우리가 중언부언 하는 기도는 하지 못하죠. 여전히 우리는 내 짧은 욕심이 들러붙은 그런 마음의 손을 가지고 기도를 하는데, 우리가 점차적으로 성령 안에서 변화를 받게 되면, 우리가 마음속에 품게 되는 소원과 우리가 하나님께 아뢰는 기도의 제목들이 하나님의 뜻에 합치되는 방향으로 내 그 기도가 바뀐다는 것입니다. "이와 같이 성령도 우리의 연약함을 도우시나니 우리는 마땅히 기도할 바를 알지 못하나 오직 성령이 말할 수 없는 탄식으로 우리를 위하여 친히 간구하시느니라." 우리의 기도가 성령 안에서 드려지게 되면 우리가 간구하는 것이 하나님의 뜻에 맞게 되니까 하나님께서 하나님의 뜻을 이루어주시지 않겠습니까?

로마서 8장 28절에 보면 "우리가 알거니와 하나님을 사랑하는 자 곧 그 뜻대로 부르심을 입은 자들에게는 모든 것이 합력하여 선을 이루느니라."하셨습니다. 우리 기도가 성령 안에서 드려지는 기도, 우리의 뜻이 하나님의 뜻에 합치되는 방향으로 변화 받게 되면, 우리가 기도하는 바를 하나님이 응답해 주실 뿐만 아니라, 우리에게 둘러싼 삶의 환경을 하나님께서 절대주관 가운데 품으시고, 붙드시고, 변경하시고, 조정하셔서 모든 것들을 합력하여 선을 이루게 해 주신다는 겁니다.

그러니까 로마서 8장 28절에 '성도의 모든 것을 합력하여 선을 이루신다'는 구절은, 문맥상 26절과 연결해서 해석할 때, 성령 안에서 기도하는 성도에게, 모든 것이 합력해서 선이 이루어진다는 뜻입니다. 즉 28절의 '성도의 모든 것이 합력해서 선을 이루는'은 총은 26절의 성령 안에서 기도하며 살아가는 자에게 주어지는 축복입니다. 시편 37편 4절 말씀에도 '또 여호와를 기뻐하라. 저가 내 마음의 소원을 이루어 주시리로다.'라고 하셨습니다.

우리 기도가 성령 안에서 기도하는 것으로 점차로 바뀌어서 우리가 성령 안에서 하나님을 기뻐하며 살아가게 될 때, 성령님께서 우리 마음속 안에 있는 모든 소원들을 아시고 헤아리시고 살피셔서, 우리로 하여금 하나님께 기도드려서 그 소원들을 다 이루게 해주시기 때문에 성령 안에서 기도하는 것이 그토록 중요합니다. 그런데 혹자는, '성령 안에서 기도 한다.'는 것은 방언기도 하는 것을 뜻한다고 하여 성령 안에서 기도와 방언기도를 동일시합니다. 저는 부분적으로는 맞는다고 생각해요. 그러나 다 맞는 것은 아니고, 부분적으로 맞습니다. 성령께서 우리에게 방언의 은사를 주시면, 그 사람은 그 방언기도를 하는 가운데 성령 안에서 기도하게 됩니다. 성령의 영성과 지성과 감성에 내가 편입되어서 내가 그 의미를 다 모르고 기도하는 사이에도 내가 성령 안에서 기도하는 것으로, 나의 기도가 바뀔 수가 있어요. 그래서 방언기도는 귀중한 은사입니다. 그런데 '성령 안에서 기도하는 것'을 [방언기도]로 한정해 놓으면 안 된다는 것입니다. 필자가 23년이란 세월동안 성령사역을 해보니까, 성령세례를 받는 성도들 가운데서도 아직 방언기도를 하지 않는 사람들도 많습니다. 방언이라는 것은 은사입니다. 은사는 다양하게 모든 사람에게 주어지는 것이지, 한 은사를 모든 그리스도인에게 나누어 주시는 것은 은사가 아니예요. 내가 비록 방언의 은사를 받지 못했지만, 남이 가지고 있지 않은 은사가 나에게 주어집니다. 섬김의 은사, 구제의 은사, 가르침의 은사, 예언의 은사, 병 고침의 은사 등, 방언의 은사 말고도 더 많은 은사들이 있습니다. 그런데 '성령 안에서 기도하는 것'을 방언기도로만 한정해놓으면, 방언기도를 하지 않는 다른 그리스도인은 성령 안에서 기도할 수 없는 것으로 되니까. 그것은 말이 안 되는 것이지요. 그러므로 방언은사를 받지 않은 많은 그리스도인들도, 성령 안에서 기도할 수 있습니다. 성경은 각나라의 말을 방언이라고 합니다. 우리나라 말로 하는 기도도 영의 기도입니다.

3. 성령으로 기도하는 방법

　기도에 대하여 바르게 알아야 합니다. 많은 성도들이 문제가 있으면 무조건 기도하면 문제가 풀어지는 줄로 알고 있습니다. 그래서 무조건 기도하라고 합니다. 그렇지 않습니다. 기도는 하나님의 음성을 듣는 것입니다. 기도하여 하나님의 음성을 들으려면 성령으로 충만한 상태가 되어야 합니다. 성령충만한 상태에서 문제의 원인에 대하여 하나님께 질문하여 하나님께서 알려주시는 것을 해결하면서 기도해야 합니다. 예를 든다면 회개라든가, 용서라든가, 하나님께서 알려주시는 레마를 받아 순종하며 기도해야 문제가 풀어지는 것입니다. 막연하게 문제를 해결하여 주시옵소서. 하며 기도하면 문제가 해결되지 않습니다. 반드시 하나님에 알려주시는 해결방법을 적용하여 해결하면서 기도해야 문제가 풀어지는 것입니다. 성도들이 바르게 알아야 할 것은 자신이 당하는 문제는 하나님의 문제라는 것을 믿어야 합니다. 그래서 자신에게 일어나는 문제는 하나님이 해결해야 합니다. 왜냐하면 자신은 예수를 믿을 때 죽었습니다. 다시 예수로 태어났습니다. 지금 예수님의 인생을 사는 것입니다. 그렇기 때문에 성령으로 기도하여 영의 상태가 되면 하나님께 해결 방법을 질문하여 응답받은 대로 조치를 해야 문제가 해결되는 것입니다. 그렇기 때문에 문제를 해결하려면 기도하지 않으면 안 되는 것입니다. 성령으로 기도하여 영의 상태가 되어야 내적인 상처도 치유되고, 귀신도 떠나가고, 병도 고쳐지고, 당면한 문제도 해결되고, 하나님의 계시나 음성도 들을 수가 있는 것입니다.

　성령으로 기도하는 것은 성령의 임재가운데 성령 안에서 기도하는 것을 말합니다. 마음으로 기도하여 마음의 문이 열려야 영으로 기도하게 되는 것입니다. 온몸으로 기도하는 것이 성령으로 기도하는 것입니다. 그렇기 때문에 먼저 마음의 기도로 마음의 문을 열어야 영으로 기도할 수가 있는 것입니다. 성령으로 기도하는 비결은 이렇습니다. 숨을 코로 깊게 아랫배까지 들이 쉬고 내 쉬면서 주여! 숨을 들이 쉬고 내 쉬면서 주여! 숨을 들이 쉬고 내 쉬면서 주여! 자연스럽게 주여! 주여! 를 하면 되는 것입니다. 방언으로 기도할 줄 아는 분들은 호흡을 코로 깊게 아랫배까지 들이 쉬고 내쉬면서 방언기도하고, 호흡을 들이쉬고 내쉬면서 방언기도를 합니다. 즉 내면의 활동이 강화되어 자신의 마음속 영 안에 계신 성령이 밖으로 나오시게 해야 합니다. 코로는 바람을 들이쉬고 배꼽 아랫배로 호흡을 하는 것입니다. 호흡을 들이쉬고 내쉬면서 주여! 주여! 주여! 하다가 성령께서 감동을 주시는 것이 있습니다.

예를 든다면 "자녀를 위하여 기도하라!" 하실 수도 있습니다. 그러면 자녀를 위하여 기도하는 것입니다. 자녀에게 문제가 있는 것도 할 수가 있습니다. 자녀에게 바라는 것이 있으면 그것을 기도해도 좋습니다. 기도를 마치고 다시 주여! 주여! 주여! 하면서 기도를 합니다. 다시 성령께서 너의 물질문제를 기도하라고 하실 수도 있습니다. 물질문제를 기도합니다. 물질문제가 어떻게 해서 생겼는지 하나님에게 질문하며 기도합니다. 죄악으로 인한 것이라면 회개를 합니다. 회개하고 죄악을 타고 들어온 귀신을 축귀합니다. "예수 이름으로 명하노니 선조들의 죄를 따라 들어와 물질 고통을 주는 귀신아 물러가라" 소리는 크지 않아도 됩니다. 성령이 충만한 상태이므로 귀신들이 잘 떠나갑니다. 다시 다른 기도를 위하여 아랫배에서 올라오는 소리로 주여! 주여! 주여! 하면서 기도를 합니다.

그러면 성령께서 다시 감동을 합니다. 너의 건강을 위하여 기도하라! 그러면 자신의 건강을 위하여 기도합니다. 기도하면서 하나님에게 질문을 합니다. 하나님! 저의 어느 부분이 문제가 있습니까? 하면서 기도하여 조치를 취하면 됩니다. 무엇을 결정해야 할 경우는 어느 정도 기도하여 성령으로 충만한 상태가 되면 지속적으로 문의 하는 것입니다. 이것을 어떻게 해야 합니까? 이것을 어떻게 해야 합니까? 이것을 어떻게 해야 합니까? 지속적으로 질문을 하면 문득 떠오르는 생각이 있습니다. 이것이 하나님의 방법입니다. 이것을 해결하면 치유가 되는 것입니다. 이것이 성령으로 기도하는 것입니다. 어려울 것이 없습니다.

자신의 생각이나 욕심을 내려놓고 순수하게 성령을 따라 기도하는 것입니다. 보통 성도님들이 하시는 말씀대로 기도분량이 채워지니까 성령께서 알려주신 것입니다. 기도분량이 채워졌다는 것은 성령님이 역사하실 수 있는 영적인 상태가 되었다는 것입니다. 절대로 성령은 육의 상태에서 응답을 주시지 못합니다.

반드시 성령으로 충만한 영의 상태가 되어야 레마를 들려주십니다. 그러므로 영의 상태가 되도록 성령으로 온몸 기도를 해야 합니다. 영의 상태에서 하나하나 감동이나 음성으로 알려주시는 것입니다. 기도의 성공요소는 영의 상태에 들어가는 것입니다. 영의상태에서 성령님과 교통할 수가 있기 때문입니다.

11장 영의통로 뚫고 성령 불 받는 기도

(고전 12:7)"각 사람에게 성령을 나타내심은 유익하게 하려 하심이라."

하나님은 자신 안에 주인으로 계시는 하나님과 영의 통로가 열려 하나님과 영으로 교통하기를 원하십니다. 자신 안에 주인으로 계시는 성령하나님과 영의 통로가 열리는 것은 성령으로 세례를 받은 다음에 마음을 열고 주여! 주여! 하면서 기도하는 것입니다. 그러면 성령께서 나타나시면서 자신 안에 성령하나님과 영의 통로가 열리는 것입니다. 자신 안에 하나님과 영의 통로가 열리면 성령 안에서 온몸 기도를 할 때 성령의 불이 마음에서 올라오는 체험을 하게 됩니다. 하나님과 영의 통로가 열려 마음에서 성령의 불이 나오는 체험을 하시기를 바랍니다. 하나님은 영이십니다. 그러므로 우리가 하나님과 교통하려면 성령으로 사로잡힌 영적인 상태가 되어야합니다. 영적인 상태가 되려면 하나님과 영의 통로가 열려서 성령으로 기도를 해야 하나님과 교통할 수가 있습니다. 많은 분들이 영의 통로라고 하면은 저 보이는 하늘나라에 계신 하나님과 영의 통로가 열려야 한다고 생각을 합니다.

그러나 잘못이해 하신 것입니다. 하나님과 영의 통로가 열린다는 것은 예수를 믿을 때 내 영안에 들어와 좌정하고 계신 하나님과 영의 통로가 열리는 것입니다. 자신 안에서 영의통로가 열리는 것입니다. 필자도 성도였을 때에는 하늘에 계신 하나님에게 기도해야 되는 줄 알고 한참 목사가 되지 않겠다고 버틸 때 산 기도를 많이 갔습니다. 다른 분들은 능력을 받아서 하나님의 일을 잘해보겠다고 산 기도를 하시는데, 저는 반대로 목사를 하지 않겠다고 항변하며 산 기도를 했습니다. 그때는 혈기 왕성하고 젊고 힘이 좋아서 산에 올라가 통성으로 기도하면 산이 쩌렁쩌렁 울렸습니다. 저는 그렇게 기도해야 하나님이 들으시고 응답해주신다고 믿었기 때문입니다. 왜냐하면 제가 20년간 평신도 생활을 했는데 어떤 목사님 한분도 기도를 내 안에 계신 하나님에게 한다고 알려주시지 않았기 때문입니다. 아마 이 책을 읽는 분 중에서도 저와 같은 생각을 가지고 계시는 분들이 있을 것입니다. 우리 교회에 오셔서 성령치유와 영성훈련을 받으시는 분들 중에도 종종 하나님이 하늘에 계신 줄 알고 계시는 분들이 다수가 있습니다. 그래서 저에게 질문하는 분들이 있습니다. 그러나 하나님은 내 안에 계십니다. "너희는 너희가 하나님의 성전인 것과 하나님의 성령이 너희 안에 계시는 것을 알지 못하느냐"(고전 3:16). 자신 안에 계신 하나님과 영의 통로를 여시기를 바랍니다.

1. 영의 통로가 열리게 하려면 어떻게 해야 하나.

자신 안에 주인으로 계시는 살아계신 성령하나님과 영의 통로가 열리게 하려는 그 조건과 상태는 여러 가지이지만 첫째 마음을 열고 의지를 발동해야 합니다. 본인이 영의 통로를 열겠다는 의지를 발동하여 마음을 열고 주여! 주여! 하면서 기도하여 불같은 성령으로 세례를 받는 것이 제1의 원리요, 그 다음은 말씀과 자신 안에서 올라오는 성령의 불의 역사로 내적 치유하는 것이 제2의 원리요, 성령의 권능에 의한 귀신 추방이 제3 원리입니다. 이 모든 것은 혼자의 영력이나 힘으로는 불가능합니다. 성령으로 세례를 받고 성령의 이끌림을 받아 성령 충만하고 체험이 많은 사역자의 도움을 받는 것이 좋습니다. 아니 그렇게 하는 것이 빨리 영의 통로가 열리게 할 수 있습니다. 그리하여 생각이 영적으로 바뀌고, 마음이 감동되어, 마음의 열리면 성령이 역사하시니 영적인 믿음이 생겨서, 본인의 의지가 발동되어, 본인의 원하는 대로 기도가 되고 몸과 마음이 움직여지고, 적극적인 행동으로 옮겨지는 과정을 거쳐야 합니다. 이 영적 원리는 모든 것에 적용됩니다.

2. 영의 통로가 열려 성령의 불이 나오는 기도들

1) 기도하기 전에 영적으로 준비해야 할 사항

① 마음으로 숨을 들이쉬고 내쉬면서 성령님을 찾는 기도를 하면서 성령님께 성령님의 감동, 감화, 인도함을 받도록 간구하세요. "주여! 주여! 하면서 기도하든지" "성령님 사랑합니다." "성령님 도와주세요." 하면서 성령 안에서 온몸으로 기도할 수 있도록 역사하여 주옵소서. 기도는 성령으로, 성령 안에서, 성령의 도우심을 받아야 한다는 사실을 꼭 기억하세요. 성령께서 기도하게 해야 합니다.

② 기도에서 가장 먼저 간구해야 하는 것은 성령의 지배와 임재와, 충만, 교통함입니다. 성령의 임재가 기도의 생명이고, 믿음

생활의 생명입니다. 내 이성이 기도하고, 내 감정이 기도하고, 분위기가 기도하면 기도를 돕기 위해서 오신 성령님이 외면당하시고 슬퍼하시며 외로워하십니다. 이런 인간적인 육적인 기도로는 영의통로가 열리지 않습니다. 성령님의 지배와 임재는 너무나 중요합니다. 이것을 인정하셔야 합니다. 성령께서 일하시도록 환경을 만드시기 바랍니다. 장소를 만들어 드리세요. 성령님의 역사는 우리가 성령님에게 일하실 수 있는 환경과 장소를 만들어 드릴 때 나타납니다. 우리의 마음을 성령님이 역사하실 수 있는 환경을 만들어 드리면 성령님이 역사하십니다.

③ 기도의 초기단계에서는 내 영혼이 성령님의 임재를 대부분 느끼지 못합니다. 부정적 인식, 믿음의 부족, 인식부족, 필요성에 대한 무지, 하나님과의 거리감 때문입니다. 그러나 내가 못 느껴도 성령님은 지속적으로 역사하심을 믿으세요. 인정하세요. 그러므로 성령을 느끼려고 노력하세요. 성령님이 내 안에 계신다는 사실을 믿고 인정하세요. 지속적으로 노력하세요. 이 방식대로만 하면 하나님이 활동하고 역사하십니다. 단지 내가 둔해서 느끼지 못하지만, 지속적으로 하면 하나님의 역사하심을 느끼고 체험하게 됩니다. 이것을 더 사모하고 더 사모하세요. 내안에 계신 성령님의 도우심으로 치유를 받으며 문제를 해결하게 됩니다. 더 높고, 넓게 깊은 단계로 나아가게 됩니다. 보화를 캐내기 시작하는 것입니다.

④ 기도 자는 자신의 마음 안에 하나님이 주인으로 계신다는 것을 실제로 체험해야합니다. 이것이 진정 참된 기도의 시작이라고 할 수 있습니다. 그리고 하나님이 드디어 그런 사람, 즉 성령님

과 교통하는 사람을 쓰시게 됩니다. 이것이 하나님의 사역의 기본 원칙입니다. 이를 위해서 간구하고 목말라하세요. 하나님을 믿으면서, 하나님께 가까이 가고, 하나님을 느끼고, 하나님을 사랑하고 하나님께 나를 드리고, 기적을 체험하는 차원을 향하여 나아가세요. 밖에 있는 것에 관심 갖지 말고 오직 자신 안에 계시는 분에 대하여 목말라 하세요. 성령님은 끊이지 않는 생수가 되시는 분입니다. 성령님은 끊이지 않는 샘물을 주십니다.

3. 영의 통로가 열려 성령 불이 나오는 온몸기도를 하라.

1) 영의 통로가 열려 불이 나오는 기도는 어떻게 해야 합니까?

① 주여! 주여! 하는 기도소리에 집중하여 오래 기도하면서 깊은 성령의 임재 하에 영육이 성령의 만지심을 느끼도록 하여야 합니다. 성령의 임재를 느끼는 현상은 사람마다 다양합니다. 성령의 임재를 못 느끼는 분들의 경우는 주님이 안 오시는 것이 아니라 둔하여 단순히 못 느끼는 것입니다. 성령께서 만지심을 느끼도록 성령 충만한 기도로 혼이 영에서 올라오는 감동을 민감하게 느끼도록 훈련해야 합니다.

② 성령의 임재가 깊어지게 하려면 자신이 기도를 하려고 애쓰지 말고 자신의 의지를 꺾고 단지 그분이 하시는 일을 가감 없이 받아들여야 합니다. 이 훈련을 지속적으로 해야 영적 지각능력이 배가 됩니다. 어디까지 받아들여야 하는가? 각자의 마음속까지 아니 뼛속까지 가감 없이 그대로 받아들여야 합니다. 예를 들

어 강한 역사가 일어나면 더 강하게 하면서 성령의 역사에 순종하며 따라가야 합니다. 뜨겁게 역사하시면 더 뜨겁게 역사하여 주소서 하며 아이고 뜨거워, 아이고 뜨거워하면서 반응을 순수하게 하면 성령님은 인격이시기 때문에 더 역사하여 주시는 것입니다.

③ 성령이 마음대로 일하시게 해야 합니다. 이때 성령께서 육체의 만지심의 느낌에 절대 순복하여야 합니다. 즉 반응에 절대 순종하고 환영하는 반응을 보여야 합니다.

④ 성령님의 지배에는 반드시 메시지가 있음을 명심하시기를 바랍니다. 필자가 몇 년 전에 강북구에 있는 성민교회라는 곳에 가서 부흥회를 인도한 적이 있습니다. 밤 시간 이었는데 한참 말씀을 전하고 있으니 어느 남자분이 그때서야 도착하여 말씀을 듣는 것이었습니다. 그리고 말씀을 다 전하고 기도 시간이 되었습니다. 기도를 하도록 인도하고 저는 기도 시간마다 아무리 성도가 많아도 개별 안수를 해드립니다. 기도하는 방밥을 알려주고 기도하게 했습니다. 안수기도를 한참 하다가 그 늦게 도착한 분의 차례가 되었습니다. 그래서 안수를 했습니다. 그러니까, 머리를 숙이면서 흐느끼는 것이었습니다. 저는 무슨 영문인지 모르고 그냥 머리를 들고 기도하시라고 조언하고 한 50분간 기도하고 마치고 집으로 돌아오려고 했습니다. 필자가 집에 돌아오려면 전철을 타야 하는데 전철역이 그 교회에서 상당히 멀었습니다. 그래서 전철역까지 누가 차로 좀 데려다 달라고 했더니, 담임 목사님이 밖에 나가시면 차가 대기하고 있으니 잘 돌아가시라고 했습니다. 그래서 대기하고 있는 차를 타니 아까 늦게 들어왔다가 기도하며 흐느끼

던 그분이었습니다. 그분이 하는 말이 "목사님 제가 오늘로 예수를 믿은 지 13년이 되었는데 처음으로 울어보았습니다. 은혜 받게 해 주셔서 감사합니다." 그래서 "왜 우셨습니까?" "기도하는데 마음에서 성령의 불이 뜨겁게 올라와 저를 감싸면서 내 속에서 뚜렷하게 내가 너를 사랑한다. 내가 너를 사랑한다. 내가 너를 사랑한다. 하며 위로하여 주시는데 갑자기 성령의 불로 얼굴이 화끈 거리고 눈물이 쏟아져 나왔습니다." 이분은 필자가 기도를 어떻게 하라고 알려주고 기도를 시키니까, 그대로 순수하게 따라서 하니 성령의 역사로 성령의 불도 받고 성령의 음성도 들은 것입니다.

이와 같이 기도를 성령으로 하면 반드시 하나님의 임재 현상이 나타나게 되어 있습니다. 임재현상이란, 음성이 들린다든지, 마음에 평안이 올라온다든지, 마음속에서 성령의 불의 뜨거움이 올라온다든지, 갑자기 기도문이 열려 뜨겁게 방언으로 기도하게 된다든지, 성령의 감동으로 나도 모르게 울음이 터진다든지, 나는 어떤 이유인지 모르겠는데 갑자기 웃음이 주체 못하게 터진다든지, 진동이 일어난다든지, 주여! 주여! 하면서 큰 소리가 질러진다든지 등등 성도가 영으로 바르게 기도하면 반드시 하나님의 만지심 임재 현상을 체험하게 되는 것입니다.

2) 보통 기도가 발전하는 다섯 단계.

① 부르짖는 기도 단계입니다. 성도가 기도를 처음 배울 때부터 통성으로 무조건 생각나는 대로 주여! 나 할렐루야! 예수님! 이나 소리를 내면서 부르짖어 기도하는 습관을 먼저 드려야 합니다. 만

약에 주여! 주여! 하는 언어의 구사나 통성기도를 못한다면 절대 다른 사람들의 기도에 기가 죽어서 가만히 앉아 있지 말고 통성으로 숨을 들이쉬고 내쉬면서 주여! 주여! 주여! 를 계속하든지, 아니면 할렐루야! 할렐루야! 할렐루야! 를 연속적으로 호흡을 들이쉬고 내쉬면서 배에서 나오는 힘으로 기도를 열심히 하다가 보면 자신도 모르는 순간에 성령으로 자신이 장악되어 저절로 주여! 주여! 주여! 나 할렐루야! 할렐루야! 할렐루야! 가 나오다가 기도가 쉽게 되는 것입니다.

② 기도의 줄을 잡는 단계입니다. 계속 통성으로 기도를 하다가 보면 이제 어느 정도 숙달이 되어 언어통성기도나 주여! 주여! 주여! 나, 할렐루야! 할렐루야! 할렐루야! 가 저절로 되어 어느 정도 기도가 쉽게 됩니다. 그래서 기도는 훈련입니다. 체험이 많고 임상적인 경험이 많은 목회자가 인도하는 기도모임에 참석하여 바르고 정확하게 기도훈련을 받아야 합니다. 자동으로 기도가 되는 것은 절대로 아닙니다. 본인의 의지가 어느 정도 결부가 되어야 나중에 성령께서 사로잡아 주시므로 기도가 되고 기도 줄이 잡히는 기도를 할 수가 있는 것입니다. 기도 줄이 잡히지 않더라도 지속적으로 해야 됩니다.

③ 영력이 끌려 올라오는 단계입니다. 이 단계가 되면 기도의 줄이 잡혀서 기도의 수고가 쉬워지므로 기도가 성령의 이끌림을 받게 됨으로 영으로 기도하면서 또 마음으로 기도하고 영으로 기도하게 됩니다. 이 단계가 되면 자신의 영 안에서 성령의 능력이 올라오는 시기이므로 자신의 안에서 올라오는 영력에 의하여 더

욱 성령으로 충만하게 되고 무의식의 상처가 치유되면서 귀신이 떠나가니 기도의 수고가 쉬워지는 단계입니다.

④ 자신 안에 주인으로 계시는 성령하나님으로부터 성령의 불을 받는 것입니다. 이 단계에 들어선 성도는 성령의 불의 역사로 말미암아 마음 안에 상처가 치유되고 상처를 붙들고 있던 귀신이 떠나가니 내 영안에 계신 성령하나님과 영의 통로가 열려 영으로 기도를 하는 단계입니다. 이 단계에 들어선 성도는 이제 기도가 자꾸 하고 싶어지고, 기도하면 할수록 성령의 불을 받게 됨으로 성령이 충만하게 되고, 영안이 열려가므로 하나님의 말씀을 읽을 때나 들을 때, 목사님의 설교 말씀을 들을 때 영으로 말씀을 들으니 영이 자꾸 깨어나는 시기입니다. 이때가 되면 내가 왜 지금까지 예수를 믿노라 하면서 이렇게 고통을 당하면서 살았는가, 스스로 느끼고 고치고 치유 받으려고 노력하게 됩니다.

그래서 서서히 하나님의 군사가 되므로 환경에서 하나님의 역사가 보이고, 하나님이 자기의 인생에 개입을 하고 인도하고 계시는 것을 느끼게 됩니다. 그러므로 성도는 무엇보다 기도가 바르게 되어야 합니다. 기도가 생명입니다. 기도해야 하나님의 은혜를 받습니다. 기도하지 않으면 하나님께 아무 것도 받지 못합니다.

⑤ 성령하나님과 하나가 되는 기도의 단계입니다. 이 단계가 되면 성령하나님과 인격적인 관계가 되었기 때문에 주여! 하기만 해도 성령님의 지배와 임재를 느끼는 시기입니다. 필자가 항상 강조하는 항상 기도할 수 있는 시기입니다. 기도하며 하나님의 음성을 듣는 시기입니다. 주가 내 안에 내가 주안의 단계입니

다. 5단계는 모든 육의 소욕과 자아가 무너지고 주님만이 기도의 목표가 되는 단계입니다. 필자는 이 단계까지 도달하도록 인도할 것입니다. 부디 자신 안에 계시는 성령하나님으로부터 성령의 불을 받으며 성령으로 충만하여 영적인 말씀과 원리들을 이해하시고 내 것으로 만드셔서 능력이 오고 깊어지는 성령 안에서 온몸으로 하는 기도를 모두 숙달하시어 하나님의 강한 군사가 되시기를 바랍니다. 그리하여 모두 하나님의 마음에 합한 자가 되어 쓰임 받으시기를 바랍니다.

3) 성령의 불이 임하고 나오는 기도방법

① 호흡을 들이 쉬면서 내쉬면서 주여! 주여! 주여! 나, 할렐루야! 할렐루야! 할렐루야! 라고 말을 하시면서 발성 기도를 하시면서 내 영 안에서 역사하는 성령의 불과 밖에서 역사하는 성령의 불을 내 것으로 만드는 기도 방법입니다. 성령은 ①내 영 안에 계시고, ②우리 안에 계시고, ③성령으로 충만한 상태에서 영으로 말씀을 듣거나 읽을 때 말씀 안에 계십니다. 이 성령의 역사가 자신 안에서 나타나게 호흡을 들이쉬고 내쉬면서 주여! 주여! 주여! 나, 할렐루야! 할렐루야! 할렐루야! 하는 발성기도로 성령의 임재를 깊이 느끼고 유지합니다. 아주 중요합니다. "각 사람에게 성령을 나타내심은 유익하게 하려 하심이라."(고전 12:7)

② 능동적으로 자신 안에서 성령의 불을 끌어당기는 기도를 합니다. 숨을 깊이 들이쉬면서 밖에서 역사하는 성령의 불을 끌어들이는 것입니다. 아랫배에 의식을 두고 깊은 호흡을 하면서 성령

의 불을 끌어들이시기 바랍니다. 이때 강하고 크게 자신의 육체의 한계를 넘어서는 강력한 기도를 해야 합니다. 의지를 다해서 강력하게 해야 합니다. 절대로 힘이 든다고 나약하게 부르짖는 기도를 하면 더 강한 성령의 불을 끌어 들일 수가 없습니다. 이를 위해서 복식 호흡법을 활용하여 아랫배에서 올라오는 소리로 힘껏 주여! 주여! 소리를 하면서 온몸으로 부르짖는 기도를 하여야 합니다(최소한 30분 이상). 그래야 목에 피로가 안 오고 목이 상하지 않습니다. 제가 지금까지 수많은 기도 세미나를 인도했는데 이렇게 기도한 분들 절대로 목이 상하지 않았습니다. 기도하면서 목이 상하는 분들은 자신의 기도 방법을 빨리 바꾸어야 합니다.

③ 성령께서 하시는 일에 크게 반응해야 합니다. 이때 말과 행동에 있어서 크게 반응하기 바랍니다. 성령께서 하라는 대로 순종하는 것이 좋습니다. 될 수 있으면 크게 반응을 하는 것이 좋습니다. 더 강하게, 으으으 아 뜨거워하면서 성령의 역사하심을 환영하고 받아들여야 합니다. 교역자는 강단에 서기전에 이 단계까지 기도하고 그 후에 강단에 서야합니다. 그래야만 예배와 설교 가운데 성령의 기름부음이 강해집니다.

그리고 교회의 직분자들 특히 강도사, 전도사, 장로님, 권사님, 안수집사님 등등은 모두 이정도로 기도를 해야 마귀를 이기고 하나님이 주신 사명을 감당할 수가 있는 것입니다. 기도가 영성이고 기도하지 않는 영성은 없습니다. 기도가 치유입니다. 깊고 능력과 불이 나오는 기도를 하여 성령으로 심령도 변하여 단물을 내는 모두가 되시기를 소원합니다.

4) 영의 통로가 열려 성령의 불을 받는 기도를 하기 위해서 성도가 자신에 대하여 알아야 할 사항은 이렇습니다.

① 자신이 마귀의 공격을 받는 감정을 찾아내야합니다. 자신이 영성의 발전에 저해 요소를 찾아내어 제거 하라는 것입니다. 예로서, 잡념, 죄, 습관, 꿈, 생각, 잘 통제하지 못하는 것 등등 을 찾아서 고쳐나가야 합니다. 어떻게 치유하느냐 말씀과 성령으로 깊은 역사에 의한 내적 치유와 성령 안에서 온몸 기도로 치유해야 합니다. 사람은 스스로 자기 통제가 가능하도록 만들어졌습니다. 그런데 오늘날 우리가 자기 통제를 못하는 이유는 죄성과 상처 때문입니다. 이곳에 귀신이 역사하기 때문입니다. 그러므로 예수를 믿는 믿음과 성령의 은혜 안에서는 이 모든 것이 회복되기 때문에 자기 통제가 가능합니다. 이것을 다른 말로 하면 성령의 은혜로 말미암아 공격받는 감정을 치유할 수 있다는 의미입니다. 자신의 공격받는 분야를 찾아 내적 치유하시기를 바랍니다.

② 자신의 공격받는 분야를 꼭 찾아내야 합니다. 예를 들어 혈기나 분노의 경우 자신의 상처와 조상의 유전까지 찾아 들어가야 합니다. 부계와 모계 쪽으로 계속 추적하여 찾아내세요. 상처라고 하면 태아, 유아, 소년기, 부모 등 원인을 찾아내야 합니다. 그래서 치유해야 합니다. 성령 안에서 온몸으로 기도하게 되면 성령께서 깨닫게 하시면서 치유하십니다. 치유는 성령님의 일입니다.

③ 그 죄와 관련된 지속적이고 뚜렷한 경험들을 파고 들어가세요. 그리고 지식의 말씀의 은사와 지혜의 말씀의 은사를 통하여 해결하세요. ⓐ 그때의 감정을 뿌리를 찾아서 제거하세요. ⓑ 거

기에 레마의 말씀과 성령의 능력과 주님의 피를 뿌립니다. ⓒ 뿌리 뒤에 역사하는 영을 찾아내야 합니다. 그 찾는 이유는 그때 그 사건을 통하여 들어온 영을 찾아야 하기 때문입니다. 분명히 그때 타고 들어온 것이 있습니다. ⓓ 그 영의 정체를 드러내고 쫓아내고 몰아내고 반대 영을 공급합니다. 이 원리는 모든 영적인 전쟁을 할 때 적용되는 원리입니다. 이 원리를 적용하여 영적인 전쟁도 하시기를 바랍니다. 제일 중요한 것이 성령 안에서 온몸기도를 오래하여 성령으로 충만한 상태가 되는 것입니다. 성령으로 충만하여 하나님의 나라 성전이 되면 성령께서 치유하십니다.

영의 통로가 막히면 여러 가지 생각하지 못한 일들이 발생합니다. 기도하기가 싫어집니다. 마음이 답답합니다. 혈기가 심해집니다. 우울증이 발생합니다. 불면증이 생기기도 합니다. 어깨 근육통이 생기기도 합니다. 부부 불화가 생깁니다. 될 수 있는 대로 빨리 막힌 영의 통로를 뚫어야 합니다.

그래야 모든 문제가 해결되기 시작을 합니다. 이런 분들에게 우리 교회에서 매주 월화금토에 하는 집중치유를 권면하여 드립니다. 직장을 다녀서 시간이 없는 분들은 토요일 집중치유 기도시간을 활용하면 됩니다. 대부분 1-2회 집중치유를 받으면 영의통로가 뚫려서 기도가 됩니다. 아주 좋은 사역입니다. 마음에 쌓인 스트레스가 떠나가고 참 평안을 찾게 됩니다. 성령의 권능이 나타납니다. 필요한 분들은 1주전에 예약하여 받으시면 됩니다. 반드시 1주전에 예약(02-3474-0675)을 해야 합니다.

12장 숨(호흡)으로 기도하며 불 받는 법

(요20:22)"이 말씀을 하시고 그들을 향하사 숨을 내쉬
며 이르시되 성령을 받으라"

사람의 생명은 호흡에 있습니다. 하나님께서는 흙으로 사람을
지으시고, 그 코에 생기를 불어 넣으셨습니다(창 2:7). 그것이 호
흡입니다. 호흡이 있기 전까지 사람은 생명이 없었으나 호흡이 시
작되면서 사람은 생명을 얻게 되었습니다. 호흡이 풍성한 사람은
생명이 풍성한 것이며, 호흡이 약하고 위축된 사람은 생명이 연약
한 것입니다. 그러므로 사람이 살기 위해서는 음식과 물을 잘 먹
고 마셔야 하지만, 이에 못지않게 호흡을 잘 하여야 하는 것입니
다. 숨을 잘 들여 마시는 것이 생명의 풍성함을 줍니다.

이는 단순한 공기, 산소의 마심이 아니고, 영을, 생명을 마시는
것입니다. 호흡 기도를 하려면 반드시 성령의 세례를 받아야 합니
다. 성령의 세례에 대해서는 **"성령의 불 받을 때 느낌 체험"** 책을
읽어보시기를 바랍니다. 성령으로 세례를 받은 다음에 성령의 불
로 충만한 가운데 발성으로 기도하여 영의 통로가 뚫려야 합니다.
영의 통로가 뚫리지 않은 성도가 호흡으로 기도하면 악한 기운의
영향으로 영이 막힐 수도 있습니다. 우리가 바르게 알아야 할 것
은 기도는 영의 활동입니다. 고로 기도는 성령으로 해야 합니다.
많은 분들이 기도하면 무조건 성령이 충만해지는 것으로 알고 있

습니다. 이는 한번 잘 생각해 보아야 합니다. 세상 사람들도 기도합니다. 세상 사람들이 기도할 때 누가 찾아옵니까? 성도의 기도가 세상 사람들과 같은 기도를 한다면 어떤 영이 침입을 하겠습니까?

1. 호흡기도의 원리

호흡은 기도입니다. 죄를 토하고 의를 받아들인다는 의미에서 기도는 호흡입니다. 호흡은 생명입니다(창2:7). 히브리말로 '영'을 의미하는 루아흐는 바람, 기운, 호흡, 숨을 말합니다. 예전에 성령님을 거룩한 숨님이라고 번역한 곳도 있습니다. 호흡은 영의 공급과 영을 내쉬는 것입니다. (요20:19-23)"숨을 내쉬며 가라사대 성령을 받으라." 호흡은 주님을 들여 마십니다. (렘 23:24)"나 여호와가 말하노라 사람이 내게 보이지 아니하려고 누가 자기를 은밀한 곳에 숨길 수 있겠느냐 나 여호와가 말하노라 나는 천지에 충만하지 아니하냐." 영적인 호흡을 합시다.

호흡은 자연적 호흡(생명을 연장하는 호흡)과 영적인 호흡 두 종류가 있습니다. 영적인 호흡이란 예수 믿고 성령의 세례를 받고 성령의 인도를 받으면서 하는 것을 말합니다. 호흡과 생명의 충만은 같습니다. 강한 호흡은 생명의 충만 입니다. 마시는 호흡과 내보내는 호흡을 합시다. 들이 쉬는 호흡은 영적 충전입니다. 내쉬는 호흡은 영과 신체 정화입니다. 물은 혈액과 같은 역할을 합니다. 물은 구름, 바람이 움직이듯이 호흡이 혈액의 흐름을 움직여

줍니다. 호흡은 강하고 깊어야 합니다. 자신의 성품이 바꾸어 지게 될 것입니다. 약한 호흡은 문제가 있습니다.

심장이 약하기 때문에 호흡이 약한 것입니다. 호흡은 에너지이며 생기이며 기운입니다. 호흡이 약한 사람은 원수 마귀 귀신의 노예 생활에 가까워집니다. 비난 충격과 꾸지람 듣고 야단을 맞게 되면 호흡이 약해집니다. 호흡과 기운은 이렇습니다. 호흡하는 힘은 그 사람의 생명력입니다. 풍선을 많이 불면 힘이 빠지고 어지러워집니다. 호흡의 풍성은 생명의 풍성입니다. 운동은 호흡을 확장시켜줍니다. 호흡은 나쁜 기운을 배출합니다. 한숨, 눈물, 불평도 배출합니다. 그러나 근심 두려움 원망 분노 등 악한 생각이나 감정에 사로잡힘은 자살 행위입니다. 악한 기운이 자리 잡으면 온갖 재앙을 일으킵니다. 기체의 악성 에너지가 시간이 지나면 암, 결석 등 고체에너지가 됩니다. 주여! 주여! 하며 발성 기도를 통하여 호흡을 충분히 배출해야 합니다. 거친 호흡은 심장의 경고입니다. 주님의 음성을 들으려면 성령의 임재 가운데 부드럽고 깊고 자연스러운 호흡을 훈련해야 합니다. 대화중 제3자가 들어오면 싸늘해지기도 합니다. 호랑이도 제 말하면 옵니다. 영혼의 감각으로 알게 됩니다. 중보기도 자는 상대의 상태를 느낍니다. 스스로 쓰레기를 정화 시킬 능력이 없으면 대화와 접촉을 조심해야 합니다.

성도는 영들의 전이에 대하여 바르게 알아야 합니다. 영들의 전이에 대해서는 **"영적피해 방지하기"** 책을 이용하세요.

2. 호흡기도의 방법

1) 호흡기도: 꼭 성령의 지배가운데 진행해야 합니다.

① 코로 숨을 아랫배까지 들이 마시며 "예수님 사랑합니다." 숨을 내쉬면서 "예수님 사랑합니다."

② 코로 숨을 아랫배까지 들이 마시며 "예수님" 숨을 내쉬면서 "사랑합니다."

③ 입을 벌려 작은 소리로 하기도 합니다. 입으로 하는 기도는 될 수 있는 대로 하지 않는 것이 좋습니다. 몇 번 하다가 보면 목이 마르기 때문입니다. 코로 숨을 쉬세요.

④ 속으로 생각하면서 기도를 드리기도 합니다.

⑤ 심장의 고동에 맞추어서 계속합니다. 반복합니다. 수 천, 수 만 번을 반복합니다. 그리스도인들이 예수님을 부르는 것은 주님과 가까운 교제를 위해 부르는 프로포즈입니다. 심장기도, 예수 기도라고도 하며, 호흡, 심장, 걸음걸이에 맞추어서도 해 보세요. 예수 충만, 성령 충만, 예수 사랑, 예수 권능, 나의 하나님 식으로 바꾸어서도 할 수 있습니다. "오주님 제안에 충만하게 임하시옵소서." 기도하면서 호흡하는 것이 좋습니다.

2) 코로 호흡하십시오. 호흡에 마음을 싣고 감사와 기도를 심어서 드립니다. 입으로 호흡하면 입이 마르거나 목이 붓거나 아플 수도 있습니다. 주님의 기운이 임하심을 믿고 합니다.

3) 호흡을 의식하십시오. 기도인 것을 의식하고 주님께 사랑과 감사의 마음으로 고백하면서 하는 것이 중요합니다.

4) 배출 호흡 시에 가슴이 답답함을 느낄 때는 장애물이 있는

경우입니다. 예수님을 부르면서 계속 깊고 강하게 호흡을 합니다. 성령이 충만한 가운데 가슴에 힘을 주고 트림하여 배출합니다. 안되면 후~, 하~ 하고 숨을 내 토해내세요. 계속해서 숨을 아랫배까지 들이쉬고 내쉬면 성령으로 충만하여 배출이 됩니다. "예수의 이름으로 나쁜 기운은 나가라" 명령기도도 하세요. 거울을 보면서 명령할 수도 있습니다. 선포하며 명령하는 기도는 될 수 있으면 하지 않는 것이 좋습니다. 영원하지 못하기 때문입니다. 조용히 호흡하면서 내보내는 훈련을 하십시오.

5) **충분히 깊게 호흡하십시오.** 경외감을 가지고 감사하는 마음으로 호흡해야합니다. 호흡이 차단되면 썩기 시작합니다. 지하 방, 또는 창문을 비닐로 막아도 공기가 상하기 시작합니다. 호흡이 강하면 내면이 썩은 공기가 정화되는 것입니다.

6) **강한 호흡기도는 가능하면 숨을 많이 들어 마셔야 합니다.** 배꼽아래까지 바람이 들어오도록 들이마셔야 합니다. 부르짖는 기도와 비슷합니다.

7) **깊은 호흡기도는 천천히 호흡합니다.** 마음 가라앉히고 조용히, 코를 통하여 깊이 숨을 들여 마시고 내쉬고 합니다.

8) **정지 호흡기도는 히6:4-6절의 내세의 능력을 맛보는 기도, 성령의 깊은 임재(입신)상태같이, 숨을 멈출 수도 있습니다.** 숨을 멈춘다는 것은 자신이 숨을 쉬는 것을 느끼지 못한다는 말입니다. 보통 성령으로 사로잡힌 상태에서 일어납니다. 은사는 영의 영성 아닌 육체의 영성입니다. 은사는 육체로 나타납니다. 은사에 치우치면 영이 안자라고 영에 치우치면 삶은 아름답지

만 무능합니다. 그러므로 양자가 균형을 이루어야 합니다.

9) 배 호흡기도는 배에는 공기가 들어갈 수 없지만, 아랫배에 의식을 두고 생명력이 배에 충만하도록 코로 숨을 들이 마십니다. 강한 호흡기도와 비슷합니다. 성령의 권능과 영적파워 힘이 생깁니다. 담대함 자신감이 생깁니다. 요한복음7장 38절 말씀과 같이 배에서 생수의 강이 흐릅니다. 처음에는 뜨겁지만 후에는 시원하고 평안하여 자유와 행복을 느낍니다.

10) 가슴 호흡기도는 영감, 사랑, 심장기도로서 내적 온몸 기도와 비슷합니다. 감정이 섬세하고 눈물 많아집니다. 내적 기름부음을 일으켜줍니다. 부드럽고 온유한 성품이 됩니다. 불안할 때 호흡을 하며 낮은 발성 기도를 하면 5분 안에 평안해집니다. 성령이 충만하기 때문에 불안이 떠나가는 것입니다. 머리가 혼란할 때는 배에서 나오는 소리로 조금 높은 찬양을 하면 시원해집니다. 가슴 답답할 때는 배에 힘주고 배에서 나오는 소리로 방언하면 후련해집니다. 처음에는 배기도, 강한기도 후 심장기도로 진행합니다. 아름답고 사랑스러우며 따뜻한 사람 됩니다.

11) 머리 호흡기도는 주의 이름을 부르며 머리에 마음을 집중하고 호흡합니다. 코로 호흡을 들이쉬고 코로 내쉬면서 합니다. 머리가 혼미하고 생각이 복잡한분에 효과가 있습니다. 악몽은 머릿속 정화 과정입니다. 환상이나 신비한 체험 동반할 수도 있습니다. 머리는 영적 문 역할을 하기에 주의가 요망됩니다.

12) 성경으로 성령을 마시는 호흡기도는 반복되는 짧은 문장으로 영적인 능력이 무의식에 잠기도록, 처음3,000번, 그 다음

6,000번, 12,000번 후에는 자유롭게 합니다. 평안과 자면서도 임재 느낍니다. "주님, 저를 불쌍히 여기시옵소서" "예수님 사랑합니다." 반복할 때 긍휼과 자비 느낍니다. 성경 전체를 할 수도 있습니다. 성경을 간절한 마음으로 소리 내어 읽는 영성훈련 방법도 있습니다. 소리는 안 내고 강하게 부드럽게 호흡하며 마시는 것도 좋습니다. 말씀을 눈으로 보며 코로 마셔도 됩니다.

13) **마시는 호흡을 다양하게 사용하세요.** 찬양 테 잎을 눕거나 쉬는 상태에서 들을 때도 호흡기도를 사용하세요. 독서하면서도 호흡기도를 적용하세요. 간증이나 설교 테 잎을 들을 때도 적용하세요. 설교를 들을 때도 적용하세요.

14) **즐거움으로 계속 하십시오.** 억지로 하는 것은 좋지 않습니다. 기도가 노동이 되면 스트레스가 되어 기도를 하면 할수록 상처가 쌓이고 면역력이 더 떨어집니다. 즐거움으로 습관이 되게 하십시오. 호흡으로 기도를 하는데 불안하고 즐거움이 사라진다면 재고해 보아야 합니다. 억지로 하거나 성령으로 하지 않기 때문입니다. 영혼 깊은 곳의 즐거움과 기쁨은 주님의 감동과 인도입니다. 주님은 우리에게 기쁨을 주시는 분입니다. 마음을 열고 주님을 부르면서 성령의 감동을 받으면서 기도를 하시기를 바랍니다. 마음을 열어야 성령께서 감동하십니다. 성령으로 충만한 상태가 되면 하나님의 나라가 됨으로 참 평안을 체험하거나 성령께서 온몸을 만져주는 체험을 하기도 합니다. 하나님의 위로의 음성을 듣기도 합니다. 좌우지간 호흡을 하면서 성령하나님께 몰입집중하면 여러 가지 신비한 현상을 체험하기도 합니다.

13장 마음으로 기도하며 불 받는 법

(습 3:17)"너의 하나님 여호와가 너의 가운데에 계시니 그는 구원을 베푸실 전능자이시라 그가 너로 말미암아 기쁨을 이기지 못하시며 너를 잠잠히 사랑하시며 너로 말미암아 즐거이 부르며 기뻐하시리라 하리라"

마음으로 예수님을 찾는 온몸 기도는 우리의 영 안에 계신 성령으로 충만하게 하는 기도 방법입니다. 성령으로 충만하니 하늘나라가 되어 상처가 치유되고 스트레스가 정화되고 면역력이 강화되니 고질적인 영적-정신적-육체적인 질병이 치유되는 것입니다. 마음으로 예수님을 찾는 온몸 기도는 다른 기도를 대치하려는 것이 아니라, 단순히 다른 기도들에게 새롭고도 충만한 시간을 갖도록 해줍니다. 기도 중에는 하나님께서 내 안에 현존하시고 활동하심에 동의해야합니다. 살아계신 하나님께서 자신의 주인으로 역사하신다는 것을 믿고 행해야 합니다. 기도를 마치고 세상에서 살아갈 때도 언제나 마음으로 예수님을 찾는 것입니다. 우리가 세상을 살아가는 시간에는 우리의 주의가 밖으로 옮겨가서 어디에나 임재 하여 계시는 하나님의 현존을 발견하게 됩니다.

기도의 단어는 내 안에서 하나님께서 현존하시면서 활동하심에 동의한다는 나의 지향을 상징하는 거룩한 단어를 선택합니다. 편안히 앉아서 눈을 감고 자세를 취한 다음에 하나님께서 내 안에 현존하시고 활동하심에 내가 동의한다는 상징으로 그 거룩한 단어를 의식 속에 불러들입니다. 어떤 잡념이 자신의 기도를 방해한다는 것을 알아차리면, 아주 부드럽게 그 거룩한 단어로 돌아갑니다. 거룩한 단어란 예수님을 찾으라는 말입니다. 기도가 끝날 때에는 눈을 감고 2분 여간 침묵 속에 머뭅니다.

1. 마음으로 예수님을 찾는 기도문의 선택.

먼저 "하나님께서 내 안에 현존하시면서 활동하심에 동의한다는 나의 지향을 상징하는 거룩한 단어를 선택합니다." 거룩한 단어는 하나님 현존 안에 머물면서 그분의 활동에 나를 맡겨 드리겠다는 우리의 마음을 나타냅니다. 거룩한 단어는 간단한 기도를 하면서 성령께 우리에게 적합한 단어를 달라고 청하여 선택합니다. (예: 주님, 예수님, 아버지, 성령님, 예수능력, 예수치유, 예수권능, 예수사랑, 예수평화, 예수천국, 믿음, 소망, 등). 일단, 거룩한 단어를 선택했으면, 기도 중에는 바꾸지 말아야 합니다. 그렇게 되면 또 다른 잡념을 끌어들이는 계기가 될 수 있기 때문입니다. 머리를 생각을 이용하면 육체가 될 수가 있기 때문입니다. 예수님을 찾는 기도문은 단순해야 합니다.

어떤 사람에게는 거룩한 단어보다 마음 안에 주인으로 계시는 살아계신 하나님을 바라봄이 더 적절할 수도 있습니다. 이러한 경우에는 그분을 바라보는 것처럼, 마음으로 하나님께 향함으로써 하나님의 현존과 활동에 동의를 합니다. 거룩한 단어와 같은 지침이 여기에도 적용됩니다.

2. 마음으로 예수님을 찾는 기도에 들어가기

"편안히 앉아서 눈을 감고 자세를 취한 다음, 하나님께서 내 안에 현존하시고 활동하심에 내가 동의한다는 상징으로 그 거룩한 단어를 의식 속에 불러들입니다."

"편안히 앉는다."는 말은 상대적인 편안함을 말하는데, 즉 너무 편안하여 잠이 들지 않을 정도이며, 동시에 너무 불편하여 기도 중에 몸의 불편함 때문에 신경 쓰지 않을 정도를 말합니다. 오래기도해야 하므로 자세가 불편하지 않도록 합니다

어떤 자세를 취하든 등은 곧게 세웁니다. 잠이 들었었다면, 깨어났을 때에 시간 여유가 있으면 몇 분간이라도 기도를 계속합니다. 식사를 마친 뒤에 이 기도를 하면 졸리기 쉽습니다. 식사 후에는 식사 후 한 시간 정도 기다리는 것이 좋습니다. 잠자기 직전에 이 기도를 하면 잠자는 습관을 해칠 수도 있습니다. 우리 주변과 내면에서 돌아가는 것들을 떠나보내기 위해 눈을 감습니다. 부드러운 솜 위에 새 깃털을 얹듯 아주 부드럽게 거룩한 단어를 의식 속으로 불러들입니다.

3.잡념이 들어 올 때 조치방법

"잡념이 의식 속에 들어왔음을 알아차리면 아주 부드럽게 거룩한 단어로 돌아가야 합니다." '잡념'이란 감각적 지각, 감정, 영상, 기억, 사색, 그리고 비평 등과 같은 모든 지각 내용을

다 포괄하는 용어입니다. 잡념을 몰아내는 것은 마음으로 예수님을 찾는 온몸 기도의 중요한 관건입니다. 잡념이 들어오면 "아주 부드럽게 거룩한 단어로 돌아간다."는 말은 최소의 노력으로 하라는 말입니다. 잡념에 사로잡히지 말고 계속 예수님을 부르면서 기도하게 되면 성령으로 충만해짐으로 잡념이 사라지는 것입니다. 계속해서 예수님을 찾는 최소의 노력으로 성령의 역사를 불러일으켜서 잡념을 몰아내는 것입니다. 사람의 힘이 아닌 성령의 능력으로 잡념을 몰아내는 것입니다. 성령이 충만하게 되면 초자연적인 5차원이 됨으로 초인적인 4차원의 방해 세력이 물러가는 것입니다. 이것이 마음으로 예수님을 찾는 온몸 기도 중에 우리가 하는 유일한 행위입니다.

기도 시간 중에 거룩한 단어는 아주 희미해지거나 사라지기도 합니다. 이 말은 기도에 집중하여 몰입하다가 보면 숨을 쉬는 것조차 지각하지 못하게 됩니다. 호흡하는 것도 지각하지 못하는 성령의 지배속의 황홀한 영적인 경지에 이르게 됩니다.

4.마음으로 예수님을 찾는 기도의 비법

"기도의 끝에 눈을 감고 1,2분간 침묵 속에 머뭅니다." 이 기도를 그룹으로 할 때에는 인도자가 2-3분 동안 마음으로 예수님을 찾는 기도 중에 예수님을 만나는 경지에 이르게 해달라고 하는 '간구기도'를 하고, 다른 사람들은 호흡을 깊게 하면서 듣습니다. 이 2-3분은 우리의 정신이 외적 감각세계로 되돌아오는 데 적응하는 시간을 줄 수 있게 하며, 또 일상생활에 이 침묵의 분위기를 가져올 수 있게 도와줍니다.

먼저 소리가 작게 나는 알람을 30분으로 맞춰놓고 편안히 앉아 눈을 감습니다. 그런 다음 몸의 모든 긴장과 내면에서 떠오르는 잡념들이 떠나가게 놓아둔다는 마음으로 두세 번 정도 깊게 심호흡을 합니다. 그리고 '성령의 임재를 요청합니다.' 성령님께서 내 안에 나와 함께 계심을 의식합니다. 의식한다는 말은 하나님의 현존을 '느끼라는 것'이 아니라, '마음으로 생각 한다.'는 의미입니다. 성령님은 생각을 통하여 역사하시기 때문입니다. 준비기도가 끝나면 먼저 바깥에서 들려오는 모든 소음들이 의식이 되더라도 그것들에 마음을 빼앗기지 말고 자연스럽게 떠나가도록 놓아둡니다. 떠나가도록 놓아둔다는 말은 그 어떤 것에 대해서도 '관심'과 '주의'를 기울이지 않는다는 말입니다. 관심을 두지말고 지속적으로 예수님을 찾으라는 말입니다.

그런 다음 서서히 자신의 내면으로 돌아와 내면으로부터 떠오르는 모든 생각들, 즉 모든 상상력, 기억, 느낌, 계획, 성찰, 중대한 관심사 등을 떠나보내려고 애쓰지 말고 그것들이 그저 지나가도록 놓아둡니다.

이제 마음이 가라앉고 차분해졌으면, 자신이 선택한 거룩한 단어(예수능력. 예수치유. 예수 사랑. 예수 권세 등)를 아주 부드럽게 떠올리고, 그것을 호흡을 코로 아랫배까지 들이쉬고 내쉬면서 지속적으로 마음으로 암송합니다. 거룩한 단어(예수능력. 예수치유. 예수 사랑. 예수 권세 등)를 정확하게 발음하거나 그 의미를 생각할 필요도 없습니다. 다만 하나님의 현존과 그분의 활동에 자신을 온전히 열어드리고 내어드리면서 시간을 보내겠다는 지향의 표현으로 거룩한 단어를 떠올립니다.

그 상태에서 아무것도 하지 말고 하나님의 현존 속에 그대로 머물러 있는 것입니다. 그러면 서서히 여러 가지 잡념들이 계속해서 떠오를 것입니다. 그러나 그 어떤 것도 억지로 몰아내려고 애쓰지 말고 그냥 놓아두고 예수님을 부릅니다. 그러면 그것들은 자연스럽게 흘러가 버릴 것입니다.

그러나 초심자들은 계속해서 떠오르는 잡념에 대해 관심을 갖게 되고, 잡념에 사로잡혀 가게 됩니다. 이렇게 잡념에 빠진 것을 알아차리면, 즉시 아주 부드럽게 거룩한 단어(예수능력. 예수치유. 예수 사랑. 예수 권세 등)로 돌아갑니다. 거룩한 단어로 돌아가라는 말은 그 단어를 의식 속에 떠올리거나 아니면 마음으로 천천히 암송하라는 의미입니다. 이것이 마음으로 예수님을 찾는 기도 중에 우리가 하는 유일한 활동입니다.

그 밖의 모든 것은 하나님께 맡겨드리고, 그분의 현존 속에 머무릅니다. 이렇게 30-40분간 기도한 다음, 알람이 울리면 바로 눈을 뜨지 말고 주님을 찾는 기도문을 아주 천천히 암송합니다. "예수님 사랑합니다." "예수님 도와주세요." 어느 정도 시간이 지나면 성령님께 감사기도를 드리고 기도를 마칩니다. 기도를 마쳤다고 기도를 멈추는 것이 아니고, 세상을 살아가면서도 계속 마음으로 예수님을 찾는 것입니다. 그리하여 항상 자신의 마음에 예수님의 임재를 유지합니다. 세상을 살면서도 세상에서 섭리하시는 예수님을 마음으로 느끼면서 살아가는 것입니다. 살아계신 하나님의 성전으로 살아가라는 말입니다.

지금까지 살펴보았듯이 마음으로 예수님을 찾는 기도는 하나님과의 관계를 깊게 하는 기도로, 대화를 넘어 친교로, 능동적 기도에서 수동적이고 수용적인 기도로 옮아가게 합니다. 우리는 단지 하나님께서 현존하시는 골방(우리 내면의 깊은 곳, 마음)에서 온 마음으로 자신을 온전히 열어드리고 내어드리며 "제가 여기 있나이다." 하고 주님을 기다리면서 하나님 현존과 활동하심에 동의한다는 "원래의 지향"을 유지하는 것 이외에 아무것도 하지 않습니다. 원래의 지향이란 자신 안에 주인이신 하나님께 집중하는 것을 말합니다. 그러나 우리는 아무것도 하지 않지만, 우리 안에 현존하시는 하나님께서는 엄청난 일을 하고 계신 것입니다. 바로 당신의 사랑으로, 영으로 우리를 영적으로 충전시켜 주시면서, 우리가 그분과 깊고 친밀한 관계를 맺는 데 방해가 되는 모든 장애물들, 즉 우리 안에 있는 모든 상처와 아픔과 어둠을 정화시켜 우리를 변형시켜 주십니다. 지속적으로 해야 합니다. 지속적으로 하다가 보면 자신도 모르게 성품이 유순하게 변하는 것을 체험하게 됩니다.

5.마음으로 예수님을 찾는 영의기도간 나타나는 현상

가장 많이 나타나는 증상들로부터 언급하면 이렇습니다.

1)몸이 이완됩니다. 근육이 풀리면서 나른해집니다. 주의할

점은 잠들지 않는 것이 좋습니다. 잠들면 그 다음으로 이어지는 성령님의 은혜를 인식할 수 없게 됩니다. 그러나 초기에는 깊이 잠드는 경우가 많습니다. 이는 육체를 치유하시는 은혜이므로 너무 아쉬워할 것까지는 없습니다. 다음에 다시 하면 됩니다. 우리의 몸으로 행한 죄의 찌꺼기를 배출하는 과정입니다. 우리 몸속에 있는 나쁜 영의 잔재들을 주님이 제거하시는 것입니다.

2)몸이 뜨겁거나 전류가 흐르는 것 같습니다. 깊은 호흡을 하면 10여분쯤 지나서 몸이 뜨거워지는 것을 느낍니다. 그리고 몸속으로 약한 전류가 흐르는 듯합니다. 강하게 느껴지면 가만히 있을 수 없을 정도로 찌릿찌릿함을 느낍니다. 몸이 뜨거워짐으로써 우리 몸이 활동력을 얻게 됩니다. 영적인 능력이 임하게 되는 것입니다. 이 능력은 세상을 이기는 담대함과 마귀의 세력을 이길 수 있는 5차원의 초자연적인 힘입니다.

3)몸이 무척 아픕니다. 근육에 통증이 옵니다. 심하면 도무지 견딜 수 없을 지경으로 온 몸에 통증이 와서 더 이상 호흡을 계속할 수 없습니다. 평소 몸이 아픈 곳이나 약한 부분이 아픕니다. 이는 치유의 과정입니다. 우리 몸의 약한 곳을 성령님이 치유하시는 것입니다. 치유는 성령님의 일입니다. 성령님이 지배하시면 우리의 몸이 병들었거나 약한 부분을 주님은 고치십니다. 너무 고통이 심해서 견디기 어렵더라도 지속해야 합니다. 얼마가지 않아 평안해질 것입니다. 치유는 단번에 이루어지는 경우는 적습니다. 우리 몸은 서서히 치유되며 회복되는 것이기 때문에 너무 조급해 할 필요가 없습니다. 마음으로 예수님을 찾

는 기도를 할 때마다 통증이 온다고 해서 중단하지 마십시오. 치유하는데 여러 달이 걸리는 경우도 있습니다. 너무 통증이 심하면 전문적인 치유사역자의 도움을 받으십시오.

4)몸속에 이물감을 느낍니다. 뱃속이 더부룩해지고 몸속에 벌레가 기어가는 것 같은 느낌을 받습니다. 마음으로 예수님을 찾는 기도 전에는 아무렇지도 않던 뱃속이 갑자기 더부룩하고, 소화가 안 되는 것 같은 느낌을 받는 것은 뱃속에 악한 영이 들어있기 때문입니다. 몸에 이물감을 느끼는 것도 그렇습니다. 성령의 강한 지배로 인하여 악한 영이 피할 곳을 찾아 돌아다니는 것입니다. 속된 표현으로 귀신의 집이라고 하는 것입니다. 우리 몸속에 들어온 악한 영이 자리를 잡고 눌러 앉으려고 만들어놓은 그들의 영역이 파괴되는 것입니다. 머리가 심하게 어지러운 현상도 마찬가지입니다. 머릿속을 점유하고 있는 악한 영이 요동치는 것입니다. 이 악한 영이 견디지 못하고 떠날 때까지 계속하십시오. 인내해야 합니다. 악한 영이 몸에서 나가면 그러한 현상이 사라지고 평안해집니다. 그렇지 않고 계속 심하고 구토가 나고 정신이 혼미해지는 등의 현상이 계속되면 축귀가 필요합니다. 심한 경우는 악령의 음성이 들리는데 매우 위협적이어서 겁이 납니다. 호흡을 중단하지 마십시오. 계속하면 죽여 버릴 거야, 라고 협박합니다. 그래서 무서워 더 이상 마음으로 예수님을 찾는 기도를 하지 못하고 두려움에 사로잡힙니다. 이런 경우 자기 축귀를 하십시오. 그런데도 잘 되지 않으면 능력 있는 성령치유 전문사역자에게 도움을 구하십시오.

5)서늘한 기운을 느낍니다. 서늘한 청량감이 온몸을 감쌉니다. 심하면 한기를 느낄 정도입니다. 여름인데도 온 몸이 서늘하고 만져보면 차가움을 느낍니다. 때로는 부분적으로 그러한 현상을 느끼기도 합니다. 악한 영이 드러나서 나타나는 증상입니다. 머리가 맑아지고 정신이 상쾌해집니다. 이는 몸이 정상으로 돌아왔음을 알려주는 것입니다.

6)평안하고 몸이 가벼워집니다. 이 현상은 사실 가장 많이 느끼는 부분입니다. 그런데 왜 나중에 언급하였느냐면, 앞의 현상들을 경험한 뒤에 오는 현상이기 때문입니다. 우리의 몸의 병과 죄와 악령의 영향 등의 불순한 것들이 성령의 은혜로 치유된 후에 찾아오는 평안함입니다. 마음으로 예수님을 찾는 기도는 이 평안함이 계속 유지되어야 바람직한 것입니다. 성령으로 충만하고 주의 임재가 강할수록 평안하고 고요한 기분이 계속 됩니다. 주님의 위로하심이 임하는 것입니다. 그 밖에도 개인에 따라 독특한 증상들을 경험하게 되지만 그 모든 현상은 치유와 회복이라는 과정에서 나타나는 증상입니다. 상처가 치유되고 스트레스가 정화되니 성령의 권능과 면역력이 강해집니다. 그 내용이 무엇을 의미하는지 구체적으로 알 필요는 없습니다. 그것보다 더 중요한 것은 주님과 동행하는 것이기 때문입니다. 마음으로 예수님을 찾는 기도를 통해서 얻는 유익은 이루 헤아릴 수 없이 많습니다. 어떤 분들은 시작하는 그 날로 영안이 열리기도 하고 주의 음성을 듣기도 합니다. 이제까지 그토록 원하던 하나님의 임재가 이렇게 쉽게 이루어질 줄 몰랐다고들 고백합니다.

14장 방언으로 기도하며 불 받는 법

(고전14:4)"방언을 말하는 자는 자기의 덕을 세우고 예
언하는 자는 교회의 덕을 세우나니"

방언기도를 하면서 영력을 강화하고 마음의 상처를 치유하실 분
은 반드시 성령으로 세례를 받아야 합니다. 성령의 세례에 대하여
는 **"성령의 불세례에 숨은 비밀"**과 **"성령의 불 받을 때 느낌 체험"**
책을 반드시 읽어보시고 방언기도를 숙달하시기를 바랍니다. 깨닫
고 보면 방언기도에는 영적인 미비점이 숨어있기 때문입니다. 호
흡을 깊게 하면서 마음으로 방언기도를 하면 영력이 강해지고, 마
음이 강해지고, 마음의 상처가 치료 된다는 것을 말하고 싶습니다.
겉으로는 평안한 것 같습니다. 그래도 위기가 닥쳐오면 바닥에 깔
려있는 공포와 좌절, 불안과 절망 등이 우리를 괴롭히고 뛰어 올라
오는 것입니다. 이것을 성령으로 청소하지 않으면 안 되는 것입니
다. 오늘날 이것을 청소 못하는 사람은 병원에 가서 심리학자가 여
러 가지 과거 이야기를 하라고 하면 과거이야기를 하고, 꿈 이야기
를 하면 심리학자들이 하나하나 찾아서 해결해 가는 것입니다.

사람마다 이런 점을 모르지만 있습니다. 이런 과거에 상처 받은
기억이 있습니다. '이것을 회개하시고 치료 하십시오' 라고 말합
니다. 그런데 우리 방언을 말하는 사람은 심리학자를 찾아갈 필요
없이 성령이 우리 속에 들어와서 뽑아내는데요. 성령이 소제해 내

버리기 때문에 우리 마음이 고침을 받고 아주 평안하게 되는 것입니다. 그러므로 방언 기도는 성령께서 우리 마음속에 깊숙이 남아있는 부정적인 것들을 다 청소해 주십니다. 상처가 없다는 사람은 교만한 사람이고, 자신을 모르고 거짓말하는 사람입니다.

우리 마음이 다스릴 수 없이 슬퍼지고 비정상적일 때 숨을 들이쉬고 내쉬면서 방언으로 기도하십시오. 방언으로 오래기도하면 성령의 불이 자신 안에서 올라와 귀신은 쫓겨나가고 마음속에 있는 모든 쓰레기 더미는 청소되고 우리 마음이 치료를 받을 수 있게 되는 것입니다. 그렇기 때문에 마귀는 방언을 자꾸못하게 하는 것입니다. 방언기도를 하면 "야, 네가 하는 기도지 성령이 하는 기도가 아니라"고 자꾸 협박을 하는 것입니다. 그 협박을 들어서 넘어가지 마십시오. 방언은 성령이 나를 통해서 하는 것이지 내가 만들어서 하는 것이 아닙니다. 방언기도는 성령의 세례를 받은 다음에 나오는 것이 보통입니다. 그러나 제가 지금까지 성령치유 사역을 하면서 체험한 바로는 방언기도를 유창하게 해도 온몸 기도에 들어가지 못하고 성령의 불세례를 체험하지 못한 분들이 있다는 것입니다. 이는 마음을 열고 영으로 기도하는 방법을 모르기 때문입니다. 호흡을 들이쉬면서 통변을 하고 내쉬면서 방언을 해야 합니다.

그런데 대부분 이렇게 하지 않고 목을 사용하여 열심히만 하려고 하기 때문에 방언기도간 깊은 기도에 들어가지 못하고 성령의 불을 받지 못하는 것입니다. 제가 부흥 집회나 성령치유 집회할 때 기도하는 방법을 설명하고 기도를 하게 하면 모두 깊은 기도에 들어가고 성령의 불세례를 체험하더라는 것입니다. 그래서 방언기도를 유창하게 해도 깊은 기도에 들어가지 못하고 성령의 불세례를 체험하지 못하는 것은 기도가 잘못되었기 때문입니다. 반드시 호흡을 들이쉬면서 통변하고 내쉬면서 방언기도를 계속하게 되면 얼마 있지 않아 깊은 기도에 들어가고 성령의 불세례를 체험하게 됩니다. 만약에 자신이 방언기도를 유창하게 해도 온몸 기도에 들어가지 못하고 성령의 뜨거운 불세례를 체험하지 못했다면 자신의 기도가 잘못된 것입니다. 자신의 방언기도의 방법을 제가 알려드린 대로 바꾸면 바로 온몸 기도에 들어가고 성령의 불세례를 체험하게 될 것입니다.

1. 기도가 깊어지는 과정

1) 정화의 길: 우리의 마음은 자꾸 오염됩니다. 성령 안에서 온몸 기도로 끊임없이 정화시켜야 합니다. 성령의 임재로 충만하여 죄 성이 정화, 정돈되는 상태입니다. 처음에는 이것을 잘 느끼지 못하지만 점점 생명력을 얻게 됩니다. 고여 썩은 물에 맑은 물이 졸졸 흘러 들어가듯 차츰 마음이 정화됩니다. 마음의 평안함은 마음이 정화되었음을 의미합니다. 마음이 정화되면, 그것으로 말미암아 혼과 육도 정화됩니다.

2) 조명의 길: 맑아진 곳에는 빛이 비치게 됩니다. 생명이 살 수 있게 됩니다. 지혜가 떠오르게 됩니다. 깨달음이 올라오게 됩니

다. 어느 한곳에 밝은 빛이 들어오게 됩니다. 어둠속에서는 잘 볼 수 없습니다. 어둠을 빛인 줄 압니다. 그러나 그 속에 빛이 오면 무엇인가를 느끼게 됩니다. 평안을 느낌은 마음이 성령의 활동을 느끼는 것입니다. 여기서 다시 시간이 더 지나면 머리가 맑아짐을 느끼게 됩니다. 빛이 들어온 상태입니다. 몸도 개운해지게 됩니다. 심령이 어두우면, 하나님의 뜻이 들어오지 못합니다. 하나님의 말씀, 하나님의 사랑을 깨닫지 못합니다. 심령에 빛이 들어와야 깊이 볼 수 있고 깊이 생각할 수 있게 됩니다.

3) 일치의 길: 성령 안에서 오래기도하여 성령으로 충만하여 하나님과의 영적인 깊은 교제로 일치를 이루는 단계입니다. 하나님의 성품을 닮아가며, 예수의 마음을 품는 단계입니다. 예수의 제자가 되는 것이며, 하나님을 떠나서는 살 수 없는 것이 실제적으로, 현실적으로 되어버리는 단계입니다. 하나님과 하나 됨을 외면하거나 부인할 수 없게 됩니다. 하나님과의 관계가 바로 이런 깊은 관계가 됩니다. 노력으로 이러한 단계에 이를 수 있습니다.

기도는 우리의 노력이 필요합니다. 부부가 같이 살기만 해서는 행복하지 않습니다. 일치되어야 행복한 것입니다. 점점 하나님께 가까이 가고, 하나가 되고, 하나님 안에서 평강을 누리고, 하나님과 있음으로 행복을 느끼게 되는 단계입니다. 그런 상태에서 내가 원하는 것을 다 얻게 되고, 그분이 원하시는 것을 내가 다 드리는 단계입니다. 이런 단계에서 성령의 도우심을 얻게 됩니다. 누구든지 노력하면 이런 단계에 오를 수 있습니다. 단 시간에 이루어지지는 않습니다. 오래기도하여 평안한 마음을 가지고 성령의 인도를 받으면 좀더 빨리 깊은 단계에 들어갈 수 있습니다. 호흡을 아랫배까지 들이쉬고 내쉬면서 방언기도를 하는 버릇을 들여야 합니다. 목으로 방언을 하면 심령이 정화되지 못하기 때문입니다.

2.마음을 정화하는 방언기도 비결

방언기도하며 잠재의식을 정화하여 능력이 나타나는 기도는 이렇게 합니다. 강력한 성령의 불세례를 받아 영의 통로가 열려야 합니다. 영의통로가 열렸다함은 자신 안에 주인으로 계시는 성령님으로부터 성령의 불이 나온다는 말입니다. 그래야 방언기도를 할 때 성령의 역사로 잠재의식이 정화되는 것입니다. 잠재의식에 형성되어 있는 견고한 진은 사람의 힘으로 파괴할 수가 없기 때문입니다. 반드시 견고한 진보다 강한 성령의 역사가 일어나야 파괴되기 시작을 합니다. 호흡을 아랫배까지 깊게 들이쉬고 내쉬면서 방언기도를 지속적으로 합니다. 기도가 깊어져야 성령이 장악하기 때문입니다. 잠시 기도한다고 잠재의식이 정화되지 않습니다. 자신의 전인격이 성령으로 장악이 될 때까지 오랫동안 마음으로 호흡하며 방언기도를 해야 합니다. 절대로 습관적이 되지 말아야 합니다. 성령의 이끌림을 받으면서 오랫동안 기도합니다. 최대한 호흡을 깊게 들이쉬고 내쉬면서 방언기도를 해야 합니다.

성령이 장악하면 여러 가지 현상이 나타납니다. 나타나는 현상은 13장에서 설명을 했습니다. 자신도 이해하지 못하는 현상이 나타날 수가 있습니다. 절대로 두려워하거나 포기하지 말고 지속적으로 해야 합니다. 방언기도를 많이 하여 영의 통로가 열려서 영의 기도가 깊어지면 잠간잠간 기도해도 잠재의식이 치유가 됩니다. 방언으로 기도하여 영감이 강하게 하기 위해서 이렇게 합니다. 호흡을 아랫배까지 깊게 복식호흡으로 들이 쉽니다. 호흡을 내쉬면서 마음으로 방언을 합니다. 다시 호흡을 아랫배까지 깊게 복식호흡으로 들이 쉽니다. 호흡을 내쉬면서 마음으로 방언을 합니다. 이렇게 지속적으로 시간을 의식하지 말고 마음으로 방언기도를 해야 합니다. 자신 안에 역사하는 귀신은 마음으로 방언기도를 할 때 정체를 폭로하고 떠나갑니다. 상처가 많은 분은 상당한 고통을 느끼기도 합니다. 고통스럽다고 포기하면 안 됩니다. 이 고통스러운 단계를 통과해야 귀신이 떠나가고, 영성이 한 단계 깊어집니다.

3.방언기도로 깊은 영적 상태에 들어가라.

1) 정상상태: 뇌가 정상적으로 활동하는 상태입니다.

2) 휴식, 산책, 음악감상, T.V를 볼 때: 육신이나 뇌가 약간 쉬는 것입니다.

3) 수면상태: 육체는 쉬나, 뇌는 아직도 완전히 쉬지 못하는 상태입니다.

4) 영적상태: 수면직전의 상태에서, 육신을 평안히 쉬는 상태로

서, 뇌는 아직 잠들지 않은 상태에서 마음을 열어줌으로 성령께서 역사하시도록 만들어 놓은 상태입니다. 성령 안에서 온몸으로 오래 동안 기도할 때 도달하는 상태입니다. 이러한 상태가 영적상태이 며, 이때에 내안에 계신 성령께서 권능(불)으로 나타나시면서, 잠재 의식을 치유하십니다. 치유는 자신의 마음 안에 성령의 권능(불)이 나오면서 치유가 되는 것입니다. 수면상태에서도 일종의 치유가 일 어나고 있지만, 진정한 잠재의식의 치유는 성령의 임재가 충만한 영적상태에서 일어납니다. 이러한 영적상태는 몸에 힘이 빠져 모든 것이 영에 이끌려 가는 상태입니다. 이성과 육신은 아직은 깨어 있 지만, 잠자는 상태처럼 힘을 잃고, 오직 영만 활성화되는 상태입니 다. 의식과 몸이 영과 분리된 상태입니다. 의식이 아직 잠들지 않고 있는 상태에서 영적상태로 들어갑니다. 영적상태에서는 의식과 몸 은 잠자는 상태와 똑 같으므로 피로회복의 효과는 깊은 수면과 마 찬가지입니다. 이런 상태를 자꾸 훈련하면, 밤에 잠을 자면서도 계 속 기도하고, 하나님과 교제하게 됩니다. 영적인 상태가 되지 않은 상태에서 수면에 들어가면 안 됩니다. 수면직전상태에서 하나님을 만나고 영적인 것을 정리하는 묵상을 하루 한 시간씩 가지세요. 영 적상태에서 하나님을 묵상하면 하나님으로부터 많은 평강, 은총이 임하게 됩니다. 진정 편안함은 육체의 편안이 아니라, 그것을 느끼 는 내면의 편안함이 문제입니다. 그러므로 영적상태를 자꾸 훈련함 으로 내면에 하나님의 평안을 풍성하게 담으려고 하세요.

자면서 영으로 하는 기도를 훈련하세요. 하나님을 사랑하고 하나님의 사랑을 받고, 앞날을 위해서 기도하세요. 이렇게 되기까지 시간이 걸립니다. 그러나 영적상태의 훈련이 되면 나중에는 서서 눈을 감으면 바로 영적상태가 됩니다. 그리고 눈을 뜨고서도 기도합니다. 소리를 들으면서도 기도합니다. 성경을 보면서도 기도합니다. 마음이 늘 하나님께로 가 있는 기도를 하게 됩니다. 이렇게 하나님께 온전하게 집중하는 상태가 바로 진정한 영적상태입니다. 이런 영적상태에 잠재의식을 정화합니다. 마음으로 방언기도를 하면서 잠재의식을 정화하는 시간을 많이 갖기를 바랍니다.

4. 방언기도 진위를 분별하는 방법

많은 성도들이 저에게 와서 자신의 방언이 진짜 방언인지 분별하여 달라고 합니다. 필자가 군에 있을 때 군 교회에서 부흥회를 했는데 그때 성령체험을 하고 방언을 하기 시작을 했습니다. 말로 하는 기도보다 방언으로 기도하니 너무나 좋고 감사하고 영적인 체험도 하고 영성도 깊어지는 것 같았습니다. 그러다가 다른 부대로 발령이 나서 가게 되었습니다. 그런데 그곳에 방언통역을 한다는 권사가 하나 있었나 봅니다. 하루는 저와 가장 가까운 사람이 필자에게 당신이 하는 방언기도는 귀신방언이니 하지 말라는 것입니다. 그리고 새벽에 기도할 때마다 제 옆에서 감시를 하고 방언하는 소리를 들어보는 것입니다. 그래서 제가 방언으로 기도를 하지 못했습니다. 그런데 문제는 새벽에 방언으로 기도를 하지 못한 날은 몸이 천근만근이고 기분이 좋지 못하여 하루 종일 고생을 한다는 것입니다. 새벽에 방언으로 기도하고 나면은 발걸음이 가볍고 하루가 상쾌하고 즐겁게 잘 지내는데 방언으로 기도하지 못하는 날은 정말 힘이 들었습니다. 그때 제가 느낀 것인데 사람은 영적인 존재이기 때문에 영성이 활성화 되지 못하면 건강에도 지장이 있다는 것을 체험으로 알게 했습니다. 그런데 제가 목회자가 되고 영적인 일에 관심을 많이 갖고 불같은 성령으로 세례받고 나름대로 영성이 조금 깊어진 지금 생각하면 초등학교 일학년 수준인 영적인 지식을 가지고 저의 방언기도를 방해하여 영적성장에 지대한 영향을 미쳤다는 것입니다. 그래서 제가 방언 통역에 대하여 관심을 갖기 시작한 것입니다. 그때 하도 고생을 해서 말입니다. 그런데 제가 성령치유 사역을 하다가 보니 교회에 방언통역을 한다는 성도들로 하여금, 교회 성도들에게 상처를 주는 피해가 막심하다는 것입니다. 작년 추석 집회할 때 어느 여전도사가 와서 저에게 이렇게 상담을 했습니다. 목사님 우리 교회 전도사 중에 나름대로 방언 통역을 한다는 여전도사가 있는데, 새벽 기도할 때 성도들의 방언기도를 들어보고 나름대로 평가하여 담임 목사님에게 이야기 하면 목사님이 그 성도에게 방언기도를 하지 못하게 한다는 것입니다. 그 피해자 중에 자기도 포함이 된다는 것입니다. 그래서 자기가 방언으로 기도를 못하니 가슴이 답답하여 미칠 지경이라 휴일을 택해서 치유 받으러 왔다는 것입니다. 그래서 말씀 듣고 은혜 받고 심령을 치유 받고 제가 그 전도사의 방언을 들어보니 이상이 없는 성령으로 하는 영의 방언이었습니다. 그래서 이제 걱정하지 말고, 누구의 말에도 눌리지 말고 누가 무어라고 해도 방언으로 기도를 막 하라고 조언한 일이 있습니다. 필자가 성령치유 사역을 오래하다가 보니 개척교회나 큰 교회나 할 것이 없이 목회자 분들이 영안이 열렸다, 방언 통역을 한다하는 성도들의 말을 잘도 믿는 다는 것입니다. 분별해 보지도 않고 그 소리를 다 믿는 다는 것입니다. 좌우지간에 문제가 많습니다. 저의 임상적인 견해로는 방언을 어떤 소리로 하든지 상관할 필요가 없다는 것입니다. 방언은 계속적으로 바뀝니다. 방언을 하다가 불같은 성령으로 세례받고 영의 통로가 열리면 방언이 달라지고 바른 방언이 됩니다. 그러므로 방언하는 것 들어보고, 귀신 방언인가 아니가 판다하지 말고, 또 방언 통역을 할 것이 아니고, 목회자가 불같은 성령으로 세례받고 성령의 능력을 받아 안수기도를 하면 성령의 강력한 역사에 의하여 잘못된 방언도 바른 영적인 성령의 인도를 받는 영의 방언으로 바뀌더라는 것입니다. 절대로 교회에서 자기 나름대로 방언 통역한다는 사람들의 심령 상태를 진단해 보아야 한다고 저는 강력하게 주장을 합니다. 왜냐하면 방언을 가장 듣기 싫어하는 것들이 귀신입니다. 귀신들은 방언하는 소리를 가장 듣기 싫어합니다. 그래서 귀신에게 눌렸던 성도들이 방언을 받으면 귀신들이 많이 축사되는 것입니다. 특히 영으로 속으로 하는 방언에는 귀신들이 정말로 듣지 못하고 축사됩니다. 그러므로 방언 통역한다고 들어보고 귀신 방언 한다고 못하게 하는 그 성도가 바로 귀신 방언을 하는 것입니다. 여러분! 방어기도를 어떻게 분별하느냐, 이것은 본인이 분별하는 것입니다. 본인이 방언기도를 하고 나면 마음이 뜨겁고 성령의 충만함이 나타나면 영으로 하는 방언입니다. 그러나 방언 기도를 하면 할 수 록 심령이 갑갑하고 영성에 변화가 없으면 잘못된 방언입니다. 그래서 본인이 분별 가능한 것입니다. 이렇게 잘못된 방언을 하다가도 어느날 불같은 성령으로 세례받으면 바른 방언으로 바뀌니까, 너무 성급하게 판단하여 낙심하거나 의기소침하면 영성에 해가 되니 참고하시기를 바랍니다. 그리고 방언통역은 심령이 성령으로 장악되고 치유되어 영감이 풍성하고 영안이 열리면 다 할 수 있는 은사입니다. 필자는 방언통역은사가 있다고 다된 것은 아니라고 생각합니다. 마음에서 성령의 생수가 올라오는 성도가 되는 것이 더 문제입니다. 여러분! 사람이 하는 말에 신경 쓰지 말고 방언으로 기도하세요. 때가 되어 성령으로 충만해지면 방언도 바뀝니다. 그리고 필자가 지금까지 방언으로 기도하면서 나름대로 체험한 간단하게 자신의 방언기도를 분별하는 방법은 이렇습니다. 방언으로 기도했는데 마음이 평안해지고 성령으로 충만해지고 몸이 가벼워지고 날아갈 것 같은 기분이 든다면 바른 방언기도입니다. 그러나 방언으로 기도를 했는데 기도 한 것도 아닌 것 같고 가슴이 답답하고 평안함이 없고 몸이 무겁고 나른하다면 잘못된 방언으로 분별을 해보아야 합니다. 그러므로 방언기도는 자신이 분별할 수가 있는 것입니다. 자신의 방언기도를 자신이 분별할 수 있도록 분별력을 기르시고, 자신의 방언기도를 분별해보시기를 바랍니다.

15장 영감을 깊고 강하게 하는 기도하는 법

(롬8:26-28)"이와 같이 성령도 우리 연약함을 도우시나니 우리가 마땅히 빌바를 알지 못하나 오직 성령이 말할 수 없는 탄식으로 우리를 위하여 친히 간구하시느니라. 마음을 감찰하시는 이가 성령의 생각을 아시나니 이는 성령이 하나님의 뜻대로 성도를 위하여 간구하심이니라. 우리가 알거니와 하나님을 사랑하는 자 곧 그 뜻대로 부르심을 입은 자들에게는 모든 것이 합력하여 선을 이루느니라."

영감은 우리 영혼이 성령에 감동된 상태 또는 그 분량으로서 신령한 감각 및 그것을 느끼게 하는 감화력을 말합니다. 성도는 이런 영감을 통해 밖으로 드러난 현상의 배후에 있는 근본적인 관계, 곧 영적인 관계를 꿰뚫어 볼 수 있고, 그것을 영적인 방법으로 해결 할 수 있습니다. 즉 영감은 우리 주변의 모든 환경을 영적존재들이 영적 전투를 벌이고 있는 상황으로 알게 하며, 그것에 영적으로 대응하여 승리하게 하는 능력을 말합니다.

1. 하나님은 영감이 풍성한 성도를 쓰신다.

하나님은 영감이 풍성한 성도를 사용하십니다. 우리가 영감 있는 온몸기도를 하는 것은 하나님에게 쓰임을 받기 위해서입니다.

성령으로 기도하여 하나님과 같은 영성이 되어 하나님의 음성을 듣고 순종하기 위해서입니다. 하나님께 쓰임을 받기 위함입니다. 하나님은 하나님의 음성을 듣고 순종하는 사람을 통해서 이 땅에 하나님의 나라를 만드시는 것입니다. 하나님의 뜻에 합당한 영감 있는 성도가 되기 위하여 이렇게 해야 합니다.

1) 롤 모델을 만나야 한다. 롤 모델(Role Model)은 어떤 사람을 모범으로 삼아서 자신이 어느 정도의 성숙(성공)을 이룰 때까지 그를 모델로 삼는 것을 뜻합니다. 롤 모델을 우리말로 번역하면 역할모델이 됩니다. 엘리사가 엘리야보다 갑절로 더 크게 쓰임 받은 이유는 엘리야라는 영적 대가를 만났기 때문입니다. 나에게 도전정신을 주고, 나를 자극하고 흔드는 인생의 롤 모델을 만나야 합니다. 엘리야 같은 본받고 싶은 인생의 롤 모델을 만나기를 성령으로 기도해야 합니다. 한번뿐인 인생, 어떻게 살아야할지 조언해줄 수 있는 인생 선배를 만나야 합니다. 무엇을 위해, 어떻게 살아야 할지, 현명하게 지도해줄 수 있는 인생의 모델을 만나는 것이 복중의 복입니다. 10~20대에는 배우자를 위한 기도보다는 본받고 뛰어넘을 만한 엘리야와 같은 영적인 대가를 만나기 위해 기도해야 합니다. 바울이 바나바를 만난 것이 우리가 지금 알고 있는 바울이 될 수 있었던 가장 큰 원인이고, 디모데가 바울을 만난 것이 디모데의 인생의 최고의 복입니다.

쉽게 인생의 롤 모델을 만날 수 있는 방법이 '책을 읽는 것'입니다. 책을 통해 수많은 영적인 대가와 인생의 롤 모델을 만날 수 있습니다. 우리는 책속의 위대한 인물들을 만날 때마다 이렇게 외쳐야 합니다. '나는 당신을 뛰어넘을 수 있습니다.' 록펠러가 세운 미국의 시카고 대학은 1929년까지는 이름도 모르는 대학이었습니다. 그런데 5대 총장으로 취임한 로버트 허친스에 의해 일류대학으로 변했습니다. 지금까지 시카고 대학은 73개의 노벨상을 받는 대단한 학교가 되었습니다.

로버트 허친스는 [시카고 플랜]을 만들어 학생들의 수준을 완벽하게 끌어올렸습니다. 시카고 플랜의 핵심은 "철학 고전을 비롯한 세계의 위대한 고전 100권을 달달 외우게 만들고 이것을 하지 않는 사람은 졸업시키지 않겠다"는 것입니다. 학생들은 시카고 플랜에 참여하며 수많은 위인들을 만났고, 그들을 롤 모델로 삼았고 이전과는 전혀 다른 인생을 살기 시작했습니다.

우리는 주변에서 성공한 사람들의 이야기를 듣습니다. 우리는 그런 소리를 들으며 이런 마음을 먹어야 합니다. '내가 당신을 뛰어넘을 것이다.' 국회의원 홍정욱은 존 F 케네디 대통령을 인생의 롤 모델로 삼았습니다. 그는 존 F 케네디를 닮기 위해 그가 졸업한 로즈마리 홀 고등학교에 입학했고, 케네디가 졸업한 하버드를 졸업했습니다. 지금 그의 꿈은 존 F 케네디를 뛰어넘는 정치인이 되는 것이라고 합니다. 이런 사람들을 보면 우리는 이런 말을 할 수 있습니다. '너는 돈도 있고 능력도 있잖아.' 맞습니다. 우리는 돈도 없고, 능력도 없습니다. 하지만 우리에게 하나님이 계시지 않습니까? 둘째는 기도하는 것입니다. 성령으로 온몸기도를 해야 합니다. 성령께서 감동하시어 멘토를 만나게 할 것입니다.

2) **장점을 발견하라.** 누구나 장점과 단점은 있습니다. 어떤 사람의 장점이 좋아 따라가다가 그 사람의 단점을 발견하고는 포기하는 경우를 봅니다. 그런 사람은 절대 큰사람이 될 수 없습니다. 엘리사는 엘리야를 10년 넘게 따라다녔습니다. 누군가를 따라다닌다는 것은 꼭 존경하고 좋아하기 때문만은 아닙니다. 그에게 배울 점이 있기 때문입니다. 배울 점이 있는 사람이라고 꼭 장점만 있는 것은 아닙니다. 엘리사는 엘리야의 장점도 봤겠지만 단점도 봤을 것입니다. 하지만 엘리사는 엘리야에게 장점을 배웠고, 결국 엘리야를 뛰어넘는 하나님의 사람이 되었습니다.

교회 안에 목회자들이 있습니다. 담임목사를 비롯한 목회자들입니다. 이들에게는 단점도 있지만 장점도 참 많습니다. 교회의 성도들이 이들을 청빙했을 때는 이들의 장점을 보고 청빙한 것입니다. 그렇다면 이들의 장점을 배우고, 이들의 장점을 칭찬해서, 이들의 장점이 극대화되어서 몸 된 교회에서 쓰임 받을 수 있도록 하는 것이 성도의 임무입니다.

3) **노력이라는 대가를 지불하라.** 누군가를 자신의 롤 모델로 삼는 것으로 끝나면 안 됩니다. 누군가의 장점을 발견하는 것으로 끝나면 안 됩니다. 그를 닮기 위해 노력해야 합니다. 노력은 거짓말하지 않는 것입니다. 자신이 추구하고 싶은 영감과 권능, 신령함을 가진 목회자를 롤 모델로 삼았으면 그의 행동, 말씀 전하는 법, 기도하는 습관, 집회 인도방법 등을 그대로 따라해 보세요. 그

리고 그 목회자보다 2~3배 더 노력해보세요. 노력이라는 대가를 지불하면 그를 능가할 수 있습니다. 노력이 참으로 중요합니다.

호박벌은 굉장히 부지런하고 자기 일에 집중하는 곤충입니다. 몸길이가 평균 2.5센티미터 정도인데 일주일에 1,600킬로미터를 날아다닙니다. 작은 호박벌로서는 엄청난 거리이지만, 공기역학적으로 보면 너무 작아서 이렇게 날수 있다는 것이 기적인데 어떻게 이렇게 먼 거리를 날수 있을까? 호박벌은 꿀을 얻겠다는 집중력이 아주 강하다고 합니다. 그 분명한 목적의식이 그의 신체적인 한계도 뛰어넘게 만든 것입니다. 지금 당신은 어떤 일을 하는가요? 그 일을 위해 최선을 다하는가요? 최선이란 단순한 노력이 아닌 자신의 한계를 뛰어넘는 노력이 있어야 합니다. 하나님에게 기도해야 합니다. 나는 윈스턴 처칠의 옥스퍼드 대학에서의 강연을 좋아합니다. 'never never give up(절대로 절대로 포기하지 마라).' 윈스턴 처칠은 많은 약점이 있었습니다. 말도 잘못하고, 공부도 잘못했습니다. 열등감이 많았고, 수많은 소문들 때문에 마음고생이 심했습니다. 하지만 그에게 한 가지 장점이 있었습니다. 목표한 것을 포기하지 않고 끝까지 그 일을 향해 집중하는 것입니다. 육군 사관학교를 삼수하여 들어갔고, 수많은 시련이 있었지만 결국 수상이 되었습니다. 인생의 분명한 목표를 가지고 노력하세요. 대가를 만나기를 기도하고, 만난 다음에는 닮아가기를 노력하고 나중에는 그를 뛰어넘으시기 바랍니다. 그때 엘리야를 뛰어넘는 엘리사가 될 수 있습니다.

2. 영감이 강해지는 영의기도를 하라.

1) 영감과 영력이 배가되는 기도는 어떻게 해야 하나?

① 호흡을 하며 온몸기도하여 깊은 성령의 지배와 임재 하에 영육이 성령의 만지심을 느끼도록 하여야 합니다. 성령의 임재를 느끼는 현상은 사람마다 다양합니다. 성령의 임재를 못 느끼는 분들의 경우는 주님이 안 오시는 것이 아니라 단순히 못 느끼는 것입니다.

② 성령의 임재가 깊어지게 하려면 자신의 의지를 꺾고 단지 그분이 하시는 일을 가감 없이 받아들여야 합니다. 이 훈련을 지속적으로 해야 영적 지각능력이 배가 됩니다. 어디까지 받아들여야 하는가? 각자의 마음속까지 받아드려야 합니다. 전인격이 성령으로 장악된 감성이 풍부한 상태입니다. 강하게, 으으, 아뜨거…. 하면서 성령의 역사에 반응하며 순복하는 것입니다.

③ 성령이 마음대로 일하시게 해야 합니다. 이때 성령께서 육체의 만지심의 느낌에 절대 순복하여야 합니다. 즉 반응에 절대 순종하고 환영하는 반응을 보여야 합니다. 임재에는 반드시 메시지가 있음을 명심하시기를 바랍니다.

2) 영감과 능력이 나오는 기도.

① 호흡기도나 발성의 기도로 성령의 임재를 깊이 느끼고 유지합니다. ② 능동적으로 성령의 능력을 끌어당기는 기도를 합니다. 호흡법을 활용해서 깊게 합니다. 이때 강하고 크게 자신의 육체의 한계를 넘어서는 강력한 기도를 해야 합니다. 이를 위해서

복식 호흡법을 활용하여 아랫배에서 나오는 소리로 힘껏 소리를 지르고 온몸으로 부르짖는 기도를 하여야 합니다. 그래야 목에 피로가 안 옵니다(최소한 30분 이상).

③ 성령께서 하시는 일에 크게 반응해야 합니다. 이때 말과 행동에 있어서 크게 반응하기 바랍니다. 성령께서 하라는 대로 순종하는 것이 좋습니다. 될 수 있으면 크게 반응을 하는 것이 좋습니다. 강하게, 으으, 앗뜨거…. 교역자는 강단에 서기전에 이 단계까지 기도하고 그 후에 강단에 서야합니다. 그래야만 예배와 설교 가운데 성령의 기름부음이 강해집니다.

3. 영감이 깊어지기 위한 영적 치유 기도는 어떻게 하나?

1) 영감과 영력이 있는 자가 갖추고 준비할 기본사항

① 성령의 지배가운데 내적 치유가 되어 감정정리를 잘해야 합니다. 자신의 영성관리를 위하여 반드시 치유해야 합니다. ② 항상 마음이 안정되어 성령의 임재를 유지해야합니다. ③ 성령의 임재 하심으로 아무리 큰일이 일어나더라도 거기에 빠지면 안 됩니다. 마음으로 성령의 음성을 들으라는 말입니다. 그러므로 항상 임재 가운데 심령이 안정되어 있어야 수시로 일어나는 상황에 하나님의 방법으로 대처가 가능합니다. ④ 사역자나 성도나 할 것 없이 율법적이 되어서는 절대로 안 됩니다. 진리가 자유하게 합니다. 은혜로 사랑으로 믿음 생활을 하시기 바랍니다.

2) 성도가 자신에 대하여 알아야 할 사항

① 공격받는 감정을 찾아내야합니다. 예로서, 잡념, 죄, 습관, 꿈, 생각, 잘 통제하지 못하는 것 등등…. 어떻게 해결합니까? 성령 안에서 온몸으로 기도하며 내적 치유로 해결해야 합니다. 본인이 깨달아야 빨리 치유가 됩니다. 사람은 스스로 자기 통제가 가능하도록 만들어 졌습니다. 그런데 오늘날 우리가 자기 통제를 못하는 이유는 죄성과 상처 때문입니다. 그러므로 예수를 믿는 믿음과 성령의 은혜 안에서는 이 모든 것이 회복되기 때문에 자기 통제가 가능합니다. 이것을 다른 말로 하면 성령의 은혜로 말미암아 공격받는 감정을 치유할 수 있다는 의미입니다. 자신의 공격받는 분야를 찾아 성령의 지배 가운데 내적 치유하라는 것입니다. 잠간 잠간이 아니라 오래해야 합니다.

② 자신의 공격받는 분야를 찾아내야 합니다. 예를 들어 혈기나 분노의 경우 자신의 상처와 조상의 유전까지 찾아 들어가야 합니다. 부계와 모계 쪽으로 계속 추적하여 찾아내어 해결해야 합니다. 상처라고 하면 태아, 유아, 소년기, 부모 등 원인을 찾아내어 치유해야 합니다.

③ 그 죄와 관련된 지속적이고 뚜렷한 경험들을 파고 들어가야 합니다. 그때의 감정을 뿌리를 찾아서 제거해야 합니다. 거기에 레마의 말씀과 성령의 능력과 주님의 피를 뿌립니다. 뿌리 뒤에 역사하는 영을 찾아내야 합니다. 그 찾는 이유는 그때 그 사건을 통하여 들어온 영을 찾아내는 것입니다. 분명히 그 때 타고 들

어온 것이 있습니다. 그 영의 정체를 드러내고 쫓아내고 몰아내고 반대 영을 공급합니다.

4. 영감을 증폭시키고 유지하는 기도

1) **영의 통로를 여는 기도**. 먼저 기도로 막힌 영을 뚫어야합니다. 막힌 영을 뚫는 기도는 ① 배에서 올라오는 소리로 통성기도를 합니다. ② 호흡을 깊게 들이쉬고 내쉬면서 배에서 나오는 소리로 주여! 주여! 합니다. ③ 호흡을 깊게 들이쉬고 내쉬면서 배에서 올라오는 방언으로 기도합니다. 막힌 영의통로를 뚫으려면 먼저 성령으로 세례를 받아 성령의 임재에 들어갈 줄 알아야 합니다. 성령의 임재를 체험해야 합니다. 성령 세례와 충만을 말합니다. 성령세례가 믿음이 아니라 체험이었다면 성령 충만은 그 만큼 중요한 것입니다. 왜냐하면 임재 현상은 바로 성령님이 오신 것이기 때문입니다. 능력이나 권능으로 임재하실 때는 능력이나 권능의 임재를 받아들이고, 평안이나 위로 등 다른 임재를 하실 때는 평안과 위로의 임재를 받아들입니다. 성령의 세례를 받고 성령의 임재가 강해지면 성령의 임재의 결과로 내 안에 있는 악한 것이나 갈려고 합니다. 이때는 호흡을 깊게 들이쉬고 내쉬면서 대적하여 성령의 역사가 나타나게 하여 악한 영을 몰아내야(축사)합니다. 축복입니다. 절대 부끄러운 일이 아닙니다. 성령의 임재를 방해하는 세력은 악한 영의 역사입니다. 하나님은 베드로전서 5장 8-9절에서 "근신하라 깨어라 너희 대적 마귀가 우는 사자같이 두

루 다니며 삼킬 자를 찾나니 너희는 믿음을 굳게 하여 저를 대적하라 이는 세상에 있는 너희 형제들도 동일한 고난을 당하는 줄을 앎이니라" 말씀하십니다. 세상에는 악한 영이 있다는 것입니다.

2) 성령의 불이 임하고 나오는 기도

① 먼저 성령의 임재를 유지해야 합니다. ② 성령의 임재가 충만해지면 ③ 배꼽 아래에 마음을 두고, 숨을 깊게 내쉬면서 마음으로 성령을 끌어들입니다. 밖에 있는 불을 끌어들입니다. 복식 호흡법을 활용해서 기도합니다. 호흡을 깊게 들이쉬고 내 쉬면서 성령의 역사를 돕습니다. ④ 배꼽 아래에 마음을 두고, 호흡을 내쉬면서 마음으로 성령을 끌어올립니다. 호흡을 내쉴 때는 내 안에 있는 성령의 권능(불)을 끄집어내는 것입니다. 모든 기도는 믿음으로 해야 합니다. 복식 호흡법을 활용하여 능력있는 기도를 합니다.

3) 성령의 임재 충만을 유지하기 위한 기도

찬양이나 마음으로 성령의 임하심을 받아들입니다. 숨을 들이쉬고 내쉬면서 방언이나 언어의 기도를 합니다. 걸어 다니면서도 습관적으로 해야 합니다. 주의해야 할 것은 문제가 나타나더라도 거기에 마음을 빼앗기지 말아야합니다. 이유는 기도가 되지 않고 마음이 집중되지 안 습니다. 항상 문제가 있는 곳에 하나님의 답이 있으니 하나님에게 문의 하여 답을 찾아야합니다.

4) 강한 영력이 나타나기 위한 기도

성령의 임재를 요청합니다. 어느 정도 임재가 유지되면 방언으로 기도합니다. 이것도 호흡법을 활용하면 좋습니다. 성령치유 사역할 때 품어내기만 하면 쉽게 지치고 고갈 됩니다. 내 안에서 영력이 유지되게 하면서 기도하시기 바랍니다.

5. 영감이 배가되는 능력의 기도하는 요령

① 성령의 이끌림을 받으며 오랫동안 깊은 기도합니다. 코로 숨을 깊게 아랫배까지 들이쉬고 내쉬면서 성령으로 영 안에 깊이 몰입하여 성령 안(지성소)에서 기도할 수 있게 되어야합니다.

② 목에서 나오는 소리가 아니라 속(아랫배)에서 올라오는 목소리로 기도합니다. 성령의 기름부음이 육신에 부어져서 능력이 있게 됩니다.

③ 영으로 기도하고 마음으로 기도 합니다. 방언하고 통변하며 기도합니다. 깊은 영 안에 있는 성령의 기름부음이 혼에 부어져서 영감이 있게 됩니다.

④ 격렬하게 아랫배에서 나오는 소리로 주여! 주여! 부르짖으면서 기도합니다. 몸을 앞뒤로 흔들면서 기도해도 됩니다. 몸을 앞뒤로 흔들면 마음이 열리고 맺힌 근육이 풀리고 마음이 자유스러워져 기도가 집중되고 성령에 깊이 사로잡히게 되어 기도에 몰입하게 되면 정신없이 흔들게 됩니다.

⑤ 격렬한 기도 후에는 편안하게 온몸 기도에 들어갑니다. 잡념이 없어지고 기도가 집중되는 훈련이 되고 영적인 체질로 바뀌게 됩니다.

16장 영력을 강하게 하는 기도하는 법

(렘33:3)"너는 내게 부르짖으라 내가 네게 응답하겠
고 네가 알지 못하는 크고 은밀한 일을 네게 보이리라."

영력이란 국어사전에 신령스러운 힘이라고 기록되어 있습니
다. 쉽게 말해서 성령하나님의 초자연적인 5차원의 힘이라고 말
할 수 있습니다. 영력이 있는 성도는 살아계신 하나님의 성전이
되었다는 보증입니다. 사람은 영-혼-육으로 구성되어 있습니다.
육신에는 체력이 있어야 하고 영혼에는 영력이 있어야 건강한 그
리스도인 것입니다. 그리스도인이 영력이 없으면 하나님의 군사
가 될 수 없습니다. 영력이란 영혼의 힘을 의미하는 것입니다. ①
하나님을 체험적으로 아는 것, ② 하나님을 순수하게 믿는 것, ③
성령의 레마에 순종하는 것이 영적인 힘입니다.

○영력의 세 가지 요소는 ① 영혼의 정서에 하나님의 말씀을 깨
닫고 이해하는 능력입니다(이것은 말씀을 영적으로 보는 영적인
사고력입니다). ② 영혼의 정서에 하나님은 교제하는 능력입니다
(이것은 기도의 힘입니다). ③ 영혼의 의지에 하나님의 뜻을 순종
하는 능력입니다(이것은 자신을 복종시키는 힘입니다). 영력의 출
처는 성령하나님이 되시며, 예수그리스도의 이름으로 성령님께서
영력을 자신 안에서 밖으로 나타내십니다.

○영력을 얻게 되는 방법에는 두 가지가 있습니다. 첫째, 무의

식적 체험입니다. 자신이 알지 못하는 상태에서 체험입니다. 둘째, 의식적 체험입니다. 자신이 의식하는 상태에서의 체험합니다. 뜨겁게 성령으로 온몸기도 하다가 체험하기도 합니다.

○하나님께 영력을 받아사용하려면 ① 예수를 믿고 성령으로 세례 받아 다시태어나야 합니다. ② 자신을 철저히 부정하는 회개가 있어야 합니다. ③ 성령의 능력을 사모하는 기도가 있어야 합니다.

○영력을 받은 결과는 성령의 권능이 나타나게 됩니다. 성령으로 신비한 체험들을 의식적으로 느낄 수가 있습니다. 기쁨이 충만해지며 확신하는 신앙이 생깁니다.

○영력을 강하게 하고 충만하게 하기 위하여 ① 항상 기뻐해야 합니다. ② 쉬지 말고 기도해야 합니다. ③ 범사에 감사해야 합니다. 이것은 하나님의 뜻입니다.

○영력은 이렇게 관리해야 합니다. "여호와를 앙망하라"(사 40:31). 여호와를 앙망 한다는 의미는 어떤 것일까요. ① 자신 안에 주인이신 하나님께서 자신을 통해 나타낼 때까지 인내하는 신앙이 되어야 한다는 것입니다. ② 순종하는 신앙이 되어야 합니다. ③ 겸손해야 합니다. ④ 성령으로 능력 있는 기도를 해야 합니다. ⑤ 말씀과 성령으로 마음을 치유해야 합니다. 마음의 치유는 성령으로 기도하며 마음 안에 세상 것이 집을 짓지 못하게 해야 합니다.

○여호와를 앙망 하는 방법은 ① 영혼의 지각을 동원해서 말씀을 상고하는 일입니다. ② 영혼의 정서를 동원해서 자신 안의 하나님께 매달려 성령으로 기도하는 것입니다. ③ 영혼의 의지를 동

원해서 하나님 뜻 실행하기를 힘쓰는 것입니다. 여호와를 앙망하여 새 힘을 받은 자의 생활은 ① 주님을 향하여 걸어가는 생활을 합니다. ② 주님의 뜻을 이루기 위하여 달음박질하는 생활을 해야 합니다. ③ 독수리 날개 치며 올라가는 생활을 해야 합니다. 성령으로 온몸기도하며 성령의 인도를 받아야 합니다.

1. 영력있는 영의기도를 위해

1) 자신의 영적 상태를 정확히 진단해야 합니다. 말씀과 성령으로 자신을 보면서 진단해야 합니다. 성도는 무엇보다도 자신을 정확하게 보는 영안이 열려야 합니다. 영안에 대하여 상세하게 알고 싶으면 **"영안을 밝게 여는 비결"**을 읽어보시기를 바랍니다.

2) 자신의 영적 상태를 진단하는 법은 이와 같습니다. 자신이 영적 침체에 빠지지 않았나! 점검하여 보기 바랍니다. "너희가 믿음에 있는가 너희 자신을 시험하고 너희 자신을 확증하라 예수 그리스도께서 너희 안에 계신 줄을 너희가 스스로 알지 못하느냐 그렇지 않으면 너희가 버리운 자니라."(고후 13:5)

① 기도하기가 버겁습니다. 열심히 믿음 생활하려고 해도 환경이 안 풀립니다. 물질이 어려워집니다. 인간관계가 꼬입니다. 질병을 가족들이 번갈아 가면서 앓게 됩니다.

② 영적 생활이 회의가 느껴집니다. 만족을 찾지 못합니다. 이곳저곳 돌아다닙니다. 그러다가 신학교도 갑니다. 그러나 문제가 해결되지 않고 만족함이 없습니다. 만족은 성령으로 기도하여 영

의 통로를 열어야 합니다. 말씀과 성령으로 치유되어 무시로 기도하므로 성령 충만해야 합니다.

③ 기도가 안 됩니다. 가슴이 답답하고 잡념에 사로잡힙니다. 기도가 자주 막힙니다. 아무리 기도해도 평안을 찾지 못합니다.

④ 가정불화가 생깁니다. 부부 불화가 자주 생깁니다. 조그마한 말에도 상처를 받고 다툽니다. 기도를 못하여 영적으로 침체되어 마귀가 역사하므로 당연히 따라오는 것입니다.

⑤ 늘 불안 초조합니다. 육이 강화되어 있으므로 악한 영이 역사하여 생기는 현상입니다. 그러다가 우울증, 불면증에 빠집니다.

⑥ 영적 성장이 안 됩니다. 영이 막혀서 나름대로 자신에게 해당된다고 생각되는 말만 들리기 때문입니다. 성령의 역사가 일어나지 않으므로 변하지를 않습니다.

⑦ 마음이 늘 답답합니다. 영의 활동이 침체되어, 상처가 자신을 주장하므로 나타나는 현상입니다. 온몸기도로 뚫어야 합니다.

⑧ 밤잠을 잘 설칩니다. 잡념과 억울한 생각이 머리를 주장하기 때문에 잠을 자지 못하여 불면증에 빠지게 됩니다.

이 때 제일 먼저 해야 할 일은 막힌 영의통로를 주여! 주여! 하면서 발성기도로 뚫어야 합니다. 성령 안에서 온몸으로 기도를 오래해야 합니다. 그리고 성령의 감동에 따라 회개와 용서를 해야 합니다. 말씀과 성령으로 내적치유를 받는 것도 좋습니다. 빠른 시간에 막힌 영의통로를 뚫어야 합니다. 시간이 지남에 따라 점점 더 악화되기 때문입니다. 초기에 조치하고 치유해야 합니다.

3) 기도가 약해지면 나타나는 현상

① 영적으로 둔해집니다(눅18:34). ② 죄에 약해집니다(요 5:14). ③ 믿음을 잃게 됩니다(눅 22:32). ④ 시험에 쉽게 듭니다 (눅 22:40). ⑤ 순종이 어려워집니다(삼상15:22). ⑥ 인간적인 생각이 쉽게 들어옵니다(빌 4:6). ⑦ 고집이 세어집니다(롬 2:5). ⑧ 시험을 일으키는 매개체가 됩니다(갈5:19-21). ⑨ 기도하기 싫어지고 기도가 힘들어집니다(롬8:26-27). ⑩ 몸과 마음에 질병이 생깁니다. 이곳저곳이 아프고 만사가 괴롭습니다.

4) 기도의 영이 오기 시작하는 증거

① 기도를 하면 소망이 생기고 믿음이 강해집니다(빌 2:13). ② 기도를 하면 성령의 사람이 됩니다(삼상1:10-13). ③ 기도를 하면 자신감과 추진력이 생깁니다(삿6:36-40). 기드온이 큰 용사가 아님에도 큰 용사여 하셨던 것처럼 주님은 기도하는 사람에게 용기를 주십니다. ④ 기도를 하면 분별력이 생깁니다(행16:16-17). 하나님 뜻에 대한 분별력과 마귀의 역사에 대한 분별력이 동시에 옵니다. ⑤ 기도를 하면 시험에 들거나 상처받아 주저앉는 일이 적습니다(빌 4:6). ⑥ 기도를 하면 상처나 시험에서 쉽게 회복됩니다(대하 30:20). ⑦ 기도를 하면 기도의 소원이 자꾸 생겨 하나님의 신령한 능력이 내려와 마음과 환경을 변화시킵니다(대하 16:9). 자신에게 지금 기도의 영이 있는가를 분별하시기를 바랍니다. 성령 안에서 온몸으로 기도하려고 의지적인 노력을 해야 합니다.

5) 영력으로 영의 통로를 뚫는 기도를 하기 위해 기도에 나아가기 위한 장애를 제거하세요. 성경에 눌린 자 - 눌렸다는 표현이 있습니다. 외국 사역자들이 depress 되었다는 표현을 많이 합니다. "Press 압연하다"라는 뜻으로 마귀가 누르는 것을 의미합니다. 또 벧전 3:7에 "남편 된 자들아 이와 같이 지식을 따라 너희 아내와 동거하고 저는 더 연약한 그릇이요 또 생명의 은혜를 유업으로 함께 받을 자로 알아 귀히 여기라 이는 너희 기도가 막히지 아니하게 하려 함이라"고 기록되어 있습니다.

이 말씀은 우리가 인식하지 못해서 그렇지 부부가 하나 되지 못하면 기도가 막힐 수가 있다는 말씀입니다. 즉 기도의 장애가 존재한다는 뜻입니다. 기도의 장애는 죄도 있고 우리의 육성도 있지만 기도의 제일 큰 장애는 기도 못하게 하는 귀신입니다. "그 중에 이 세상 신이 믿지 아니하는 자들의 마음을 혼미케 하여 그리스도의 영광의 복음의 광채가 비취지 못하게 함이니 그리스도는 하나님의 형상이니라."(고후4:4) 그러므로 기도 못하게 하는 영을 축사해야합니다.

귀신은 성령 안에서 온몸으로 기도하여 성령의 불이 나오면 도망치기 시작을 합니다. 귀신은 한번 통로가 되면 그 통로를 막지 않고 가만 두면 자꾸 들어오게 됩니다. "그 후에 예수께서 성전에서 그 사람을 만나 이르시되 보라 네가 나았으니 더 심한 것이 생기지 않게 다시는 죄를 범치 말라 하시니."(요 5:14) 통로를 막는다는 것은 일단 기도 못하게 하는 귀신이 나가면 귀신이 다시 침입하지 못하게 하는 능력이 올 때까지 기도해야 하는 것입니다.

6) 기도의 방법을 바꾸는 비결은 무엇인가?

① 뚫는 기도를 해야 합니다. 호흡을 하면서 아랫배에서 올라오는 소리로 '주여!' '주여!' '주여!'를 크게 부르면서 하시라. 그리고 방언을 하는데 숨을 들이쉬고 내쉬면서 최대한 강하고 깊게 계속 하십시오. 의지를 발동하여 오래동안 해야 합니다.

② 생각하며 하는 혼의 기도가 아닌 성령으로 기도를 합니다. 성령의 기도는 나의 생각과 감정을 떠나서 순수하게 성령이 하시는 대로 따라하는 것입니다. 울라고 하면 울고 흔들라면 흔들고 찬양하며 기도하라하면 찬양으로 기도하고 방언으로 기도하라면 방언으로 하는 것입니다. 성령의 기도는 자기의 생각과 의지를 멀리해야 바르게 할 수 있는 것입니다.

③ 성령의 흐름을 따라 기도합니다. 기도의 영의 역사와 같은 것입니다. "모든 것 위에 믿음의 방패를 가지고 이로써 능히 악한 자의 모든 화전을 소멸하고"(엡 6:18) 모든 기도는 성령의 흐름을 타야 한다는 것입니다. 방언도 믿음의 성장에 따라 단계적으로 발전합니다. 마음으로 기도하고 영으로 기도하며 대화하는 기도를 합니다. 성령이 기도하시게 마음을 열어드립니다. 그 분이 기도하게 하고 그 분의 인도를 신뢰하고 맡기는 것입니다.

7) 성령 충만하려고 의지적으로 노력해야 합니다.

① 성령 충만하려면 오래동안 기도해야 합니다. 성령으로 충만

해지면 기도하는 것이 즐거워집니다. "그러므로 각처에서 남자들이 분노와 다툼이 없이 거룩한 손을 들어 기도하기를 원하노라."(딤전2:8). 성도들은 어디서든지 기도하여야만 합니다.

② 성령 충만하려면 개인적인 기도에 잡혀야 합니다. "너는 기도할 때에 네 골방에 들어가 문을 닫고 은밀한 중에 계신 네 아버지께 기도하라 은밀한 중에 보시는 네 아버지께서 갚으시리라"(마 6:6) 은밀한 기도는 기독교적인 생활의 비밀입니다.

③ 성령 충만하여 능력 있는 기도에 잡혀야 합니다. "이러므로 너희 죄를 서로 고하며 병 낫기를 위하여 서로 기도하라 의인의 간구는 역사하는 힘이 많으니라"(약5:16) 의인의 기도들의 힘에는 한계가 없습니다. 의인은 바로 예수를 믿고 성령으로 세례받아 거듭난 우리들입니다. 의인은 하나님의 비밀을 아는 자들입니다(암3:7). 대단한 사람들입니다.

④ 성령으로 인내심이 강한 기도에 잡혀야 합니다. 오순절 마가의 다락방에서 그들은 10일 동안 기도하였습니다. 이것은 그리스도의 명령이었습니다. "볼찌어다 내가 내 아버지의 약속하신 것을 너희에게 보내리니 너희는 위로부터 능력을 입히울 때까지 이 성에 유하라 하시니라."(누가 24:49) 성령의 권능이 자신에게서 나타날 때가지 인내하며 기다리며 기도해야 합니다. 하나님의 일은 성령의 권능 없이는 할 수가 없기 때문입니다. 얼마나 성령 안에서 온몸기도를 오래하느냐애 따라서 영력은 강해집니다. 거저되지 않습니다. 의지적인 노력을 해야 얻을 수가 있는 것입니다.

17장 음성(레마)듣는 온몸 기도하는 법

(엡6:17)"구원의 투구와 성령의 검 곧 하나님의 말씀을 가지라."

성령 안에서 온몸으로 기도하는 목적은 예수님과 대화하며 하나님의 음성(레마)을 듣고 순종하기 위함입니다. 말씀은 로고스와 레마입니다. 로고스는 기록된 말씀인 성경을 의미하며, 레마는 로고스를 통해서 들려오는 개인적인 하나님의 음성입니다. 평소때 읽는 성경 구절은 그냥 성경 말씀을 의미하는 것으로 로고스입니다. 하지만 이 말씀이 나를 회개시키고 변화시키려고 하는 것은 레마의 말씀입니다. 레마란 로고스를 통해서 들려오는 개인적인 하나님의 음성입니다. 그래서 묵상이란 하나님의 개인적인 음성, 즉 레마를 듣는 것이라고 정의내릴 수 있습니다. 하나님은 우리가 능력있는 기도를 통하여 선포된 말씀 즉, 레마를 받고 행동에 옮기기를 원하십니다. 영어로는 로고스와 레마는 똑같이 말씀이라고 합니다. 헬라어는 두 가지로 구별하여 썼습니다. 로고스라는 단어를 쓸 때 진리의 말씀 성경을 인용하고 있습니다. "태초에 말씀이 계시니라 이 말씀이 하나님과 함께 계셨으니 이 말씀은 곧 하나님이시니라, 말씀이 육신이 되어 우리 가운데 거하시매 우리가 그 영광을 보니 아버지의 독생자의 영광이요 은혜와 진리가 충만하더라"(요한복음1:1, 14).

로고스는 과거나 현재가 영원히 동일하신 하나님과 같습니다. 하나님의 로고스는 창조적이며 스스로의 힘으로 목적을 달성하는 능력있는 진실된 틀리지 않는 절대 옳은 완전하고도 생명을 주고 있습니다. 레마는 말씀에서 나온 한 말씀으로 언어로 표현되고 말로서 발표되었고 한마디 말씀으로 마음에 들리는 것을 뜻합니다. "성령의 검 곧 하나님의 말씀(레마)을 가지라."(에베소서6:17). 여기에서 말씀 레마는 성경전체를 모두 뜻하는 것이 아니라, 상황에 맞는 필요한 구절을 정규적으로 마음속에 간직해 두었다가 필요한 때 사용하기 위해서 성령께서 우리의 기억 속에 가져다주는 개별적 성경구절을 뜻합니다.

레마는 그때 그 시기에 알맞는 로고스로부터 성령의 감동으로 주신 말씀으로 그것을 시행하고 또 성취시키도록 생명, 능력과 믿음을 가져옵니다. 레마가 레마 되기 위해서 말씀을 듣는 이가 믿음으로 받고 순종해야 합니다. "하나님께 감사하리로다 너희가 본래 죄의 종이더니 너희에게 전하여 준바 교훈의 본을 마음으로 순종하여"(롬10:17). 로고스는 절대로 변하거나 폐하지 않지만 그러나 개인에게 주신 성취되지 못한 레마들도 많이 있습니다. 이러한 경우는 하나님의 레마가 실수한 것이 아니라 오히려 그 말씀을 듣고 이해하고 해석하고 믿고 순종하고 응하고 대기하고 혹은 하나님의 뜻과 방법에 따라서 실행하는 데 실패한 사람들의 탓입니다.

요약하면 로고스라는 용어를 사용할 때 성경 전체를 의미합니다. 레마를 사용할 때는 우리가 개별적으로 그 말씀을 적용할 수 있는 하나님으로부터 나온 한 구체적인 말씀을 뜻합니다. 로고스는 우물 안에 물과 같고, 또 레마는 우물에서 길어낸 한 통에 담긴 물과 같습니다. 또 로고스는 인간의 몸 전체와 같고 레마는 한 특정한 기능을 시행하는 몸의 한 지체와 같습니다. 모든 그리스도인은 로고스로 살아야 하며 또 필요할 때는 레마를 받아야 합니다. 반드시 받은 레마대로 순종해야 합니다. 순종할 때 기적을 체험하게 됩니다. 어려운 것이라도 순종하며 행함이 있는 믿음이 중요합니다.

1. 레마를 받았으면 순종이 더 중요

'레마'란 내가 평소에 생각하여 있는 것이 아니라, 생각지도 못한 생소한 말씀을 성령의 초자연적인 역사로 깨달아 알게 되는 것입니다. 레마는 내 안의 성령께서 하나님의 뜻을 나에게 알려주는 것입니다. 기도할 때, 설교를 들을 때 순간순간 떠오르는 레마의 말씀 즉, 하나님의 뜻에 절대로 순종하여야 합니다. "귀 있는 자는 성령이 교회들에게 하시는 말씀을 들을 찌어다"라는 말씀이 요한계시록에 일곱 번 나옵니다.

오늘날은 교회 시대임으로 성령께서 교회들에게 계속하여 말씀을 하십니다. 교회는 성령으로 거듭난 성도들을 말하는 것입니다. 우리 성도 각 사람이 하나의 무형 교회이므로, 각 사람들에게 성령께서 오늘날에도 레마의 말씀으로 계속하여 우리의 잘못됨을 지적하며 바로 가야 할 길을 말씀하시고 계십니다. "그들이 반역하여 주의 성신을 근심케 하였으므로 그가 돌이켜 그들의 대적이 되사 친히 그들을 치셨더니"(이사야 63:10)라고 말씀합니다.

이는 성령의 말씀을 불순종 할 때에는 성령께서 근심하시다가 주무시고, 심한 경우에는 악한 영이 침입하여 나와 가정과 교회를 고통스럽게 하기도 한다는 경고의 말씀입니다. 불순종을 반복할 때에 성령께서 근심하시고, 더욱 불순종 할 때에는 하나님과의 관계가 멀어져, 마귀가 그 성도를 장악하려고 들어와 마귀가 저주하므로 영육의 고통이 찾아 올 수도 있습니다.

계속 성령의 감동, 레마에 불순종하면 고통의 기간이 길고, 어려움이 있게 되고, 성령의 뜻을 즉각, 즉각 순종하면 형통이 오고 상급이 있게 됩니다. 성령이 알려주는 레마의 말씀은 말씀을 읽을 때, 성령의 지배와 임재 하에서 기도할 때, 현재 삶에 필요한 말씀, 레마의 말씀으로 옵니다.

성경을 읽다가 마음에 깊이 감동이 오는 말씀은 레마의 말씀으로 성령께서 나에게 말씀하시는 것이요, 기도하는 가운데에 말씀이 생각이 나거나 무엇을 하여야 하겠다는 감동이 있는 것은 성령께서 각 사람 개인에게 레마의 말씀으로 감동으로 하나님의 마음을 성도에게 알려 주시는 것입니다.

예를 들면 기도 할 때에 기독서점을 가라는 성령의 감동이 있을 때에는, 이 마음을 무시하지 말고, 기도가 끝난 후에 즉시 실천하시기를 바랍니다. 기독 서점에 가면 반드시 중요한 책을 만나게 하실 것입니다. 좌우지간 성령의 감동이 있을 때는 무시하지 말고, 그대로 순종하시기를 바랍니다. 이러한 일을 계속 할 때에 그 사람은 하나님의 말씀을 순종하는 자로서 큰 믿음의 상급을 받으면서 쓰임을 받는 사람이 됩니다.

2. 레마의 음성을 어떻게 듣나

물론 하나님이 주권적으로 주시기도 하지만 처음으로 하나님의 음성을 듣기 위해서는 훈련이 필요합니다. 하나님은 우리와 대화하기를 원하시는데 우리가 그 통로를 막아놓고 있음을 명심하십시오. 결국 음성 듣기 훈련은 우리가 막아 놓은 통로를 뚫는 것입니다.

1) 성령의 도우심에 의한 깊은 기도와 찬양을 통해 하나님의 임재에 들어가라.

① 묵상 침묵 등의 방법으로 집중이 된 다음에 성령 안에서 온몸기도, 마음의 기도, 호흡 기도나 회개, 찬양, 기쁨의 노래를 부른 후, 조용히 성령의 깊은 임재 안으로 들어가세요. 깊은 임재에 들어가면 기도 소리가 커지는 경우가 있습니다. 이때 자신의 현상은 성령 충만하여 기도가 쉽습니다.

② 감정이 전면에 부각되고 하나님의 뜨거운 사랑에 푹 젖으십시오. 외적 침묵, 내적 침묵이 된 후에 하나님의 음성을 기다립니다. 반드시 하나님과 같은 영의 상태에서 기다려야 합니다.

③ 그리고 난 후 주님 내가 듣겠사오니 말씀해주옵소서라는 자세로 하나님의 음성에 귀를 기울이세요. 하나님의 음성은 내가 원

하는 시간과 장소에서만 들리는 것이 아닙니다. 뜻밖의 시간과 장소에서 들리는 경우도 많으므로 항상 들을 귀를 열어두고 예비하는 것이 좋습니다.

2) 듣는 훈련: 개인 경건의 시간에 새 마음 훈련을 철저히 하라

① 마음 판이 깨끗하게 되어 있을 때 우리의 마음은 성령의 운행에 민감해집니다. 마음 판이 깨끗해지는 것은 말씀의 묵상과 성령의 지배와 임재에 들어가는 것입니다.

② 방해받지 않는 조용한 곳을 택하세요.

③ 초기에는 필기도구를 준비하여 기록하는 것이 좋습니다.

④ 처음에는 질문을 해보세요.

-주님, 저를 어떻게 생각하십니까? 주님, 저의 사업의 방향을 알려주세요. 제가 목회를 어떻게 해야 하겠습니까?

-주님, 지금 제가 하는 성령 사역을 어떻게 생각하십니까? 주님, 제가 지금 하고 있는 사업을 더 잘하려면 어떻게 해야 합니까? 어떻게 목회해야 하나님을 기쁘시게 할 수 있습니까?

-주님, 주님 이 성도의 문제가 무엇입니까? 어떻게 치유해야 합니까? 왜 우리교회 물질이 이렇게 어렵습니까?

-주님, 저의 부족한 부분이 무엇입니까? 제가 무엇을 고쳐야 하겠습니까?

-주님, 저의 성격이 왜 고쳐지지 않습니까? 왜 저는 혈기가 심합니까? 근본 원인을 알게 해주세요.

이때 떠오르는 생각, 단어, 인상 등을 기록하라. 그리고 순종해야 합니다. 순종하지 않으려면 들으려고 하지를 말아야 합니다.

3. 레마의 음성이 들리는 영적인 상태.

1) 성령의 깊은 지배와 임재 하에 육체와 정신이 영의 지배를 받을 때 하나님의 음성이 들립니다.

2) 사물에 대한 관심에서 영이신 하나님으로 옮겨 질 때 하나님의 음성이 들립니다.

3) 중심의 생각이 이성에서 마음으로 옮겨 질 때 하나님의 음성이 들립니다.

4) 성령으로 충만한 상태, 주님의 현존을 느낄 때 하나님의 음성이 들립니다.

5) 무엇을 하려는 의지, 무엇인가를 생각하는 지성, 고조되거나 깊이 실추한 감정의 상태에서는 하나님의 음성이 들리지 않습니다. 왜냐하면 하나님은 영이시기 때문에 우리가 성령충만한 영적인 상태가 되었을 때만 하나님의 음성을 들을 수가 있습니다.

예를 든다면: ① 사무엘이 잠들었을 때 하나님의 음성이 들렸지요. ② 엘리사는 감정이 격하여져서 예언을 듣지 못하자 거문고를 타게 한 후에 감정을 가라앉힌 후에 말씀이 임합니다. ③ 엘리야는 폭풍, 지진, 불 가운데에서도 하나님의 음성이 늘리지 않았고 모든 것이 지나간 후에 잠잠하여 졌을 때 말씀이 임했고. ④ 이사야는 성전에서 깊은 묵상을 할 때 하나님의 음성이 임하였습니다.

고로 우리가 성령 안에서 온몸 기도를 하여 영적인 상태가 되었을 때 영이신 하나님으로부터 하나님의 음성이 들리는 것입니다. 절대로 산만한 육의 상태에서는 음성이 들리지 않습니다. 하나님은 영이십니다. 우리가 하나님과 같은 영의 상태가 되었을 때 음성이 들리는 것입니다. 성령의 인도를 받아야 합니다.

4. 음성은 신앙생활과 사역을 할 때 성령의 검이 된다.

1) 성령의 은사인 지식의 말씀으로 문제를 해결하게 됩니다.

2) 신유 사역에서 강력한 신유능력으로 나타납니다.

3) 중보기도와 사역 시는 응답, 예언의 음성으로 들립니다.

4) 귀신으로부터 구원 사역에서 지식의 말씀으로 역사하십니다. 지식의 말씀은 하나님 만이 아시는 문제나 원인입니다.

5) 설교 때 청중들에게 주시는 하나님의 위로와 예언의 말씀으로 역사하십니다.

6) 말씀의 가르침의 사역 시 권세와 능력으로 역사 합니다.

7) 상담 사역할 때 문제의 원인과 해결책을 알게 합니다.

8) 개인 사업 시 사업의 결정, 고용, 동업, 확장, 이전시기 등을 알려주십니다.

9) 경제 문제: 요셉의 경우(애굽의 7년 풍년, 7년 흉년), 사업의 확장시기, 부동산 매입 시기 등도 알려주십니다. 그러므로 우리는 항상 하나님에게 집중하여 그분의 음성을 들어야 합니다. 성도는 하나님의 자녀입니다. 자녀는 하나님의 말씀을 들어야 삽니다.

5. 하나님의 음성(레마)을 듣는 기본적인 원리.

1) 성도의 모든 일은 하나님의 일입니다. 고로 성도가 하는 모든 일에는 하나님의 뜻, 말씀(지식, 지혜)이 있다고 믿음을 가져야 합니다. 하나님에게 물어보는 습관을 들이시기를 바랍니다.

2) 깊은 기도를 하여 성령의 깊은 임재 가운데로 들어갑니다.

3) 하나님에게 질문을 해야 합니다. 하나님에게 물어보아야 합니다(창15:8).

4) 하나님이 말씀하실 것을 기대해야 합니다(암3:7).

5) 하나님께서 자신에게 들려준 것에 대하여 필요한 조치와 응답을 해야 합니다. 하나님이 모세에게 이렇게 지시합니다. 지팡이 든 손을 내밀라고 합니다(출14:15-16). 하나님의 말씀대로 모세가 순종하니 홍해가 갈라지는 역사가 일어납니다(출14:21-28).

6) 눈으로 보이는 환경에 나타나는 보증의 역사가 나타나야 합니다. 하나님은 말씀 만하시는 하나님이 아니시고 말씀하시고 행하시고 이루시는 하나님 이십니다(출14:21-22). 그러나 당장 눈으로 보이는 역사가 나타나지 않았다고 응답이 아니라고 속단하면 안 됩니다. 점진적으로 일어나는 경우도 있습니다. 속단은 금물입니다. 어떤 때는 인내하고 기다려야 할 때도 있습니다. 하나님은 하나님이 필요한 시기에 응답을 하실 것입니다.

7) 말씀을 주신 하나님께 감사하고, 늘 하나님께 지혜의 말씀을 들려 달라고 간구하고 인격적인 관계를 유지해야 합니다.

성도는 하나님의 음성을 들어야 삽니다. 하나님은 살아서 역사하시는 분이시기 때문에 생명의 말씀, 레마를 들어야 합니다. 하나님의 음성을 들으려면 성령으로 충만한 영의 상태가 되어야 합니다. 하나님이 영이시기 때문입니다. 절대로 육의 상태로서는 하나님의 음성을 들을 수가 없습니다.

제일 중요한 것이 성령으로 충만한 영의 상태가 되는 것입니다. 영의 상태가 되려면 기도해야 합니다. 기도해야 성령으로 충만해지기 때문입니다. 음성을 들으려면 성령으로 충만한 상태에서 자신 안에 계신 하나님에게 집중해야 합니다. 절대로 하나님의 음성은 산란한 가운데 들리지 않습니다. 잠잠하게 안정한 심령으로 영의 상태에서 하나님의 음성이 들리는 것입니다.

6. 하나님의 말씀 레마를 받는 비결

① 기도할 때: 성령 안에서 온몸 기도와 마음의 기도와 영의 기도 호흡기도로 성령에 깊이 사로잡혀서 영이 하나님에게 몰입된 상태로 성령께서 주시는 감동에 따라 하나님에게 질문하며 감동을 받습니다. 절대로 임재 안에 있어야 음성이 밝히 들립니다.

② 설교말씀 준비할 때: 성령이 충만한 상태에서 계속 영의 기도로 영이 말씀에 몰입된 상태에서 말씀을 준비하며 성령이 그때그때 알려주시는 말씀의 흐름을 붙잡고 말씀을 준비하여 나갑니다. 기록을 해야 합니다. 기록하지 않으면 금방 잃어버릴 수가 있으니 절대로 임재 안에 머물러 성령의 흐름을 놓치지 말고 말씀을 받아 적어 갑니다. 몰입이 되면 아무런 잡념도 생각도 없이 말씀

에 집중이 됩니다.

③ 설교할 때: 성령의 충만함으로 심령이 평안한 상태가 되어야 합니다. 평안한 상태에서 호흡 기도를 하며 영의 활동을 강화시킵니다. 원고를 보더라도 그때그때 성령께서 감동을 주시는 말씀을 붙잡고 전합니다. 성령의 감동에 이탈해서는 안 되고(이탈이유: 다른 생각) 성령의 인도를 유지하며 말씀을 전합니다. 성령이 주시는 감동의 말씀을 잘 지혜롭게 요리해서 전합니다. 그러면 본인도 은혜를 받고 성도들에게 성령의 임재가 강하게 임하여 말씀을 잘 알아듣고 설교에 은혜를 받아 기도할 때 분위기가 달라집니다.

④ 축사 사역할 때: 귀신을 쫓을 때에도 성령의 지배와 임재를 이탈해서는 절대로 안 됩니다. 계속 마음이나 발성으로 기도를 하면서 사역을 합니다. 성령께서 감동을 주시는데 어느 때는 명령을 하라. 어느 때는 가계의 문제를 다루어라. 마음에 용서 못할 응어리가 있어 나가지 않는다. 죄악을 깊이 회개하지 않았다. 세워서 축사하라. 눕혀서 축사하라. 주여! 주여! 하며 영을 깨우라. 등등의 지식의 말씀을 하십니다.

⑤ 신유 사역할 때: 신유 사역할 때도 마찬가지입니다. "이병은 조상으로부터 내려 온 것이다." "마음의 상처가 있다." "치유 받으려는 의지가 부족하다." "너무나 관심을 많이 가져서 환자가 사역자를 의지하게 하지 말라." "치유되려면 시간이 필요하다." 등등을 성령의 감동하심으로 지식의 말씀을 주십니다.

⑥ 상담사역할 때: 상담의 주인은 성령님입니다. 고로 성령님에

게 수시로 질문해야합니다. 문제의 원인이 무엇입니까? 어떤 말을 해야 할까요? 어떻게 처방을 하여야 할요. 등등의 질문을 하며, 상담을 성령님이 이끌어가시게 해야 합니다. 성령님! 치유되고 위로될 말을 주옵소서. 마음으로 지속적으로 대화하며 상담을 해보세요. 아주 쉽고 유익하고 은혜스러운 상담이 됩니다. 절대로 자신이 아는 지식으로 그럴 것이다 판단하지 말고 성령님에게 질문하여 응답을 받아야 합니다.

⑦ 문제를 놓고 기도할 때: 먼저 성령의 충만을 입는 깊은 영의 기도를 한 후 성령님에게 질문합니다. 이 문제를 어떻게 해야 합니까? 알려주세요. 주여 나는 아이라 어떻게 할 줄 모릅니다. 답을 주세요. 어떻게 할까요. 하면서 계속 기도합니다. 기도하다가 응답이 오지 않아서 자리를 일어서서도 끊임없이 물어봐야 합니다. 응답은 꼭 기도 시간에 온다고 생각하면 하나님의 응답을 받지 못합니다. 때로는 걸어가다가, 때로는 화장실에서 볼일 보다가, 때로는 운동하다가, 때로는 잠을 자다가 응답을 받기도 합니다. 계속 성령의 지배와 임재 안에 머물러서 물어보면 응답하십니다.

18장 성령의 은사를 받는 기도하는 법

(고전 12:7-11)"각 사람에게 성령을 나타내심은 유익하게 하려 하심이라. 어떤 사람에게는 성령으로 말미암아 지혜의 말씀을, 어떤 사람에게는 같은 성령을 따라 지식의 말씀을, 다른 사람에게는 같은 성령으로 믿음을, 어떤 사람에게는 한 성령으로 병 고치는 은사를, 어떤 사람에게는 능력 행함을, 어떤 사람에게는 예언함을, 어떤 사람에게는 영들 분별함을, 다른 사람에게는 각종 방언 말함을, 어떤 사람에게는 방언들 통역함을 주시나니, 이 모든 일은 같은 한 성령이 행하사 그의 뜻대로 각 사람에게 나누어 주시는 것이니라"

모든 성령의 은사는 성령의 세례를 체험한 이후에 나타납니다. 성령의 은사를 나타내려고 애쓰지 말고 성령으로 충만하려고 해야 합니다. 성령으로 충만하면 은사는 자동으로 나타나는 것입니다. 성령세례를 체험하려면 성령으로 온몸 기도를 해야 합니다. 성령으로 세례를 받을 때 분명한 체험을 하는 것이 보통입니다. 왜냐하면 성령의 세례는 강력한 능력과 그로 인한 변화를 가져오는 것이 분명합니다. 오순절에 성령께서 임할 때에 분명한 현상들이 나타났습니다. 급하고 강한 바람소리가 온 집에 가득했습니다(행 2:2). 불의 혀같이 갈라지는 것이 저희에게 보였습니다. 각 사람 위에 성령님이 하나씩 임하였습니다(행 2:3). 각 사람이 성령의 역사를 따라 다른 방언을 말하기 시작하였습니다(행 2:4). 성령께서는 각가지 은사를 부여하시고(고전 12: 7-11), 담대함을 주시어 하나님의 말씀을 능력 있게 전하도록 하시기도 합니다(행 4:31). 지금도 성령은 성령의 세례를 주시고 은사가 나타날 때 신비한 체험을 하게 하십니다.

교회사나 우리 충만한 교회에서 성령의 세례를 받으면서 성령의 은사가 나타난 분들이 체험한 성령의 역사는 이렇습니다. 성령이 임재해서 성도를 장악하면 뜨거움을 체험합니다. 뜨거움은 성령의 임재를 상징하기 때문입니다. 성령님이 전인격을 장악하시면 쓰러지는 현상이 나타날 때가 많습니다. 이는 성령 안에서 육신의 이성적 기능이 잠깐 동안 멈추는 현상입니다. 그래서 성령의 이끌림에 의한 깊은 임재(입신)에 들어가서 여러 가지 신비한 것들을 체험하는 분들도 많습니다. 환상을 보고 예수님을 만나서 말로 표현 할 수 없는 이야기를 듣기도 합니다. 어떤 경우에는 하나님을 찬송하기를 몇 시간이나 쉬지 않고 계속하는 현상이 나타나기도 합니다. 어느 분은 잠을 자다가도 찬양을 했다는 간증을 하기도 합니다. 성령의 임재로 방언이 터지기도 합니다. 많은 분들이 방언통역의 은사가 같이 임하기도 합니다. 성령이 임재하여 역사하기 시작하면 여러 가지 이해 할 수 없는 현상이 우리 교회 집회 때에 일어납니다. 손발을 움추리면서 게발처럼 되거나 얼굴을 찌푸리며 몸이 경직되는 현상이 나타납니다. 이는 특정한 죄를 해결하게 되는 경우입니다. 몸이 뒤틀리거나, 호흡이 가빠지거나 빨라지기도 합니다. 슬픔이 솟구치며 울음이 터집니다. 가슴을 찌르는 아픔, 위장이나 아랫배 부근에서 뭉치가 움직이고, 큰소리가 터지고, 가슴이 답답해지고 기침을 합니다. 하품이나 트림이 나오고, 심한 구토현상, 멀미하는 것처럼 속이 울렁거리며 토할 것 같은 현상이 일어나기도 합니다. 몸 안에서 무엇인가 빠져나가는 느낌이 생깁니다. 이는 귀신이 떠나가는 경우와 상처가 치유되는 현상이기도 합니다. 때로는 사람들에게 마음과 몸이 술에 취했을 때와 같이 몸이 흔들리는 현상이 일어나기도 합니다. 그래서 의자에 앉아 있지 못하고 의자에서 내려와 드러눕기도 합니다. 이런 술 취함을 체험한 후에 몸이 가벼워져서 걸음걸이가 비틀거리며 말까지 더듬게 되는 경우도 있습니다. 그리고 말로 표현할 수 없는 환희를 체험했다고 간증하기도 합니다.

지금까지 설명한 것은 분명하게 나타나는 현상이지만 미세하게 나타나는 현상도 있습니다. 그래서 우리가 성령께서 임하심을 영으로 깨닫지 못한 채 지나치게 되는 경우도 있습니다. 즉, 몸이나 눈까풀의 미세한 떨림, 깊은 호흡, 약간의 땀 흘림, 가슴이 울렁거리는 증상이 있습니다. 커피를 많이 마신 것과 같은 현상이 나타납니다. 때로는 가슴이 짓눌리는 것 같은 기분이 들거나 공기가 답답하게 느껴지기도 합니다. 성령세례와 충만에 대한 상세한 것은 **"성령의 불 받을 때 느낌 체험"** 책을 참고하시기를 바랍니다.

많은 분들이 이러한 현상을 느꼈다고 성령으로 세례를 받았다고 나름대로 단정하고 계시는 분들이 있다는 것입니다. 반드시 상처를 밖으로 축출하는 체험을 해야 된다는 것을 아시기를 바랍니다. 그런데 더 큰 문제는 많은 분들이 이런 현상이 나타나면 두려워하거나 자리를 이탈하려고 합니다. 그러나 참고 인내해야 성령의 세례를 체험하고 성령으로 자신의 심령이 장악을 당할 수가 있습니다. 만약에 성령이 역사하여 자신을 사로잡을 때 두려움을 견디지 못하고 성령의 역사를 거부하고 자리를 이탈하면 성령의 역사를 훼방하는 행동이 될 수도 있습니다.

성령의 은사를 받고 사용하려면 불같은 성령으로 세례를 체험해야 합니다. 부디 불같은 성령으로 세례를 체험하고 성령으로 충만하여 성령의 은사를 나타내어 하나님의 축복의 도구들이 되시기를 바랍니다. 성령의 은사가 나타나게 하려면 기도를 해야 합니다. 기도도 성령의 이끌림을 받는 영의기도를 해야 합니다. 방언기도를 영의기도라고 말하는데 꼭 그렇게 단정할 수가 없습니다. 방언기도를 하지 못해도 성령으로 세례 받은 분들이 있습니다. 방언기도를 못해도 성령의 이끌림을 받는 영의기도를 할 수가 있습니다. 성령세례를 방언기도로 한정하면 문제가 있습니다.

방언기도를 통해서 다양한 은사가 나타나게 됩니다. 성령의 은사 사역에 따라 다양한 방언을 말할 수 있다는 점이 독특합니다. 각종 방언이라고 기록한 성경말씀에서 보듯이 은사로서의 방언은 다양한 방언을 말할 수 있습니다. 치유를 위한 방언과 축귀를 위한 방언이 다릅니다. 성령이 임재해서 나타나는 방언도 다릅니다. 자신이 평소에 하던 방언과 전혀 다른 음색과 억양과 사용되는 단어가 다릅니다. 방언의 은사를 받은 사람은 한 가지 방언을 말하지 않고 때에 따라서, 성령사역의 목적에 따라서, 방언이 바뀝니다. 은사 사역의 주체가 바뀔 때마다 방언이 수시로 다르게 나옵니다. 통역을 위한 방언, 즉 예언적 방언의 경우 통역이 되며, 방언의 은사는 자신을 위한 것도 되지만, 교회를 섬기기 위한 것도 되기 때문에 방언기도를 통하여 치유, 축사, 예언, 지식의 말씀, 지혜의 말씀, 영분별 등과 같은 은사들을 더욱 강력하게 나타나게 하는 역할을 합니다.

각종 은사를 제대로 활용하기 위해서 성령의 이끌림을 받는 영의 기도는 물론이거니와 그 은사가 지니는 독특한 성향을 드러내기 위해서 방언기도는 필수적인 것입니다. 다른 은사를 행할 때 우리의 의지와 지식으로 하는 것이 아니라, 주님이 주신 능력으로 하는 것이기 때문에, 그 능력을 가져온 영과의 대화를 위해서 각각 다른 방언을 하게 되는 것입니다. 이런 사실은 방언 통역을 통해서 알 수 있는 것입니다. 방언이 통역될 때 우리는 천사와 대화가 가능하다는 사실을 알게 되며, 주의 영과 대화할 수 있는 것입니다. 이런 경우에 우리는 방언의 은사로서 가능하며, 단순히 우리 영의 기도인 개인적인 방언은 우리를 세우기 위한 것이며, 우리 영이 하나님에게 기도하는 단순한 개인적인 기도입니다.

은사로서의 방언은 흔하지 않기 때문에 우리가 하는 일반적인 방언기도는 우리 영이 하는 기도라고 보면 될 것입니다. 이 방언은 단조로운 것이 일차적인 특징입니다. 간혹 통역이 되지만 대부분은 통역을 필요로 하지 않습니다. 단순히 자신의 영을 강건하게 하기 위한 영의 함양(edification)이 주된 목적입니다.

대부분의 성도들이 하고 있는 방언은 이런 목적으로 주어진 것이며, 방언기도가 자신에게 임하기 위해서는 무엇보다 사모하는 마음이 있어야 하고, 하고자 하는 열정이 있어야 합니다. 은사로서 주어지는 방언은 자신의 의지와는 전혀 상관이 없이 달란트, 사명, 기질에 따라 하나님의 주권적역사로 나타납니다. 개인적인 영을 강건하게 하기 위한 방언은 구하고 사모하는 마음이 있어야 합니다.

우리의 유익을 위한 요소들은 대부분이 우리가 열심히 구해야 하는 법칙의 적용을 받습니다. 믿음도 강해지기 위해서는 구해야 합니다. 성경은 우리에게 믿음을 더해 주시기를 간구해야 함을 분명히 하고 있습니다(눅 17:5, 고전 12:31). 이렇듯이 구해야 하지만 억지로 흉내 내듯이 일부러 만들어서 해서는 안 됩니다. 인위적으로 방언기도를 흉내 내어 하는 것은 바람직하지 못합니다.

그러면 은사적인 방언기도는 어떻게 나타나는 것인가? 입니다. 저는 예배나 집회를 인도하기 전에 방언으로 기도를 많이 합니다. 성령으로 충만하기 위해서입니다. 여기까지 방언은 기도의 방언입니다. 기도의 방언으로 성령이 충만해지면 이제 은사의 방언으로 이끌어 가십니다. 방언으로 기도하여 성령이 충만한 가운데 강단에 서서 말씀을 전하면 성령이 감동을 주십니다. 원고를 준비하여 말씀을 전해도 그때그때 성령께서 필요한 지식의 말씀과 지혜의 말씀을 주셔서 전하게 하십니다. 이것이 성령으로 충만하여 성령께서 저를 사로잡고 은사를 나타내시면서 이끌어 가시는 것입니다. 그리고 말씀을 전하고 나면 일으켜 세워서 찬양을 하라! 그냥 앉아서 기도하게 하라! 이렇게 감동을 하십니다. 그러면 저는 성령께서 감동하신대로 순종합니다. 저는 청중들에게 전심으로 기도를 하게한 후에 강단 아래로 내려가서 일일이 안수를 하면서 치유와 은사 사역을 합니다. 이때 저는 방언으로 기도를 합니다. 그러면 성령께서 저에게 은사의 방언으로 역사하십니다. 방언기도하며 안수할 때 저에게 성령께서 감동을 하십니다. "이 사람은 마음이 갑갑하여 영이 잠자고 있다. 영이 깨어나게 하라!" 그러면 제가 순종합니다. 다른 사람을 안수하면 "이 사람은 서러움의 상처가 있다. 서러움의 상처가 치유되게 하라!" 그러면 제가 조치를 합니다. "이 사람은 귀신이 역사한다. 축귀를 하라!" 그러면 축귀를 합니다. "이 사람은 자아가 너무 강하여 시간이 오래 걸리겠다! 이 사람은 아직 성령이 장악을 못했다! 이 사람은 앞으로 데리고 나가서 기도하라!" 이렇게 방언기도하면서 안수를 하면 성령께서 알려주십니다.

　심방의 예를 든다면 심방을 가면서부터 마음의 방언으로 기도를 합니다. 그러면 대략적인 가정의 상태를 알게 하십니다. 가정에 도착하면 성령께서 감동을 하시기 시작을 합니다. "이 가정은 영적으로 많이 눌려있는 가정이다! 이 가정은 부부간에 문제가 있다! 이 가정은 자녀문제로 고통을 당한다! 이 가정은 물질을 어렵게 하는 영이 역사한다! 이 가정은 질병이 많이 있다!" 이렇게 감동을 하십니다. 저는 성령께서 감동하신대로 영적인 조치를 취합니다.

상담을 할 때도 마찬가지입니다. 마음으로 방언을 하면서 성령과 교통하는 것입니다. 성령님 문제가 무엇입니까? 그러면 지식의 말씀에 은사로 역사하여 문제를 알게 합니다. 성령님 문제의 원인은 무엇입니까? 그러면 원인을 알게 하십니다. 어떻게 조치를 합니까? 생각하지도 못한 지혜를 주십니다. 그래서 문제를 해결하게 하십니다. 이것이 은사적인 방언입니다.

저는 성도님들에게 세상의 삶을 살아갈 때도 방언으로 기도하며 지혜를 구하라고 합니다. 이것은 습관이 되어야 합니다. 자기가 하는 사업의 지혜를 성령님에게 물어서 지혜를 구하는 것입니다. 사람을 고용할 때도 방언으로 기도하며 성령님에게 물어봅니다. 성실한 사람인가? 영적으로 어떤 사람인가? 사업의 대소사가 있을 때마다 방언으로 기도하며 성령님에게 물어봅니다. 그러면 누구든지 은사적인 방언기도가 열리게 된다고 저는 확신합니다. 방언은 하나님이 은혜로 부어주시는 것이지만, 그렇다고 그것이 전부 은사로 보아서는 안 되며, 개별적인 방언은 우리 영을 강하게 할 목적으로 주시는 것이며, 영의 대화를 수월하게 하기 위해서 주시는 것이므로 열심히 방언으로 기도해야 합니다. 방언은 다른 영적 요소들처럼 사용할수록 풍성해지며, 더욱 깊어집니다.

우리 가운데 방언으로 기도하지 못하는 사람이 더 많습니다. 구하고 찾아야 하는 것임에도 불구하고 은사라는 생각으로 적극적으로 구하지 않는 경우가 많습니다. 구한다고 해도 끈질기게 구하지 못합니다. 기도 응답은 어떤 것은 쉽게 얻어지지만 어떤 것은 오랫동안 끈질기게 간구해야만 얻을 수 있습니다.

그런데 이렇게 끈질긴 기도를 통해서 얻는 것이 더 많습니다. 하나님이 우리를 사랑하시고 우리에게 필요한 것임에도 불구하고 쉽게 허락하시지 않는 것은 도대체 무슨 까닭일까요. 주께 헌신하고자 하는 순수한 열정으로 구하는데도 쉽게 허락하지 않습니다. 우리 마음 같아서는 어서 주고 싶지 않겠습니까? 그러나 그렇지 않습니다. 병 고침을 받기 위해서 얼마나 간절히 기도합니까? 주의 나라의 확장을 위해서 교회 부흥을 얼마나 간절하게 소망하며 기도합니까?

그런데도 불구하고 응답되지 않아 우리의 마음이 녹아내리지 않습니까? 하나님이 원하시는 일을 위해서 간구함에도 불구하고 쉽게 응답되지 않는 까닭은 하나님의 신비이며, 이것이 하나님 됨의 특성입니다. 사람들 마음 같아서는 모두 주고 싶고, 다 들어주고 싶지 않겠습니까? 그러나 하나님은 그렇지 않다는 사실을 우리는 이해해야 합니다. 하나님은 성도가 영적인 수준이 될 때까지 인내하시며 기다리십니다. 그것이 하나님의 생각과 우리의 생각이 다른 까닭입니다. 그리고 방언을 받은 사람은 자신의 영을 강하게 하기 위해서 방언으로 많이 기도해야 합니다. 방언은 중보기도의 수단입니다. 성령께서 우리를 대신해서 간구하는 것이며, 이를 통해서 우리와 하나님 사이에 있는 보이지 않는 장애물들이 제거되는 것입니다. 이 보이지 않은 효과는 우리의 영 안에서 나타납니다. 우리의 영이 하나님으로부터 더 많은 말씀을 받을 수 있으며, 그렇게 되면 우리는 주님의 인도하심을 더욱 풍성하게 받을 수 있습니다. 우리 영이 강해지면 그곳(영)으로부터 나오는 신호가 강력해집니다. 이는 방언으로 기도할 때 마음이 뜨거워지며, 헌신하고자 하는 믿음이 우러나오며, 평안한 마음이 되어 시련을 이길 수 있게 됩니다. 근심과 두려움이 사라지고 주님의 평안으로 가득 채워집니다. 이런 영의 함양의 은혜는 묵상과 깊은 영의기도로도 얻어지는 것이며, 방언기도로 쉽게 얻을 수 있는 편리함이 있습니다.

개인적인 방언기도는 통역을 할 수 있으면 더욱 은혜롭습니다. 모든 방언이 다 통역을 해야 하는 것이 아니지만, 자신이 하는 기도 가운데 부분적으로 통역이 이루어지는 경우가 있습니다. 처음에는 지식의 말씀처럼 자신의 내면에서 어떤 생각들이 떠오르며 방언과 동시에 그 생각이 구체적으로 이야기를 만들어갑니다. 방언을 말하면서 마음은 어떤 내용을 가진 이야기로 채워지기 시작하는 것입니다. 이 이야기는 자신이 알고 있는 내용이 아니며, 머리에서 오는 것이 아니라, 성령 안에서 영으로부터 흘러나오는 것임을 알게 됩니다. 방언이 단조롭고 더듬거리는 수준이 아니라, 사용되는 단어는 풍부하지 않아서 반복되지만, 그 흐름은 매끄럽고 유창하여야 합니다. 자주 끊기고 거친 발음이 나온다면 이는 아직 성숙하지 못한 것이며, 더 많이 방언으로 기도해야 합니다. 자신이 방언으로 기도하면서 생각이 육체적이라면, 이것은 내 지성과 감성이 영으로 향하지 못하고 분리되어 있기 때문입니다. 영 안에서 기도하며, 그 영을 집중해서 살피는 노력을 해야 합니다. 방언으로 기도하며 방언에 생각을 집중시키고, 그 언어를 살펴야 합니다. 성령이 충만해지면 우리는 방언에 몰입하게 되며, 영에 모든 것이 집중됩니다. 이런 상태가 되어야 방언의 효과가 나타나기 시작하는 것입니다. 방언기도에 몰두하면 우리의 지성과 감성은 영으로부터 오는 신호에 민감해지며, 그 신호를 이성적으로 깨닫게 됩니다. 이것을 통해서 우리는 하나님과의 대화가 이루어지게 되는 것입니다.

방언기도는 많은 훈련이 필요합니다. 먼저는 성령의 충만을 유지할 수 있어야 하고, 영의 작용에 따라서 방언의 흐름이 다르게 나타나는 변화를 가져올 수 있어야 합니다. 방언기도를 함으로써 우리 영이 활발해지며, 영이 운동력을 얻어 우리 기도를 주체적으로 이끌 수 있게 됩니다. 그러면 우리는 육성으로 기도하는 시간이 줄어들기 때문에 하나님께 아뢰어야 할 것을 다 하지 못하지 않을까 하는 걱정을 하게 되지만 그럴 필요가 없습니다.

우리의 겉 사람의 기도보다도 주님은 우리 속사람의 기도를 더 귀하게 여기십니다. 바울은 개인기도에 누구보다도 더 많이 방언으로 기도한 사람입니다. 영으로 기도하는 것이 우리 기도의 본질이 되어야 합니다. 기도는 영의 호흡이며, 이런 차원에서 방언기도는 많이 해야 합니다. 속사람이 강건해져야 주님으로부터 인도함을 받기가 쉬워집니다. 성령의 은사들이 밝게 개발이 되는 것입니다. 그래야 하나님에게 쓰임을 받을 수 있는 것입니다. 우리가 방언으로 기도를 많이 하여 영적인 상태가 되어야 하나님의 뜻을 더 확실하게 확신할 수 있게 되는 것입니다. 성령의 은사에 대하여 알고 싶으면 **"성령의 은사와 사명 감당"**을 참고하시면 됩니다.

19장 귀신이 도망치게 하는 기도하는 법

(행 8:7-8)"많은 사람에게 붙었던 더러운 귀신들이 크게 소리를 지르며 나가고 또 많은 중풍병자와 못 걷는 사람이 나으니 (8) 그 성에 큰 기쁨이 있더라."

귀신이 눈에 보이지 않기 때문에 귀신이 어디에 있느냐고 하는 분들이 많습니다. 그러나 고통을 당해본 사람들은 귀신이 있다고 합니다. 그래서 영적인 문제는 과학으로 증명이 안 되고 직접 체험하면서 고통을 당해보아야 인정할 수가 있는 것입니다. 이글은 귀신에게 불필요한 고통을 당하지 않도록 하기 위하여 집필합니다. 특히 정신적인 문제로 고통을 당하지 말라고 기록합니다. 불안, 두려움, 분노, 혈기, 불면증, 악몽에서 자유 하라고 집필합니다. 세상에서 이방인으로 살아가다가 어떤 계기가 되어 예수를 주인으로 영접하게 됩니다. 그런데 세상에서 이방인으로 살아갈 때에 주인 노릇을 하던 귀신들이 쉽사리 떠나가지 않습니다. 예수를 믿고 15년을 각종예배를 빠짐없이 참석해도 떠나가지 않습니다. 그래서 예수를 믿고 나서도 잠복하고 있는 세상신의 영향으로 고통을 당하면서 살아가는 경우가 많습니다. 세상을 살아갈 때 자신을 지배하던 영적인 세력이 있다는 것을 인정해야 악한 영의 영향에서 해방을 받을 수가 있습니다.

많은 분들이 지금 21세기 세상에 귀신이 어디에 있느냐, 하면서 받아들이지 않으면 더러운 영의 영향에서 벗어나지 못할 수가 있습니다. 귀신이 눈에 보이지 않지만 살아있는 존재입니다. 자신을 추종하는 사람을 통해서 정체를 나타냅니다. 세상에 많은 사람들이 귀신을 무서워합니다. 또 귀신의 영향으로 고통을 당합니다. 이는 무시할 이론이 되지 못합니다. 그럼 귀신이 언제 어떻게 사람을 괴롭히느냐 입니다. 엄마나 아버지의 가정이 우상을 섬겼다면 귀신은 엄마 배속에 잉태되었을 때부터 침입하여 잠복하고 있습니다. 정상적인 건강과 체력을 유지하며 살아가는 사람은 귀신이 하수인을 삼지 못합니다.

좀 더 쉽게 예를 들어 설명하면 어떤 분이 말하기를 우리 딸이 어려서부터 믿음이 좋아서 교회를 그렇게 잘 다녔습니다. 성경도 예배를 빠짐없이 잘 드리고 찬양도 잘 불렀습니다. 어떤 때는 철야기도도 하고 새벽기도도 다녔습니다. 그런데 고등학교에 들어가더니 시름시름 아프다가 지금 영적이고 정신적인 문제가 발생하여 학교를 다니지 못합니다. 어찌해야 하겠습니까? 모두가 교회에서 성령으로 정기적인 영적검진을 받지 않아생긴 일입니다. 영적검진을 받았으면 사전에 예방이 가능한 질병입니다. 예방신앙이 정말로 중요합니다.

기독교 신앙은 예방 신앙입니다. 살아계신 성령의 역사로 주기적인 영적검진이 필요한 것입니다. 다시 한 번 강조합니다. 우상숭배가 혈통에 대물림되는 성도는 반드시 들어납니다. 어떤 사람은 15세(중2병)에 17세(고1년)에 발생합니다. 어떤 사람은 20세에 발생합니다. 어떤 분은 26세에 발생하기도 합니다. 어떤 분은 34세에 발생할 수도 있습니다. 어떤 분은 43세에 발생할 수도 있습니다. 드러나는 시기는 스트레스를 받고, 충격을 받다가 상처가 덩어리가 되어 독소로 변하여 영혼육이 감당하지 못할 때 정체를 드러냅니다. 거의 태중에서 들어온 존재들이 영혼육의 상태가 정상일 때는 숨어 있다가 영-혼-육 상황이 악화되면 정체를 폭로하는 것입니다.

이런 유형의 사람들의 가계력을 조사해 보면 조상 중에 무당이 있다든지, 남묘호랭객교를 믿었든지, 천리교를 믿었든지, 절에 스님이 있다든지, 우상을 지독하게 섬겼다든지, 절에 재물을 많이 시주 했다든지, 영적이고 정신적인 질병으로 고생하다가 돌아간 사람이 있다든지, 등등의 원인이 반드시 있었습니다. 이런 사람들은 태아시절에 귀신이 침입을 하기도 합니다. 유아시기에도 침입을 합니다. 그러니까, 영적정신적인 문제 보균자들입니다. 대개 심장이 약하여 잘 발생합니다.

이렇게 잠재하여 숨어있던 영적정신적인 문제들이 사업 파산, 결혼실패, 직장해고, 학교공부 스트레스, 권위자로부터 두려움이나 무서운 공격을 당한 경우, 충격적인 상처, 놀람 등 자신이 감당할 수 없는 충격을 받거나 장기간 스트레스를 받아 체력이 급속이 저하되었을 때 밖으로 나타납니다. 자신의 영혼육의 기능이 비정상이 되어 상처 독소의 능력을 감당할 수가 없을 때 밖으로 드러나 문제를 일으키는 것입니다. 취약시기에 일어나 정상적인 삶을 살지 못하게 하려고 몸속에 숨어있었다는 것입니다. 상처 뒤에 숨어 있다가 상처 스트레스 요인이 너무 과도하거나 오래 지속되는 경우, 개인이 스트레스 상황을 이겨낼 힘이 약화되어 있는 경우에는 각종 정신질환으로 발전할 수 있습니다. 이를 예방하기 위하여 성령 안에서 성령으로 온몸기도를 해야 합니다.

왜 성령으로 기도를 해야 하는가를 바르게 정확하게 깨달아야 합니다. 이유는 자신은 예수님을 믿는 순간 죽었습니다. 죽는 순간 다시 사신 예수님으로 다시 태어났습니다. 성경은 (고후 5:14-15) "그리스도의 사랑이 우리를 강권하시는 도다 우리가 생각하건대 한 사람이 모든 사람을 대신하여 죽었은즉 모든 사람이 죽은 것이라 (15) 그가 모든 사람을 대신하여 죽으심은 살아 있는 자들로 하여금 다시는 그들 자신을 위하여 살지 않고 오직 그들을 대신하여 죽었다가 다시 살아나신 이를 위하여 살게 하려 함이라." 이제 저와 여러분은 예수님을 주인으로 모시고 살아야 합니다. 모든 것을 우리의 새 주인이신 예수님으로 해야 합니다. 예수님은 지금 성령으로 우리 안에 오셨습니다. (고전 3:16)"너희는 너희가 하나님의 성전인 것과 하나님의 성령이 너희 안에 계시는 것을 알지 못하느냐." 그러니까, 기도도 우리 자신이 하는 것이 아니라, 성령님이 우리를 대신하여 하시는 것입니다. 이를 마음 판에 새기고 기도하시기를 바랍니다. 자신은 죽었습니다. 예수님이 자신을 대신하여 사시는 것입니다.

우리는 기도를 바르게 성령으로 해야 합니다. 이유는 예수님을 믿는 순간 자신은 죽었고 다시사신 예수님으로 태어나 예수님의 인생을 살아가기 때문입니다. 기도는 자신이 하는 것이 아니라 성령하나님으로 해야 되는 것입니다. 예수를 믿는 성도가 하는 기도는 세상 사람들이 하는 기도와 다릅니다. 자신이 매일 철야하며 기도하고 새벽기도를 해도 하나님의 나라 성전으로 통일 되지 못하고 성격이 변화되지 않고 질병을 달고 살면서 고생하고 면역력이 약한 것은 세상적인 기도(자기가 살아서 하는 자기가 기도)를 하기 때문입니다. 귀신보다 영적인 권위가 한 차원 낮은 자기가 육신으로 기도하기 때문에 아무리 기도해도 변화나 응답이 없을 수밖에 없습니다. 귀신보다 한 차원이 높은 성령으로 기도해야 5차원의 초자연적인 하나님께서 들으시고 자신을 통일하시고 응답하시는 것입니다. 그래서 하나님은 기도를 성령으로 하라고 하십니다. 성령으로 기도해야 영이신 하나님과 교통할 수가 있고 자신이 살아계신 하나님의 성전이 되기 때문입니다.

기도의 대상이 하나님이시기 때문입니다. 크리스천의 기도는 참으로 중요합니다. 기도를 통하여 모든 영성활동과 전인건강이 좌우되기 때문입니다. 필자가 그동안 성령사역을 하면서 체험한 바로는 크리스천들이 기도를 바르게 하지 못한다는 것입니다. 또, 기도에 대하여 관심을 갖지도 않는 것이 보통입니다. 이유는 자신은 지금 기도하고 있기 때문이라는 것이지요. 새벽기도 하고 있고 식사기도 하고 있고 예배 시작하기 전에 기도하고 있다는 것입니다. 이러한 생각 때문에 기도한 만큼 전인적인 변화가 있어야 하는데 그러하지 못하다는 것입니다.

이는 이성적으로 자신만 알아주는 기도를 하기 때문입니다. 하나님과 상관이 없는 기도를 하고 있기 때문입니다. 기도는 성령 안에서 온몸으로 해야 합니다. 온몸으로 하는 기도가 될 때 기도하면서 마음의 상처를 치유하며 육체적이고 정신적인 질병을 치유할 수가 있습니다. 온몸 기도하여 성령이 충만해지면 자율신경이 조화를 이루어 부교감 신경이 강화되는 것입니다. 포도나무의 가지가 원줄기에 붙어 있어야 합니다. 포도나무는 우리의 새 주인이신 예수님이 이십니다. 가지는 우리들입니다. 그와 같이 우리의 영적 생명과 성령의 역사는 생명의 근원 되시는 예수님에게 붙어 있어야 합니다. 그래서 예수님으로부터 영적 신령한 생명이 계속 공급을 받아서 끊임없이 흘러나오거나 솟아나야 합니다.

이러한 생명의 흐름이나 성령의 흐름이 성경에서는 기름부음이라는 표현으로 설명되고 있습니다. 이러한 예수의 생명이 흘러넘치는 역사가 충만하기 위해서는 속사람(영)이 강건해야 합니다. 이 속 사람은 자율신경의 부교감 신경에 주로 영향을 줍니다. 자율 신경의 조화를 이루지 못하고, 신경이 예민해져서, 분노나 불안이나 좌절 등을 일으키면 위장, 간, 심장, 폐, 등 오장육부의 혈관 정맥, 근육 등에 뻗어 있는 자율 신경에 자극을 주게 되어, 교감신경이 강화되므로 신체에 이상을 일으키고 질병을 유발시킵니다. 그뿐 아니라 교감신경이 강화되면 자신도 오르게 혈기가 나오고 분노가 나오고 공포를 자행하여 인간관계에 문제를 일으킵니다. 성령 충만은 부교감신경을 강화하여 자율신경을 균형이 잡히게 하여 질병을 치유하며 전인적으로 건강하게 되며 마음이 안정이 되는 것입니다. 부교감신경은 아세틸콜린과 엔도르핀을 분비합니다. 아세틸콜린은 인지기능과 큰 관련이 있습니다. 아세틸콜린은 성령 충만하여 평안할 때 뇌에서 분비되며 수면 중 뇌와 몸의 휴식을 촉진합니다. 기억력, 발상력을 향상시킵니다. 아이디어가 떠오르게 됩니다. 창의력이 올라가게 합니다. 의욕이 나지 않을 때는 일단 시작하면 의욕이 생기는 이유가 바로 아세틸콜린 때문입니다. 아세틸콜린이 부족하면 치매와 같은 인지 장애를 겪을 수 있습니다. 그래서 치매환자들이 성령 안에서 온몸으로 기도하며 안수를 받게 되면 치매가 예방되고 치유되는 것입니다. 치매환자들이 안수를 많이 받으면 뇌세포가 살아남으로 치매가 예방이 되는 것입니다. 이는 임상적으로 증명된 사실입니다.

교감신경은 신체가 위급한 상황일 때 이에 대처하는 기능을 합니다. 교감신경은 불안 좌절 분노, 등의 결과를 유발합니다. 일반 교회에서 모여서 하는 기본적인 기도로서는 마음속이 정화되고 치유되지 못합니다. 필자가 말하는 따다다~ 따다다~ 따다다~ 하면서 해대는 기도로서는 성령의 역사가 일어나지 않음으로 하루종인 기도해도 성령님이 지배하시고 장악하시지 못함으로 마음속이 정화되지 못하고 마음이 안정되지 못하고 치유되지 못합니다. 오히려 성격이 더 나빠질 수도 있습니다. 이유는 흥분되어 기도함으로 교감신경이 강화되어 영에서 성령의 불이 나오지 않고 뇌에서 치료물질인 아세틸콜린과 엔도르핀이 분비되지 않기 때문입니다.

교감신경의 기능을 간단하게 설명하면 '공포 반응'입니다. 초식 동물이 포식자를 만났을 때 놀라서 도망가는 것이 교감신경 기능의 대표적인 예입니다. 도망가기 위해서 내장과 표피로 가는 혈류를 줄여 근육으로의 혈류를 증가시키고, 체내로 들어오는 공기의 양을 증가시키기 위해 기관지를 늘립니다. 또한 신경전달 속도가 빨라지며 각성하게 되고, 심장이 더욱 강하게 뛰게 됩니다. 이러한 생리적 반응을 돕기 위해서 혈당과 각종 혈중 지방이 증가하게 됩니다. 단, 이런 상태가 너무 장기간 지속되면 생식 기능이 떨어집니다. 그래서 사람에게 긴장상태인 교감신경 강화가 오해되면 정신질환이 발생하는 것입니다.

정신질환 환자는 성령으로 온몸 기도하여 성령 충만해지면 마음이 안정이 됨으로 부교감신경이 강화됨으로 우울증, 불면증, 공황장애, 정신분열증 등 정신질환이 치유가 되는 것입니다. 이는 전적으로 성령의 역사로 되는 것입니다. 우리는 성령 안에서 온몸기도하면 여러 가지로 유익하다는 것을 알고 성령 안에서 온몸 기도하여 성령으로 충만하게 지내려고 해야 합니다.

그래서 기도는 하지만 성령 안에서 온몸 기도에 이르지 못하고 기도를 통해서 마음 깊이 들어가 보지 못하면 기도를 아무리 오래 드렸다고 해도 초보자이며 영육의 변화가 없습니다. 하나님과 관계도 열리지 않습니다. 기도 자체가 신비이며 기도는 우리 내면의 신비의 세계로 들어가는 영의입구입니다. 그래서 기도는 반드시 성령으로 해야 합니다. 이렇게 성령으로 기도하면 전인격이 하나님의 나라가 되기 때문에 영력과 면역력이 강화되는 것입니다.

온몸으로 기도하면 영력과 면역력이 강화되는 이유는 자신의 전인격이 하나님의 나라 성전이 되기 때문입니다. 기도하며 면역력을 강화하려면 기도를 바르게 해야 합니다. 평소에 세상에서 하던 습관적으로 하는 일반적인 기도로서는 기도하면서 면역력을 강화할 수가 없습니다. 기도를 성령으로 깊게 해야 합니다. 가장 기본적인 것이 성령으로 세례를 체험하는 것입니다. 성령으로 세례를 받아야 성령으로 기도할 수가 있기 때문입니다. 성령님이 자신의 전인격을 지배하고 장악해야 정신질환 등 불치병과 마음의 상처가 치유되는 것입니다.

그 다음 숨을 쉬는데 입이나 코로 숨을 쉬는 것이 아니고 아랫배로 자연스럽게 쉬어야 합니다. 어린 아기들이 잠을 잘 때 보면 아랫배로 숨을 쉬면서 잠을 잡니다. 성령으로 온몸 기도할 때에 아랫배로 숨을 쉬면서 기도를 해야 합니다. 아랫배에 의식을 두고 코로 숨을 들이쉬고 내쉴 때는 힘을 빼고 내쉬면서 주여! 나, 할렐루야! 나, 방언이나 소리를 냅니다. 입으로 소리를 내는 이유는 소리를 낼 때 마음이 열리기 때문입니다. 이렇게 마음을 열고 지속적으로 기도를 하다가 보면 성령으로 사로잡히게 됩니다.

지속적으로 기도하다가 보면 온몸이 영의상태가 되어 잠재의식이 정화되기 시작을 합니다. 잠재의식이 정화되기 시작하면서 상처가 정화되거나 배출이 됩니다. 상처가 정화되고 배출이 되면서 상처 뒤에 역사하던 귀신들이 성령의 역사를 이기지 못하고 밖으로 배출되는 것입니다. 귀신이 떠나가는 것은 능력 있는 사람의 힘이 아니라, 성령의 역사로 되는 것입니다. 그렇기 때문에 자신이 성령으로 온몸으로 기도할 수가 없으면 기도하며 귀신 쫓고 잠재의식의 상처를 치유할 수가 없는 것입니다.

그럼 어떡해야 온몸으로 기도할 수 있습니까? 목으로 생각으로 말로 기도하지 말고 성령으로 기도해야 합니다. 물론 기도의 시작은 자신이 해야 합니다. 온몸 기도할 때 주의해야 할 것은 생각이나 머리나 목에서 올라오는 소리로 기도하지 말라는 것입니다. 배꼽 아래 15센티에 의식을 두고 아랫배에다가 약간 힘을 주고 들이쉬고 힘을 빼고 내쉬면서 기도하는 습관을 들이는 것입니다. 배에서 올라오는 소리로 기도하라는 것입니다. 이것이 제일 중요한 것입니다. 이렇게 하다가 보면 자연스럽게 온몸으로 기도하게 되어 기도하면 할수록 귀신이 쫓겨나가고, 전인격이 치유가 되고, 면역력은 강화되고, 성령의 권능은 강해지고, 예수님의 성품으로 변화를 체험할 것입니다.

육적으로는 심장이 튼튼해집니다. 장이 건강해집니다. 뇌세포가 살아나서 기억력이 좋아집니다. 언어가 배속에서 올라옴으로 말을 많이 해도 성대가 상하지 않습니다. 성령의 권능, 영력이 강해지는 것입니다. 면역력이 강해지는 것입니다. 제일 중요한 것은 지금까지 기도하는 습관으로 기도하지 않는 것입니다. 빨리 잘못된 기도의 습관을 바꾸려고 의지적인 노력을 해야 기도한 만큼 영육의 변화를 체험하게 될 것입니다. 자신의 기도를 정확히 분별하여 하나님의 보좌와 연결되는 기도를 해야 합니다.

기도가 바뀌어야 합니다. 무조건 많이 한다고 잘하는 기도가 아닙니다. 성령으로 바르게 해야 합니다. 기도가 바르지 못하니까, 10년 동안 믿음 생활을 해도 변화되지 않는 것입니다. 영육의 치유를 체험하지 못하는 것입니다. 성령으로 바르게 온몸기도를 하면 변화되지 말라고 해도 변화될 수밖에 없습니다. 자신의 전인격이 5차원인 성령으로 살아계신 하나님의 성전이 되기 때문입니다. 반드시 기도는 성령 안에서 온몸으로 해야 합니다.

그럼 성령 안에서 온몸기도를 어떻게 해야 합니까? 기도를 시작하면 먼저 자신이 기도를 준비하는 것입니다. 마음을 열고 기도를 준비하라는 것입니다. 방법은 자신이 평소에 숨을 쉬는 것과 같이 "숨을 들이쉬고 내쉬면서 주여!" "숨을 들이쉬고 내쉬면서 주여!" "숨을 들이쉬고 내쉬면서 주여!" 이렇게 한 3분 동안 하게 되면 자신 안에 주인으로 계시는 성령하나님께서 기도로 역사하시기 시작을 합니다. 그러면 숨을 쉬는 것과 같이 "숨을 들이쉬고 내쉬면서 주여!" "숨을 들이쉬고 내쉬면서 주여!" "숨을 들이쉬고 내쉬면서 주여!"를 숨을 쉬는 속도로 계속합니다.

이때 자신의 의식은 주여! 주여! 소리에 집중하는 것입니다. 소리는 주여! 나 하나님! 이나 예수님! 이나 할렐루야! 나 상관이 없습니다. 평소에 자신이 숙달해온 말로 지속적으로 하는 것입니다. 이렇게 한동안 하다가 보면 성령으로 충만해지기 시작을 합니다.

그러면 자신 안 변두리에 숨어있던 귀신들이 도망치지 않으려고 잡념으로 역사합니다. 잡념이 생기게 한다는 것입니다. 그러면 잡념에 관심을 두거나 잡념을 따라가지 말고 지속적으로 자신이 하던 주여! 나 하나님! 이나 예수님! 이나 할렐루야! 소리에 지속적으로 관심을 두고 소리에 집중하면 성령이 충만해짐으로 잡념이 물러가는 것입니다. 주의해야 할 것은 일반 체험 없는 사람들이 말하는 대로 "예수님의 이름으로 명하노니 잡념은 물러가라" 소리치며 대적한다고 잡념은 물러가지 않습니다. 하루 종일 소리를 질러도 귀신은 물러가지 않습니다. 이유는 자신이 살아있는 육체가 되어 3차원이기 때문에 4차원의 초인적인 귀신이 꼼짝하지 않고 귀신이 잘한다고 박수를 치면서 계속 잡념 속에 빠지도록 합니다. 우리가 밝히 알아야 할 것은 기도가 온전하게 성령으로 되지 않기 때문에 귀신이 도망치지 않고 귀신하고 같이 사는 것입니다. 기도가 성령으로 온전하게 되면 하나님의 나라 성전으로 통일이 되기 때문에 귀신이 점점 도망을 가서 귀신들이 진멸되는 것입니다.

기도를 하는 데 일반 성도들이 하는 것과 같이 잠간잠간 하게 되면 성령님이 언전하게 지배하시고 통일하시지 못하기 때문에 자신 안에 역사하는 온갖 질병이나 상처나 귀신들이 떠나가지 않고 같이 살아가는 것입니다. 그래서 우리 충만한교회는 월화금토요일날 2시간 이상씩 모여서 기도하는 것입니다. 이는 전적으로 자신을 위한 것으로 자신을 하나님의 나라 성전으로 통일하여 하나님의 온전한 역사 속에서 천국을 누리면서 살아가는 것입니다.

천국을 누리는 성도가 되었다는 것은 자신 안에서 성령의 불이 나온다는 것입니다. 자신 안에 예수님이 계시기 때문입니다. 이 예수님이 지금 성령으로 역사하시고 계십니다. 그런 어느 시기에 성령의 불이 자신 안에서 나오느냐, 자신의 마음 안에 지성소에 계시는 성령하나님과 자신의 온몸이 연결되었을 때 불이 자신의 온몸을 지배하시는 것입니다. 그래서 기도할 때는 숨을 쉬는 속도로 숨을 쉬면서 "주여! 나 하나님! 이나 예수님! 이나 할렐루야!" 소리에 집중하면서 오래 동안 기도를 하라는 것입니다. 잠간잠간 기도해서는 육체가 성령의 지배를 받지 못하여 자신 안에 주인이신 지성소에 계시는 성령하나님과 보좌가 연결되지 않기 때문에 오래 동안 기도하라는 것입니다. 자신 안에 주인으로 계시는 성령하나님으로부터 불을 받아야 자신이 성령으로 충만하여 하나님의 나라 성전으로 통일이 되어 천국을 누릴 수가 있기 때문입니다. 이렇게 기도가 되면 불치의 질병이나 난치병이나 귀신 역사나 환경의 문제나 재정의 문제가 물러가지 시작하는 것입니다. 자신이 하나님의 나라 성전으로 통일이 되면 모든 것이 해결이 되는 것입니다. 이유는 하나님의 나라 성전이 되었기 때문입니다.

하나님의 나라 성전으로 통일이 되면 (사 11:6-10)"그 때에 이리가 어린 양과 함께 살며 표범이 어린 염소와 함께 누우며 송아지와 어린 사자와 살진 짐승이 함께 있어 어린 아이에게 끌리며 (7) 암소와 곰이 함께 먹으며 그것들의 새끼가 함께 엎드리며 사자가 소처럼 풀을 먹을 것이며 (8) 젖 먹는 아이가 독사의 구멍에서 장난

하며 젖 뗀 어린 아이가 독사의 굴에 손을 넣을 것이라 (9) 내 거룩한 산 모든 곳에서 해 됨도 없고 상함도 없을 것이니 이는 물이 바다를 덮음 같이 여호와를 아는 지식이 세상에 충만할 것임이니라 (10) 그 날에 이새의 뿌리에서 한 싹이 나서 만민의 기치로 설 것이요 열방이 그에게로 돌아오리니 그가 거한 곳이 영화로우리라."를 몸과 마음으로 체험하게 될 것입니다. 날마다 성령 안에서 온몸 기도하여 천국을 누리면서 살아가시기를 바랍니다.

지금 살아서 천국을 누리면서 살아가려면 복음을 믿음으로 받아들이려는 마음이 되어야 합니다. 마음이 옥토가 되어야 합니다. 마음은 영을 담는 그릇이라고 합니다. "너희 자신을 종으로 내주어 누구에게 순종하든지 그 순종함을 받는 자의 종이 되는 줄을 너희가 알지 못하느냐 혹은 죄의 종으로 사망에 이르고 혹은 순종의 종으로 의에 이르느니라"(롬 6:16). 마음속에 무엇이 주인 노릇을 하는가에 따라서 생사화복이 달라지는 것입니다.

마음속에 주인노릇을 하도록 불러들이는 요소가 상처입니다. 상처를 정화하면 성령님이 마음을 주장합니다. 그러나 마음의 상처를 정화하지 않으면 귀신들이 마음을 주장하게 됩니다. 그런데 마음을 주장하는 것이 마음속의 무의식입니다. 무의식에 상처가 있으면 귀신이 역사하는 것입니다. 고로 마음이 정비되고 정화되지 않으면 마음으로 복음을 받아들일 수가 없는 것입니다. 복음은 비합리적이기 때문입니다. 마음의 상태가 참으로 중요합니다. 마음을 정비하고 정화하는 것은 마음을 옥토로 만들어 복음을 100% 믿고 받아들이기 위함입니다.

　우리의 마음이 밝으면 밖이 아무리 어둡고 캄캄해도 그건 물리적 캄캄함일 뿐이지 내면의 캄캄함이 되지 않는 것입니다. 반면 밖이 아무리 밝아도 우리의 내면이 캄캄하면 밝음이 환해도 내게 아무런 의미가 없습니다. 그러니까 사람은 누구나 마음의 세계를 사는 것이지 외부세계를 사는 것이 아니라는 말입니다.

　쉽게 말하면 마음이 지옥이면 현실도 지옥입니다. 마음이 천국이면 교도소에 갇혀있어도 자신을 묶어둘 수 없습니다. 마음이 문제입니다. 마음이 중요합니다. 하나님이 요구하시는 것은 마음입니다. 마음을 정화하기 위하여 적극적인 행위가 성령 안에서 성령으로 온몸 기도하여 마음의 상처를 치유하는 것입니다. 상처를 치유해야 귀신이 도망을 치는 것입니다. 어떡해야 마음의 상처를 치유할 수가 있느냐 입니다.

　필자가 지난 23년간 마음의 상처를 치유하면서 체험한 바로는 사람의 기교나 내적치유에 대한 이론이 치유하는 것이 아니더라는 것입니다. 성령의 역사가 자신 안에서 일어나야 성령께서 무의식의 상처를 치유하시더라는 것입니다. 그러니까 성령의 역사가 자신 안에서 일어나게 하는 것이 내적상처를 치유하는 관건이 되는 것입니다. 자신 안에서 성령의 역사가 일어나 자신을 지배하여 하늘나라가 되어야 상처가 치유되는 것입니다. 자신 안에서 성령의 역사가 일어나게 하려면 성령으로 세례를 받아야 합니다. 성령으로 세례를 받으려면 성령의 역사가 일어나는 장소에 가야 받을 수가 있습니다. 지금 성령님은 하늘에서 임하는 것이 아니고 성령의 역사가 함께하는 사람을 통해서 전이되기 때문입니다. 그럼 성령의 역사가 일어나는 장소에 갔다고 모두 성령으로 세례를 받을 수가 있을까요. 아닙니다. 마음을 열고 성령님을 사모하며 입술을 열어 뜨겁게 기도할 때 성령으로 세례가 임하는 것입니다. 성령님은 마음을 열고 주인으로 받아드리려고 의지적인 노력을 하는 사람에게 임하시기 때문입니다.

그렇기 때문에 성령의 역사가 일어나는 장소에 가서 본인이 마음을 열고 성령님이 함께 하는 목회자의 안수를 받으면서 온몸으로 기도해야 성령으로 세례가 임하고 성령님이 주인으로 임하셔서 무의식의 상처를 치유하시는 것입니다. 마음의 상처는 전적으로 성령께서 치유하시는 것입니다. 성령으로 세례를 받지 아니하면 무의식의 상처를 치유할 방법이 없는 것입니다. 마음의 상처가 치유되는 원리는 자신 안에서 성령의 역사가 일어나면 자신이 하늘나라 천국이 됨으로 세상인 상처 스트레스가 떠나가는 것입니다. 자연스럽게 귀신이 도망치는 것입니다. 성령의 역사는 5차원이고, 마음의 상처 뒤에 역사하는 귀신을 4차원이기 때문에 5차원의 초자연적인 권능에 의하여 무의식의 상처가 치유되면서 귀신이 떠나가는 것입니다. 무의식은 사람의 기교로 건드릴 수가 없습니다.

그렇기 때문에 마음의 상처는 사람의 기교로 치유할 수가 없는 것입니다. 우리의 주인이시며 마음 안에서 무의식에서 역사하시는 성령하나님만이 장악하실 수가 있기 때문에 성령님만 마음의 상처를 치유할 수가 있는 것입니다. 자신이 성령 안에서 온몸으로 오랫동안 기도할 때 자신의 마음이 열린 만큼씩 성령님이 자신의 무의식을 장악하시면서 정화(치유)하시는 것입니다. 그래서 마음의 상처를 치유하려면 자신이 성령 안에서 온몸으로 오랫동안 기도해야 되는 것입니다. 기도하지 않으면 무의식의 상처는 치유될 수가 없는 것입니다. 그래서 필자가 2시간 이상씩 온몸으로 기도하도록 인도하는 것입니다. 온몸기도에 대해서는 "성령으로 온몸기도 하는 법" 책을 참고하시기를 바랍니다.

결론적으로 마음의 상처는 성령님이 치유하십니다. 마음의 상처가 치유되어야 귀신들이 도망치는 것입니다. 내적치유는 일반 성도들이 알고 있고 말하는 대로 예배에 열심 있게 참석한다고 치유되지 못합니다. 예배만 참석한다면 1년을 참석해도 내적치유가 되지 않을 수 있다는 말입니다 또 3박4일 내적치유세미나에 몇 번 참석한다고 치유되지 않습니다. 무의식의 상처는 본인이 성령 안에서 온몸으로 기도할 때 성령의 역사가 자신의 지배하시면서 마음의 상처를 치유하시는 것입니다. 상처가 치유되면서 자연스럽게 귀신들이 도망을 치는 것입니다. 마음의 상처로 고통을 당하는 분들은 성령의 역사가 함께하는 장소에 가서 온몸으로 기도해야 합니다. 기도하지 않으면 무의식의 상처는 치유되지 않습니다. 마음의 상처로 고통을 당하시는 분들은 성령의 역사가 지금 일어나는 장소에 가셔서 기도해야 마음속에서 성령의 역사가 일어나 자신을 지배하면서 무의식의 상처를 성령님이 치유하시는 것입니다.

3부 기도를 일상생활에 적용하는 법

20장 새벽기도, 철야기도, 예배드리며 기도

(롬 8:13-15)"너희가 육신대로 살면 반드시 죽을 것이로되 영으로써 몸의 행실을 죽이면 살리니, 무릇 하나님의 영으로 인도함을 받는 사람은 곧 하나님의 아들이라. 너희는 다시 무서워하는 종의 영을 받지 아니하고 양자의 영을 받았으므로 우리가 아빠 아버지라고 부르짖느니라."

기도는 바르게 배우고 정확하게 해야 합니다. 기도는 영의 활동이기 때문입니다. 기도는 바르고 정확하게 훈련해야 합니다. 기독교인이 세상 사람들과 같이 돌무더기 앞에서 비는 식의 기도를 하면 귀신에게 기도하는 꼴이 되기 때문입니다. 믿음과 구원은 거저 주시는 것이지만, 그에 대한 우리의 반응은 모두 훈련을 필요로 합니다. 예배, 찬송, 봉사, 헌신, 기도 등등 이 모든 일들은 훈련이 필요합니다. 그중에서도 기도의 훈련은 모든 크리스천에게 제일 중요한 것입니다. 왜냐하면 예배나 찬송은 늘 하는 것이 아니지만, 기도는 영혼의 호흡으로서 늘 하여야 하는 것이기 때문입니다. 호흡이 잘못되면 몸의 어느 한 부분도 강건할 수 없는 것처럼 기도가 잘되지 못하면 믿음생활의 어느 부분도 제대로 될 수가 없습니다.

한국 기독교의 문제는 기도가 잘못된 것으로 부터 비롯된 것입니다. 무속신앙에 근거한 기도, 돌무더기 앞에서 허리를 굽히고 손비비며 기도하던 그대로 무릎을 꿇고 손비비며 그저 자꾸 무엇인가만 달라고 갈구하는 기도를 합니다. 이런 기도가 바로 마6:5절의 외식하는 자의 기도요, 이방인의 기도입니다. 돌무더기가 사람에게 아무런 말도 하지 않고, 돌무더기와 사람 사이에 아무런 관계도 없고, 마음의 통함도 없고 감정도 없이 그저 형식적으로 허리만 굽히고 손만 비벼 무엇을 얻어내려는 것, 이것이 바로 외식하는 자의 기도요, 이방인의 기도입니다.

이런 기도를 통하여 무엇을 얻어내려고 하는 자세로부터 교회의 모든 문제가 생깁니다. 삶이야 어찌되었든 복만 받으면 된다는 기복신앙, 질질 끌려 다니는 수동적 믿음, 권위주의 교권, 신앙과 생활의 분리 등이 생겨납니다. 그러므로 한국의 크리스천들이 기도는 많이 하지만 세상을 변화시키거나 이기지 못하고 있습니다. 잘못된 기도를 하기 때문입니다.

1.새벽기도하는 비결

새벽기도는 아주 중요한 기도시간입니다. 많은 성도들이 새벽에 교회에 나와서 기도를 합니다. 성령이 충만하게 임재 된 가운데 기도를 해야 합니다. 그런데 기도 내용을 보면 머리로 생각한 내용을 가지고 육신적인 기도를 합니다. 육신적인 기도를 하니까,

시간을 드려서 기도해도 하나님의 음성을 듣지 못함은 물론이고 응답을 받지를 못하는 것입니다. 변화 되지도 않는 것입니다.

새벽 기도는 성령의 인도를 받아 성령으로 기도하므로 하나님의 음성을 듣고 하루 일을 준비하는 귀한 시간입니다. 그럼에도 불구하고 자기가 생각하고 있는 기도 제목만 하늘에 계신 하나님에게 아뢰는 기도가 되고 있습니다. 이렇게 기도하니 기도응답도 받지 못하고 성령 충만도 받지 못하는 것입니다.

새벽기도에 가서도 과거 정안수 떠놓고 빌던 방식대로 기도를 합니다. "무조건 비나이다"입니다. 실제로 제가 부교역자 할 때 제가 잘 아는 권사님이 계셨습니다. 이 권사님이 새벽기도에 나와서 꼭 제 뒤에서 기도를 하십니다. 제 뒤에서 기도를 하면 기도가 잘 된다고 꼭 제 뒤에서 기도를 합니다. 이분이 하는 기도가 아주 재미가 있습니다. 기도하는 소리를 들어보면 이렇습니다.

"하나님! 우리 아들 직장생활 잘하게 해주시옵소서. 믿음생활도 잘하게 해주시옵소서. 손자들도 공부 잘하고 잘 자라게 해주시옵소서. 우리 큰 딸이 우울증에 걸려서 고생을 합니다. 우울증을 치유하여 주옵소서. 우리 큰 사위가 술을 끊지를 못하고 있습니다. 술을 끊도록 도와주시옵소서. 외손자 외손녀가 사람들에게 상처 받지 않고 잘 자라게 해주시옵소서. 하나님! 우리 작은 딸이 질병으로 고생을 합니다. 병을 치유하여 주시옵소서. 사위도 사업이 잘되고 믿음 생활도 잘하게 하여 주시옵소서. 외손자가 건강하게 잘 자라기를 원합니다."

이렇게 조랑, 조랑, 조랑, 조랑, 조랑, 조랑, 하며 주시옵소서. 갈구하는 기도를 하는 것입니다. 이것이 무슨 이유입니까? 샤머니즘의 영향입니다. 이와 같이 처음 교회에 들어올 때 기도에 대하여 바르게 가르쳐 주지 않으니 삼십년을 예수를 믿어도 샤머니즘적인 기도를 탈피하지 못하는 것입니다.

새벽기도의 목적은 이와 같습니다.

첫째, 예수님 따라서 하는 것입니다. 또 '새벽 기도 간다 해서 가 보니까 꾸벅 꾸벅 졸더구만 그 새벽기도 가나 마나,' 그래도 졸아도 안 나온 것보다는 그 사람으로서는 나온 것이 낫습니다. 그 사람이 저보다 낫다는 것은 아니고. 저보다 나은지 안 나온지 모르지만 말입니다.

그러므로, '산에서 쉬시니 모든 백성이 그 말씀을 들으려고 이른 아침에 성전에 나아가더라' 우리의 처음 열매되신 주님께서 늘 산에 가시어 한적한 곳을 찾아 가지고 시간을 보내시고, 또 그날 첫 시간 새벽 미명에 성전에 가셔 가지고 가르치시고, 또 예배드리고 이랬으니까, 우리의 처음 열매되신 주님께서 첫 새벽은 그날 첫 시간을 하나님께 바쳐서 예배드리는 것이 그것이 예수님이 우리에게 모본 보였으니까 예수님을 닮아서, '에이 가야 뭐 은혜도 없더라. 아이구 목사님 은혜가' 목사님에게 은혜 받으려고 가는 것이 아니라, 주님의 발자취를 따라서 그것이 예수의 피에 구속받은 사람이라면 새벽은 하나님에게 바치는 것이 당연하다 그 말입니다. 당연한 거라. 아무리 목사가 은혜 있는 설교를 못하는 그런 목사가 있을지라도 자기가 새벽 기도에 나오는 것은 자기 신앙 생활입니다. 자기 신앙의 본분입니다. 그게 예수님의 발자취를 따라가는 것입니다. 이러니까, 어떤 사람은 은혜 받으러 오는 사람도 좋습니다. 그것보다도 주님이 새벽 기도를 하셨으니 나도 주님을 따라서 새벽 기도를 해야 되겠고, 기도하여 성령 충만도 받아야 합니다.

둘째, 하루를 주님께 부탁하기 위해서 합니다. 또 이날 첫 시간을 주님 앞에 나아가서, 오늘 무슨 일이 닥칠는지 나는 모릅니다. 주님이 모든 일을 막아 주시고 또 어떻게 가야 될지 모르니까 나를 인도 해 주시고, 주님에게 오늘 하루를 부탁해서 나쁜 것을 막아 달라고 부탁하고, 또 옳은 길을 인도해 달라고 부탁하고, 내가 약할 때에 나를 도와서 승리해서 사죄와 칭의와 화친을 빼앗기지 안하도록 도와주시기를 기도하고 이렇게 하기 위해서 새벽 기도 나가서 기도하는 것입니다.

셋째로는 또 하나님이 하나님의 종들을 통해서 말씀을 주시는 그 말씀으로서 내가 오늘의 양식을 얻기 위해서 나가고 이렇게 나가는 사람은 새벽 기도를 변동하지 아니 합니다. 은혜를 받고 은혜만 받으러 가는 사람은 그 사람은 진짜 새벽 기도의 1-2호는 빼버렸고 3호에 가서 있는 사람입니다. 그러므로, 지금은 참 좋은 때입니다. 지금 얼마든지 자유를 마련할 수 있고 하늘의 능력을 마련할 수 있고 참 보배로운 거 마련할 수 있는데 마귀라는 놈이 이 썩은 것 '썩어진 것을 거두느니라' '육신으로 사는 자는 썩어진 것을 거두느니라' 썩어진 거라 그 말은 이 세상에 속한 것은 썩어진 것입니다. '성령으로 사는 자는 영생을 거두느니라' 갈라디아 6장 8절 이하에 보면 있습니다. 새벽에 교회에 나와 성령으로 영의기도를 하면서 하루를 시작하기를 바랍니다.

2. 철야기도하는 비결

철야 기도하는 목적이 무엇입니까? 자신의 문제를 하나님에게 아뢰어 응답받아 복을 받는 것입니까? 세상에 나가 하나님의 뜻을 이루기 위하여 성령 충만과 능력을 받는 것입니까? 아니면 능력을 받아 귀신을 쫓아내고 병을 고쳐서 자기의 목적을 이루기 위함입니까? 저는 철야 기도하는 목적은 성령으로 충만 받아 하나님의 음성을 듣고 순종하여 하나님에게 쓰임을 받기 위하여 철야 기도를 한다고 생각합니다. 철야기도를 통해서 자신의 전인격이 하나님의 성전이 되기 위해서 하는 것다. 우리는 막연한 철야기도가 되지 않도록 해야 합니다. 박권사가 가서 철야기도하니 나도 교회에 가서 철야를 한다. 혹시 다른 성도들이 나를 믿음 없는 사람이라고 할까 걱정이 되어 철야기도를 하는 분들이 있습니다.

철야기도의 목적은 이렇습니다. 예수께서 기도하시러 산으로 가사 밤이 새도록 하나님께 기도하시고 한국교회가 오늘과 같이 뜨겁고 신실하게 된 밑거름 중에는 철야기도를 빼놓을 수 없습니다. 크건 작건 대부분의 교회들은 일주일에 하루 씩 밤새도록 기도하고 찬송하는 철야기도회를 갖고 있습니다. 한편 믿지 않는 자들이 가장 이해하기 어려워하는 것 중에 하나도 바로 이 철야기도입니다. "뭐 그렇게 기도할 게 많다고 밤새워 기도 하냐! 꼭 그렇게 극성맞게 믿어야 되냐!" 철야기도는 극성맞은 신자들만 하는 것이 아닙니다. 예수를 닮기를 원하는 모든 신자들이 하는 것입니다. 하나님의 음성을 듣고 하나님 뜻대로 살기 원하는 자들이 그 뜻에 순종하여 행하는 정상적인 신앙생활입니다.

예수님의 철야기도는 예수께서는 십자가에서 죽어야 하는 최대의 사건을 앞두신 날 밤, 만사를 제쳐놓고 감람산 겟세마네라 하는 곳에 가셔서 날이 밝기까지 밤새워 기도 하셨습니다(눅 22:39-46). 예수께서는 철야기도 하는 것을 습관으로 삼으셨습니다. 어쩌다가 또는 큰 일이 생겨서 부랴부랴 철야로 기도하게 된 것이 아니었습니다. 낮 동안에는 식사할 겨를도 없이 바쁘게 하나님의 일을 하는 분이었기 때문에(막3:20), 잠을 줄여서 라도 철야기도 하는 것을 습관으로 삼으셨을 것입니다. 예수께서는 힘쓰고 애쓰며 간절히, 더욱 간절히 기도하셨습니다. 그저 중얼중얼 입속으로 기도하신 것이 아니라, 어느 정도 떨어진 곳에서도 기도내용을 들을 수 있을 정도로 큰 소리로 울부짖으셨습니다. 혼신의 힘을 다하여 기도하시매 땅에 떨어지는 땀방울이 핏방울같이 되었습니다. 한마디로 온몸의 진액을 다 짜내는 것과 같은 절실한 기도였습니다. 예수께서 힘써 기도하실 때에 천사들이 힘을 더해주며 기도를 도왔습니다. 이것은 믿는 사람 모두가 인정하고 누려야 할 영적인 능력입니다. 더 열심히 기도할 수 있도록 하나님은 우리에게 천사를 지원하십니다. 예수님의 기도 내용은 자신의 뜻대로 되기보다는 하나님 아버지의 뜻대로 되기를 구하는 것이었습니다. 구체적인 기도제목이 어떤 것이건, 근본방향은 하나님 뜻대로 진행하시도록 하나님께 맡기는 것이 우리의 기도입니다. 오래 기도하여 성령으로 충만한 상태에서 하나님의 음성을 들어야 합니다. 예수님은 동일한 내용을 밤새 기도하셨습니다. 너무도 중요하고 간절한 내용이었기에 그에 대하여 집중적으로 기도하신 것입니다. 이것은 중언부언하는 기도(마6:7)가 아닙니다. 중언부언하는 기도는 존재하지 않는 신에게, 약속과 보장도 없이, 정성을 드리듯이 반복하며 갈구하는 것을 가리킵니다.

성령 충만한 성도가 철야기도를 하는 가장 근본적인 이유는, 예수님이 하셨기 때문에 한다는 것입니다. 왜냐하면 우리의 삶은 예수님을 닮는 것이 최고의 목적이기 때문입니다. 철야기도의 핵심은「철야」가 아니라「기도」입니다. 즉 밤을 새는데 목적이 있는 것이 아니라 기도하는데 목적이 있는 것입니다. 축복을 사모하며 밤새 하나님과 씨름하던 야곱이 어느새 아침을 맞은 것과 같이(창32:24-31), 간절히 울부짖으며 기도하다 보니 밤을 새우게 되었다는 말이 더 옳은 것입니다. 철야기도는 정성을 바치거나 고행을 하기 위해 억지로 하는 것이 아닙니다. 하나님이 주시는 하나님의 행복으로만 살겠다는 것을 실천하는 것이 바로 기도이며, 그 행복 얻기를 사모하는 마음이, 잠을 줄여서라도 얻고자 할 정도로 간절하다는 것을 하나님 앞에 드러내 보이는 것입니다.

철야기도 시간에는 다른 잡념들을 다 떨어내고 오직 기도에만 전념할 수 있어서 확실하게 응답을 받습니다. 그래서 성령의 인도를 받아야 합니다. 성령의 인도를 받지 않으면 기도가 힘이들고 자의적인 기도밖에 나오지 않습니다. 실제로 철야기도를 통하여 문제가 해결되고 성령세례를 받고 성령은사를 체험하며 이적을 체험하는 사람들의 간증이 부지기수로 많이 있습니다. 성령 충만하게 철야기도에 성공한 사람은 뜻밖에도 육신이 별로 피곤하지 않은 것을 경험하는 일이 많습니다. 왜냐하면 영혼이 성령 충만하면 어느 정도 육신의 연약함을 초월할 능력이 생기기 때문입니다. 이것이 영적 생활의 한 묘미이기도 합니다. 철야기도 때에는 특히 교회와 이웃과 병자를 위한 기도 즉 도고기도도 많이 할 수 있어서 기도의 넓이와 깊이를 늘리는데 아주 유익합니다. 낮 시간에 기도할 짬을 내기 어려운 성도들, 특히 직분을 맡은 자들에게는 일주일에 한 번씩 철야기도의 습관을 갖고 집중적으로 기도하는 것이 절대적으로 필요합니다.

우리는 철야 기도의 목적을 바르게 알고 기도를 해야 합니다. 많은 목회자가 열심히 기도하면 문제가 해결이 된다고 합니다. 그래서 기도원마다 철야를 하면서 열심히 기도를 합니다. 무엇을 어떻게 해야 할지도 모르면서 막연하게 기도합니다. 그저 해결하여 달라고 기도를 합니다. 이런 식으로 천일을 철야하며 기도해도 문제는 해결되지 않습니다. 오히려 생각지도 못한 다른 문제가 생길 수도 있습니다. 그렇다고 기도하지 말라는 말은 아닙니다. 오해하지 마시기를 바랍니다.

기도를 어떻게 하라고 알려주지 않고 무조건 저녁마다 철야하고 기도하면 문제가 풀린다고 합니다. 그래서 기도원마다 철야를 하는 성도들이 있습니다. 그런데 철야하다가 이혼하는 성도가 많다는 것입니다. 실제로 내가 저녁마다 철야하고 새벽에 오는 성도의 남편에게 물어보았습니다. 밤마다 철야할 때 기분이 어떠했느냐고 말입니다. 그랬더니 이를 갈고 있었다는 것입니다. 죽이고 싶을 정도로 미웠다는 것입니다. 그래서 문제가 풀렸냐고 물었습니다. 더 악화되었다는 것입니다.

지금 사면초과에 걸려있다는 것입니다. 무조건 철야한다고 문제가 해결이 되는 것이 아닙니다. 반드시 말씀과 성령의 역사로 문제의 원인을 찾아 성령의 이끌림을 받는 깊은 기도를 해야 합니다. 온몸으로 기도를 하면서 원인을 영 안으로 보면서 회개도 하고 영적인 전쟁을 하면 문제는 서서히 해결이 됩니다.

그러나 막연하게 철야하면 해결이 되겠지 하면서 천일을 철야를 해도 문제는 해결되지 않습니다. 문제는 영적인 원리를 적용하지 않고 막연하게 철야만 한다는 것입니다. 영적인 원리에 따라 분명하게 적용을 하면서 기도를 해야 되는 것입니다. 반드시 영적인 조치를 하면서 기도를 해야 문제가 해결이 되는 것입니다.

우리나라 성도들이 기도를 엄청나게 많이 합니다. 그러면서도 진작 문제가 해결되지 않고 능력이 나타나지 않는 것은 바른 기도를 하지 않기 때문입니다. 한마디로 성령 안에서, 성령으로 온몸으로 기도하지 않기 때문입니다. 기도는 반드시 성령으로 성령 안에서 해야 합니다. 우리 성도들은 이런 기도를 예수를 믿고 교회에 첫 발을 디디면서 부터 숙달해야 합니다. 그렇지 않으면 샤머니즘적인 기도가 될 소지가 있습니다.

우리 교회는 매 예배나 집회 시에 40-50분간 기도를 합니다. 기도를 시켜놓고 제가 돌아다니면서 안수를 합니다. 안수하면서 이상한 현상을 일으키거나 귀신의 역사가 일어나는 분들은 성령께서 저에게 알려주십니다. 저는 기도를 정지시키고 축사를 합니다. 몇 번만 축사하면 모두 떠나갑니다. 왜냐하면 기도를 많이 해서 열려 있기 때문에 쉽게 드러나고 떠나가는 것입니다. 귀신이 떠나가니 편안하게 잔잔하게 기도를 합니다. 본인이 느낍니다. 기도도 성령으로 잘되고, 영육의 질병도 문제도 해결이 되는 것을 말입니다. 목회자는 이런 상황을 영안으로 분별하여 해결해주어야 합니다. 그래야 성도들이 영적으로 깊어지는 것입니다.

저는 개인적으로 담임목회자는 성도들을 기도하게 하고 돌아다니면서 영의통로가 막힌 성도는 뚫어주고 성령 체험을 하지 못한 성도는 안수하여 성령세례를 받게 해야 합니다.

그냥 기도하라고 내버려두니까, 어떻게 기도할 지를 몰라서 옛

날 예수 믿기 전에 돌무더기 앞에서 빌면서 기도하던 식으로 기도를 합니다. 이렇게 기도를 하니 10년을 교회 다녀도 변화가 없는 것입니다. 반드시 성령의 역사가 있는 기도를 하면 성도가 변하게 되어있습니다. 기도가 바르게 되어야 나머지 모든 것이 바르게 됩니다. 성령으로 인도받는 기도를 해야 모든 영적 활동에 성령의 역사가 일어나는 것입니다.

3.예배를 드리면서 기도

"하나님은 영이시니 예배하는 자가 영과 진리로 예배할지니라." 말씀하십니다. 한마디로 성령으로 예배를 드리라는 것입니다. 예배를 드릴 때 성령으로 온몸 기도하며 성령의 불로 충만함을 받는 비결은 다름이 아닙니다. 예배 시작 십분 전에 교회에 와서 기도하는 것입니다. 먼저 호흡기도를 활용하여 침묵기도로 외적인 침묵과 내적인 침묵을 유지하는 것입니다. 성령의 임재가 되어 영적인 상태가 되면 한 주 동안의 삶을 뒤돌아보고 생각하면서 묵상기도를 하는 것입니다. 묵상기도는 한 주 동안의 삶을 영상으로 보면서 영으로 기도하는 것을 말합니다. 잘못된 것은 회개하는 것입니다.

성령의 임재를 충만하게 유지 하는 것입니다. 성령으로 충만한 상태에서 순서를 맡은 목사님의 인도에 따라 예배를 드립니다. 예배를 드리는 중에도 코로 호흡하며 마음으로 기도하는 것을 멈추지 않습니다. 성령의 임재를 이탈하지 않는 것입니다. 찬송과 성경 말씀을 읽는 중에도 성령의 임재를 이탈하지 않는 것입니다. 설교 말씀을 들을 때도 코로 호흡을 들이쉬고 내쉬면서 말씀을 듣는 것입니다. 절대로 인간적인 생각을 하면 안 됩니다.

예배를 드리는 중에 감정을 안정하게 유지 하라는 것입니다. 이것이 바로 "하나님은 영이시니 예배하는 자가 영과 진리로 예배할지니라."를 실천하는 것입니다. 영이신 하나님에게 영으로 예배를 드리는 것입니다. 저는 이렇게 함으로 성령의 불을 충만하게 유지 합니다. 이런 영적인 상태에서 하나님의 레마가 들리는 것입니다. 무엇보다도 성령의 임재를 이탈하지 않는 것이 중요합니다. 내 안에 계신 성령님에게 집중하는 것입니다.

4.설교를 들으면서 기도

신령한 그리스도인은 강의나 설교를 들으면서도 성령으로 기도하여 성령으로 충만하게 한다고 했습니다. 어떻게 합니까? 답은 간단합니다. 마음 안에 계신 성령님을 찾는 것입니다. 강의를 들으면서 마음으로 성령님을 계속적으로 찾는 것입니다. 코로 호흡을 아랫배까지 들이쉬고 내쉬면서 마음으로 성령님을 찾는 것입니다. 계속 마음으로 성령님을 찾으니 성령의 불로 충만하게 되는 것입니다. 계속 성령님을 찾다가 보면 성령의 불이 마음에서 올라오는 것입니다.

기도는 습관이 중요합니다. 하나님을 찾는 습관을 들여야 합니다. 신령한 그리스도인은 무시로 하나님을 찾는 성도입니다. 무시로 하나님을 마음으로 찾으니 영이신 하나님으로 심령이 채워지는 것입니다. 너무 어렵게 생각할 필요가 없습니다. 그저 코로 호흡을 들이쉬고 내쉬면서 성령하나님을 찾으면 됩니다.

마음으로 계속 성령하나님을 찾으니 영이신 하나님으로 채워지는 것입니다. 한 번 실천하여 보세요. 성령으로 기도하며 하나님을 찾으니 순간 자신의 마음 안에서 성령의 불이 올라오는 것을 느끼게 될 것입니다. 가만히 앉아서 하나님이 해주시기만을 기다리면 백년이 지나도 성령의 불이 심령에서 올라오지 않습니다. 그러면서 안 된다고 불평하거나 포기하지마시고, 적극적으로 하나님을 찾으시기를 바랍니다. 하나님은 사모하는 영혼에게 만족함을 주십니다. 찾고 찾아보시기를 바랍니다. 반드시 당신의 마음 안에서 불이 올라오는 것을 느낄 날이 오고야 말 것입니다.

분명하게 세례요한은 이렇게 말씀했습니다. "나는 너희로 회개하게 하기 위하여 물로 세례를 베풀거니와 내 뒤에 오시는 이는 나보다 능력이 많으시니 나는 그의 신을 들기도 감당하지 못하겠노라 **그는 성령과 불로 너희에게 세례를 베푸실 것이요.**"(마 3:11). 예수님은 지금 어디에 계십니까? 성령으로 기도하는 성도 안에 주인으로 계십니다. 자신 안에 주인으로 계시는 예수님께서 불로 역사하시는 것입니다. 성령의 불은 자신 안에서 나와야 합니다. 자신 안에서 성령의 불이 나오는 기도를 하시기를 바랍니다.

21장 가정기도, 잠자기 전기도, 걸어가며 기도

(고전 2:10-12)"오직 하나님이 성령으로 이것을 우리에게 보이셨으니 성령은 모든 것 곧 하나님의 깊은 것까지도 통달하시느니라. 사람의 일을 사람의 속에 있는 영 외에 누가 알리요 이와 같이 하나님의 일도 하나님의 영 외에는 아무도 알지 못하느니라. 우리가 세상의 영을 받지 아니하고 오직 하나님으로부터 온 영을 받았으니 이는 우리로 하여금 하나님께서 우리에게 은혜로 주신 것들을 알게 하려 하심이라"

하루에 적어도 한 시간 이상 기도하지 아니하고 마음속에 성령의 충만함을 가지고 살 수 있다고 자신하는 사람은 거짓말을 하는 사람인 것입니다. 적어도 하루에 한 시간 이상 하나님께 엎드려 기도하면 그 사람은 마음속에 성령이 충만하게 되는 것입니다. 예수님의 제자들이 오순절 다락방에서 성령의 충만함을 받기 전에 하나님은 열흘 동안 기도하도록 만들어 놓았었습니다. 기도는 성령으로 바르게 해야 합니다. 기도는 하나님과 사귀는 것입니다. 하나님과 가까이 하는 것입니다. 하나님과 함께 시간을 보내는 행위입니다. 하나님과 사랑을 나누는 시간입니다. 하나님께 사랑을 고백하고 감사하는 시간입니다. 우리의 삶에서 가장 깨어있는 시간, 하나님의 소리를 듣는 시간입니다. 자신을 치료하는 시간입니다.

성령 안에서 온몸으로 하는 기도를 통하여 자신을 성찰하며 치유해야 합니다. 기도는 모두 중요하지만 말씀과 성령으로 자신을 보면서 하는 자기 성찰기도가 아주 중요합니다. 자동차를 늘 정비하고, 점검하고 깨끗이 세척해야 하듯 자신을 성찰해야 합니다. 얼굴을 가꾸듯 마음을 가꾸어야 합니다. 꽃밭을 가꾸듯 마음을 가꾸어야 합니다. 나 자신도 모르게 더러운 것이 자꾸 우리 안으로 들어옵니다. 우리의 안을 더럽힙니다. 내면을 가꾸세요. '성령님, 나의 부족한 부분, 잘못된 부분을 깨닫게 해주세요' 하고 늘 요청해야합니다. 이것이 바로 성령님이 일하실 수 있는 조건을 만들어드리는 것입니다. 이러한 자기 성찰이야말로 이 세상에서 가장 귀중한 투자입니다. 시간과 정력을 여기에 투자해야 합니다. 이러한 자기성찰은 성령님이 기뻐하시면서 함께 일하러 나서시는 사역입니다. 자기가 자기를 보면서 회개하고 치유하는 것은 복입니다.

우리 내면은 말할 수 없이 더럽고, 일그러져 있습니다. 이것을 꼭 치유해야 합니다. 내면의 일그러진 부분, 상처, 감정, 죄악, 허물을 바로잡아 주며 나서시기를 기뻐하시는 분, 이를 위해서 오신 분이 바로 성령님입니다. 성령과 함께 높은 부분을 낮추고, 낮은 부분을 높여야 합니다. 세례요한처럼 왕이 오실 길을 준비해야 합니다. 하나님의 영광이 나타날 길을 준비해야 합니다. 성령님의 도우심이 있는 기도생활로 마음-언어-성품-실생활의 순서로 하나님의 영광이 나타나게 해야 합니다. 성령님의 도우심으로 자신의 내면을 지속적으로 성찰하고 치유함을 받아야 합니다. 교육은 환경과 다른 사람을 비판, 판단, 관찰, 분석하는 능력을 주지만, 기도는 영적으로 자기 자신을 보게 합니다. 교육은 눈을 밖으로 돌리게 하지만, 기도는 자신 안으로 눈을 돌리게 합니다. 교육받은 이성은 다른 사람을 비교분석할 수 있게 함으로 정작 중요한 자신을 볼 수 없게 합니다. 자기 성찰의 기도는 자신의 영적 현주소(하나님과 자신, 세상, 물질을 대하는 태도, 양심상태), 위치, 상태, 궁핍, 불안정, 무질서, 독선, 양심 상태를 인식하게 하고, 이 때문에 통회, 자복, 회개하게 합니다. 이러한 통회가 진정한 통회입니다. 자신의 양심, 신앙심, 감정, 의지로 통회하려고 하면 깊이 들어가지 못합니다. 오직 성령의 도움을 받고, 성령님의 조명을 받아야 깊은 곳에 들어가 제대로 통회할 수 있습니다.

내 안에 계신 성령님은 남이 아니라, 바로 자신의 깊은 곳에 숨겨져 있는 죄, 부족을 보게 하시는 분입니다. 다른 사람의 죄가 보이고, 부족한 부분이 보이는 것은 영적으로 매우 위험한 것입니다. 성령님은 먼저 자신을 보게 하신 후에 남을 보게 하십니다. 영적현상이라고 해서 다 하나님이 하시는 것은 아닙니다. 하나님은 질서의 하나님이십니다. 남을 보기보다는 먼저 나를 보라. 남을 고치기에 앞서 먼저 자신을 고쳐야 합니다. 자식을 고치려면 부모가 먼저 자신을 고쳐야 합니다.

자신을 보고 진솔하게 고쳐달라는 마음의 부르짖음이 바른 기도입니다. 이런 기도를 계속하면, 당연히 우리는 변합니다. 우리는 환경의 변화가 급하지만, 하나님의 급선무는 우리의 환경이 아니라, 우리의 마음입니다. 마음이 성령으로 변화되면 하나님은 환경을 당연히 고쳐주십니다. 많은 분들이 세상에서 많은 일을 하고 싶어서 기도합니다. 일거리를 주셔서 바쁘게 일하면서 돈 많이 벌면서 살게 해달라고 간구합니다. 그런데 하나님은 자신이 먼저 하나님의 마음에 맞는 성도가 되기를 원하십니다. 하나님 마음에 맞으면 일은 얼마든지 주십니다. 문제는 자신이 하나님의 마음에 들도록 고치는 일입니다. 이러한 것이 바로 내적치유이고, 이러한 내적치유는 천국갈 때까지 지속적으로 계속되어야 합니다.

자기성찰은 희미해진 양심의 등불을 밝혀서 옳고 그름을 더 예리하게 분별하게 해주며, 마음의 질서를 찾게 해주고, 자신의 나약하고 죄에 대하여 무감각하여진 본질적인 모습을 보게 하며, 점차적으로 죄를 이길 수 있는 힘을 얻게 합니다. 인간은 하나님을 만날 때 나를 알게 되며 하나님 안으로 이끌려 들어갈 때 나의 허물과 죄를 깨닫게 되며, 하나님을 내 안으로 이끌어 들일 때 하나님의 성품을 지니게 됩니다. 이것이 자기성찰의 역할입니다.

회개는 자기성찰을 통해야만 가능합니다. 목욕으로 더러워진 몸을 씻고 청결하게 하여 하루의 피로를 풀고 잠을 자는 것과 같이 회개는 지나간 삶과의 관계에만 있지 않고 건강한 내일을 위한 교량의 역할을 합니다. 긴 시간 내가 회개하는 것보다, 성령이 도우심으로 짧게 하는 것이 진정한 회개입니다. 이러한 회개에는 위력이 있습니다.

성령님을 요청해도 성령님의 역사가 없는 것은 내안에 성령님을 막고 있는 요인이 있기 때문입니다. 이것이 바로 죄와 상처입니다. 이러한 것들을 성령님의 도우심으로 **빼내어야** 합니다. 이때 두루뭉술해서는 성령께서 역사하지 못하십니다. '내 속에 ○○○를 미워하고 있습니다. ○○○가 불행하게 되기를 원하고 있습니다. 이러한 감정을 고쳐주세요.' 이런 기도가 되어야 하는데, 이런 기도는 시간이 많이 걸리므로 무릎 꿇고는 하지 못합니다. 영혼의 의사 앞이라 생각하고 편안한 자세로 기도해야 합니다.

영혼의 의사 앞에 다 들어내 놓아야 합니다. 그리고 치유함을 받아야 합니다. 기도시간 속에서 실제적으로 나를 치료하고 정돈하고 세워야 합니다. 기도 속에서 내가 세워져야 성령님이 역사하십니다. 성령으로 능력 있는 기도를 통하여 내면을 치유해야 참평안을 유지할 수 있습니다.

5.길을 걸어가면서 마음으로 기도. 성령의 사람이 되어야 길을 걸어가면서 마음으로 기도할 때 성령의 충만하게 되는 것입니다. 저는 보통 하루에 한 시간을 워킹을 합니다. 길을 걸어가면서 지속적으로 하나님을 찾습니다. 코로 호흡을 아랫배까지 들이쉬고 내쉬면서 하나님을 찾습니다. 어느 때는 말로 하나님을 찾습니다. 어떤 때는 방언으로 기도하며 하나님을 찾습니다. 이렇게 하다가 보면 마음이 편안합니다. 걸어가는 장소가 혼탁하면 성령께서 기도를 더 강하게 하도록 인도하십니다. 계속 기도하여 영의 상태가 되니 성령께서 저를 인도하시는 것입니다. 저는 종종 이런 일을 체험합니다.

내가 사는 곳에는 조그마한 사찰도 있습니다. 무당이 사는 집도 있습니다. 새벽에 기도를 마치고 운동을 하기 위해서 걸어갈 때 사찰이나 무당집을 지나게 됩니다. 걸어가면서 마음으로 하나님을 찾으면서 기도를 합니다. 그때 갑자기 무엇이 호흡을 통해서 들어오는 느낌이 옵니다. 그러면 영락없이 머리가 띵해집니다. 성령으로 충만하여 민감한 나의 영육이 귀신이 들어온 것을 알아차린 것입니다. 내 안에 귀신이 들어왔다는 것입니다. 그러면 나는 이렇게 합니다. 절대로 당황하지 않고 호흡을 들이쉬고 내쉬면서 마음으로 이렇게 합니다. "야! 더러운 영아 여기가 어디인 줄 알고 감히 들어왔어 예수이름으로 명하노니 떠나가라." 하면 재채기가 나오면서 떠나갑니다. 방금 들어온 것이므로 쉽게 잘 떠나갑니다.

어느 때는 호흡 기도를 하지 않고 마음으로 방언기도를 해도 떠나갔습니다. 좌우지간 나에게 귀신이 들어온 것을 아는 것이 중요합니다. 나에게 귀신이 들어온 것은 성령께서 알려주시는 것입니다. 성령께서 알려주실 정도가 되려면 영의 상태가 되어야 가능합니다. 코로 호흡을 들이쉬고 내쉬면서 마음으로 명령하면 귀신이 떠나갑니다. 떠나가고 나면 머리가 시원해집니다. 귀신이 떠난 것을 느낌으로 알 수가 있습니다.

길을 가다가 차 소리나 기타 등등으로 깜작 놀랄 경우가 있습니다. 저의 경험으로 보아 이런 일이 있은 후 며칠이 지나면 가슴이 답답해지고 기도가 잘 되지 않는 경우가 있었습니다. 이는 놀랄 때 악한 영이 침입을 한 것입니다. 이를 예방하기 위하여 이렇게 하세요. 호흡을 코로 깊게 들이쉬고 내쉬면서 성령의 임재가 충만해지면 마음으로 명령을 하세요. "내가 놀랄 때 들어온 악한 영은 예수 이름으로 명하노니 떠나갈지어다." "내가 놀랄 때 들어온 악한 영은 예수 이름으로 명하노니 떠나갈지어다." 이렇게 기도하여 마음에 평안이 찾아오면 떠나간 것입니다.

귀신축사에 대하여 알고 싶으신 분은 시중에 유통되는 책 **"귀신축사 차원 높게 하는 법"**과 **"귀신축사 속전속결"**을 읽어보시기를 바랍니다. 귀신축사는 무엇보다도 성령의 지배와 임재가 중요합니다. 성령의 역사로 악한 영이 떠나가는 것이기 때문입니다. 어찌 하든지 성령의 역사가 자신의 속에서 올라와야 합니다. 이를 위하여 자신의 영성을 깊게 해야 합니다.

6. 여러일을 하면서 기도. 우리는 한 시간도 주님을 찾지 않으면 육으로 돌아갈 소지가 다분하게 있습니다. 항상 마음으로 성령하나님을 찾아야 합니다. 일을 하면서도 무의식적으로 성령하나님을 찾는 습관을 들여야 합니다. 그래야 귀한 나의 전인격을 지킬 수가 있는 것입니다. 일을 하면서 하는 기도는 방언기도가 아주 좋습니다. 저는 일을 하면서 마음으로 방언기도를 합니다. 그러면 성령으로 충만한 상태에서 일을 할 수가 있습니다.

일을 하면서 방언기도하며 일을 즐겁게 하세요. 성도는 일을 즐기면서 해야 합니다. 얼마나 좋습니까? 일을 할 수 있는 직장을 주시고, 건강을 주셨으니 얼마나 감사할 일입니까? 일을 하면서 코로 호흡을 아랫배까지 들이쉬고 내쉬면서 마음으로 기도하세요. 하나님 감사합니다. 일을 할 수 있도록 해주시니 감사합니다. 자꾸 하나님에게 감사기도를 하는 것입니다. 이렇게 마음으로 기도를 하다가 보면 마음에서 성령의 불이 올라오는 것을 느낄 것입니다. 성령으로 충만해지니 피로가 오지 않습니다. 심령에서 불이 올라오니 악한 영이 침입하지 못하는 것입니다. 마음으로 하나님에게 감사하다고 생각하면서 방언기도를 해보세요. 심령에서 성령의 불이 올라오는 것을 느낄 것입니다. 이러한 충만한 상태가 되면 마음이 평안하게 됩니다. 일을 하면서 스트레스를 받지 않게 됩니다. 일을 하면서 기도하는 습관이 되어야 합니다.

7.가정에서 쉬면서 기도. 성도는 교회에서 예배드릴 때와 가정에서 생활할 때의 영적 상태가 같아야 합니다. 많은 성도들이 교회에서의 생활과 가정에서의 생활이 다른 이중적인 생활을 하는 분들이 많습니다. 성도는 교회에서나 가정에서 항상 성령의 불로 충만하게 지내야 합니다. 그래야 하나님의 뜻(레마)을 알 수가 있는 것입니다. 영적인 상태가 되어야 성령의 인도와 도움을 받을 수가 있는 것입니다.

가정에서 성령의 불로 충만하게 지내는 비결은 이렇습니다. 저는 항상 마음으로 기도를 합니다. 코로 호흡을 아랫배까지 들이쉬고 내쉬면서 마음으로 성령님을 찾는 것입니다. 저는 수많은 세월동안 이 기도를 숙달해왔습니다. 습관적으로 기도를 합니다. 성령의 임재를 유지하면서 지내는 것입니다. 감정이 안정된 상태에서 지내야 합니다. 절대로 밖에서 무슨 일이 일어나더라도 거기에 반응하지 않습니다. 성령의 임재를 이탈하면 육성이 되는 것입니다. 성도는 영과 육의 상태를 구분할 줄 알아야 합니다. 기본이 영의 상태와 육의 상태를 구분하는 것입니다. 영의 상태와 육의 상태를 구분하지 못하면 성도라고 할 수가 없습니다. 식구들과 대화를 하더라도 성령의 지배와 임재를 이탈하지 않은 상태에서 대화하도록 하는 것입니다. 중요한 것은 성령의 임재를 유지하는 마음의 기도를 하는 것입니다. 이는 평소 훈련을 통하여 숙달해야 합니다. 이렇게 성령의 불로 충만한 상태로 가정생활을 하면 가정이 성령으로 충만해지는 것입니다. 성령의 불로 충만해지니 가정에서 역사하던 악귀들이 도망을 치거나 떠나갑니다. 대신 천사가 둘러 진을 치게 됩니다.

자연스럽게 가정이 평안 해지고 영육의 축복을 받는 것을 식구들이 느끼게 됩니다. 전적으로 가계가 축복받는 것은 성령의 불로 충만하게 지내느냐, 아니냐에 달려있는 것입니다. 가정과 가계가 축복을 받으려면 성령의 불로 충만하게 지내려고 의지적인 노력을 해야 합니다. 하루 이틀 만에 해결되지 않고 상당한 기간 동안 의지적인 노력을 해야 합니다. 많은 목회자와 성도들이 단 시간에 영적인 사람이 되려고 합니다. 그러나 그렇게 쉽게 영적인 사람으로 변화되지 않습니다. 노력과 기도가 필요합니다.

8. TV를 시청하며 기도. 예수를 믿고 성령으로 거듭난 성도는 항상 성령의 불로 충만해야 합니다. 성도가 세상을 살아가려면 TV를 시청하지 않을 수가 없습니다. 그런데 알고 보면 TV를 시청하는 것은 성령 충만을 유지하는데 저해요소가 됩니다. 그렇다고 TV를 시청 하지 않을 수가 없습니다. TV를 시청하면서 성령으로 충만함을 유지하는 영적조치를 취하고 TV를 시청해야 합니다.

TV를 시청하면서 이렇게 마음으로 기도를 합니다. 눈으로 보고 머리로 판단을 하면서 마음으로 기도를 합니다. 코로 호흡을 아랫배까지 들이쉬고 내쉬면서 하나님! 사랑합니다. 하나님! 도와주세요. 코로 호흡을 아랫배까지 깊게 들이쉬면서 하나님! 내쉬면서 사랑합니다. 이렇게 마음으로 기도하면서 TV를 시청하는 것입니다. 자신도 한번 당장 실천 해보세요. 마음이 평안하고 성령의 불로 얼굴이 화끈거리면서 성령의 임재를 몸으로 느낄 것입니다.

무엇보다도 성령의 충만함을 유지하려는 의지가 중요합니다. 마음으로 조금 기도하다가 TV시청에 정신을 놓으면 절대로 안 됩니다. 주체는 TV 시청이 아니고, 마음으로 기도하는 것이라는 것을 명심해야 합니다. 경각심을 가지고 지속적으로 해보세요. 자꾸 하다가 보면 습관이 되어 좋습니다. 기도하는 습관으로 바뀌게 됩니다. 이렇게 되면 당신의 영성은 자꾸 깊어질 것입니다. 성령의 불로 충만한 자신을 몸으로 느끼게 될 것입니다. 차츰 성격도 인격도 유순하게 변할 것입니다.

9.잠자리에 들기전에 영의기도는 성령님을 먼저 요청하세요.

손을 가슴에 얹고. 편안한 자세, 간편한 옷을 입고, 배가 고프지도 않고, 너무 부르지도 않은 상태에서, 조용한 시간으로 잠자기 직전, 직후의 1-2시간을 택해서 하면 좋습니다. 부부가 같이 하면서 서로 기도해 주면 더욱 좋습니다. 조용한 장소로서 소파 같은 곳, 약간 딱딱한 곳이 좋습니다. 찬양 음악이 있으면 좋습니다. 순수한 악기로만 연주된 찬양이 좋습니다. 시작 전에 조용한 찬양을 하거나 들으세요. 그러면서 성령님에게 집중하세요. 코로 호흡을 아랫배까지 들이쉬고 내쉬면서 코와 아랫배를 이용하여 숨을 쉬면서 성령님을 자꾸 찾으세요. 단조롭게 성령님을 부르세요. 도움을 요청하세요. 감사와 사랑을 고백하세요. 그러면서 가만히 있으세요. 마음속에 성령님을 느끼세요. 호흡이 약간 빨라집니다. 긴장이 풀리면서 눈까풀이 떨리거나 표정이 평안하게 됩니다.

불이 심령에서 올라오고, 약간 몽롱한 상태, 그러나 마음이 부풀어 오르는 것 같은 상태를 느낄 수 있게 됩니다. 포근함, 안락함, 짐을 내려놓은 느낌을 가지게 됩니다. 그러면서 계속 성령님을 찾으세요. '성령님, 임하소서' '성령님, 역사하소서'하고 자꾸 성령님을 부르세요. 그러면서 시간의 개념으로부터 분리 되려고 해야 합니다. 외부적인 감각이 꺼지면서 내면의 활동이 강하게 됩니다. 그 자체가 이미 기쁨이 넘치며 많은 은혜가 임하게 됩니다. 깊은 영의기도는 우리에게 신비한 체험을 하게 합니다. 날마다 영으로 깊은 기도를 하여 신비한 체험을 하고 간증하는 모두가 되시기를 바랍니다.

22장 정시기도, 일하며 기도, 열차 안에서 기도

(살전 5:16-18)"항상 기뻐하라. 쉬지 말고 기도하라. 범사에 감사하라 이것이 그리스도 예수 안에서 너희를 향하신 하나님의 뜻이니라"

성령으로 하는 능력 있는 기도는 하나님의 은총입니다. 누구나 우상에게 기도할 수 있지만, 오직 하나님의 자녀만이 하나님 아버지에게 기도합니다. 그러므로 하나님 아버지에게 하는 기도는 은총입니다. 은총 속에서 아버지에게 하는 기도가 바른 기도입니다. 내가 하나님의 자녀가 되었다는 사실 하나만으로도 무한 감사할 수 있어야 하는데, 여기서 한걸음 더 나가서 기도로 하나님과 만날 수 있게 됨은 진정 은총입니다. 기도는 은총이나 기도자의 노력이 은총과 합해져야 합니다. 구원은 거저 주시지만, 은혜와 은총은 거저가 아니라, 우리가 노력하고 찾아야 합니다. 거저주신 은혜는 저절로 묻힙니다. 이 은혜를 사용하기 위해서는 깊이 파들어가야 합니다. 그러므로 기도는 깊어져야 합니다.

마음은 감정, 기분, 지성, 애정을 느끼는 기관이 아니라, 더 깊은 곳에 있는 인간의 궁극적 기반이며 근원이 되는 곳입니다. 깊은 곳에 영을 담는 장소입니다. 마음은 지정의를 느끼는 곳이나, 육신보다 더 깊이 있기에 이것을 실감하는 것은 쉽지 않습니다.

보통 이 깊은 마음은 일상생활에서 활동하지 않고 지-정-의의 행위 아래 마비되어 있습니다. 우리는 일상생활을 지-정-의라는 이성과 육신의 본능으로만 영위하고 마음을 사용하지 않습니다. 그래서 마음의 활동이 퇴화되었습니다. 감정과 육신, 생각은 무리할 만큼 혹사시키지만, 마음은 잠재우고 있습니다. 그러므로 깊은 기도를 할 수 없습니다. 기도는 지정의와 본능의 활동아래에서 잠자는 마음, 즉 영을 깨워 그 안에 거하시는 하나님과 교제하는 것입니다.

그러므로 하나님의 은혜는 위에서 오는 것이 아니라, 안에서 오는 것입니다. 마음으로 하나님을 만나고, 마음으로 하나님에게 말하게 해야 합니다. 이것이 바른 기도입니다. 육체, 본능, 동물적인 기능이 내 뜻대로 되지 않을 때, 육체가 나와 또 다른 인격체라고 하는 것처럼, 마음은 우리 안에 있는 또 다른 인격체입니다. 마음이 굳어져 있으므로 하나님을 느끼지 못하고, 하나님과 교제하지 못하게 됩니다. 마음이 해야 할 역할까지 이성이 해야 하기 때문에 이성은 점점 더 복잡해집니다.

마음, 영성은 단순한 것입니다. 어린아이처럼 단순해지는 것이 마음을 깨우는 것입니다. 순수함을 찾는 것입니다. 마음이 깨어나서, 마음으로 살고, 생각하고 느끼게 될 때, 진정 크리스천의 삶이며, 이러한 사람의 느낌이나 생각이 세상 사람과 다르게 됩니다. 더 깊고, 더 굳건하고, 더 멀리보고, 더 깊이 느끼게 됩니다.

마음으로 보고, 느끼고 사는 것이 올바른 삶의 목표를 가지고 사는 것입니다. 마음은 우리의 삶의 방향이 하나님을 향하도록 방향을 잡아주는 것입니다. 그러므로 마음은 인생의 나침반입니다. 그런데 이 마음이 잠들어 있음으로 삶이 방향과 목적과 의의를 잃고 헤매는 것입니다. 성령으로 기도하여 영을 깨워야 합니다. 마음을 깨워야 합니다. 영이 살아나야 합니다. 마음을 깨뜨려서 내속에 있는 하나님을 느껴야 합니다. 하나님의 은혜가 솟아오르게 해야 합니다. 마음속에 파묻혀 있는 깊은 보물을 찾아내야 합니다. 파내야 합니다. 우리 몸에서 가장 중요한 부분은 머리도, 얼굴도 아니라, 마음입니다. 마음을 보살피고 꽃밭을 가꾸듯 가꾸어야 합니다. 그 속에 엄청난 보화와 능력이 감추어져 있습니다.

굳은 마음이란 성령님이 역사하지 못하는 마음이고, 부드러운 마음은 성령님이 역사하는 마음입니다. 믿음은 우리가 믿는 것이 아니라, 하나님이 우리에게 믿는 마음을 주신 것입니다. 즉 하나님께서 우리의 굳은 마음 대신에 새 마음을 주신 것입니다. 그래서 믿음은 은혜입니다. 그러므로 구원받은 자는 자꾸 새 마음을 가져야 합니다. 부드러운 마음을 가져야 합니다. 주님의 마음을 품어야 합니다. 우리의 굳은 마음은 하나님의 은혜를 받지 못하게 막습니다. 부드러운 마음은 초청해야 생깁니다. 왜냐하면 우리에게 부드러운 마음을 주시는 성령님은 인격이시기 때문입니다. 마음을 열어야 합니다. 부드러운 마음을 가져야 합니다. 마음 안의 영을 열어야 합니다. 영을 터트려야 합니다. 기도가 피어오르게 하세요. 기도는 영을 여는 것입니다. 영을 열어야 하나님을 만납니다. 마음을 열고 하나님을 만나야 합니다. 하나님을 만나는 것이 지상최고의 축복이며, 목표이며 모든 것입니다.

하나님이 우리를 자녀 삼으신 것은 우리 속에 하나님이 오시기 위하여, 우리 속에 거하시기 위하여서입니다. 우리가 하나님의 성전이 되는 것입니다. 우리 속에 하나님이 계십니다. 그 하나님을 만나기 위해서 하나님이 계신 지성소인 마음속으로 들어가야 합니다. 그 부분을 귀중히 여겨야 합니다. 예수의 보혈로 이미 휘장이 활짝 열렸습니다. 하나님을 만나리라는 믿음생활의 목표를 가져야 합니다. 이러한 끈질김이 있어야 합니다.

하나님과 하나 되어야 합니다. 내 마음 영혼 깊은 곳에 계시는 하나님과 만나야 합니다. 그리고 그분의 통치를 받아야 합니다. 그러기 위해서는 부드러운 마음을 가져야 합니다. 그래야 하나님의 성전이 된 의의가 있습니다. 진정한 기도의 장소는 내 마음이라는 지성소입니다

구약시대에는 하나님의 영은 참으로 귀하게 오시고 역사하셨습니다. 아주 특별한 경우에, 특별한 사람에게 잠깐씩 오시고, 그것도 금방 떠나셨습니다. 그런데 이제 우리는 그렇지 않습니다. 하나님의 성령이 오셔서 결코 떠나지 않으시고, 우리를 도우십니다. 대접받고, 일시키기 위해서가 아니라, 오직 우리의 연약함을 도우시기 위하여! 얼마나 대단한 축복입니까? 세상의 영은 이제 우리에게 없고 하나님의 영이 계실 뿐입니다. 단지 전의 습관, 성품이 우리 속에 계신 하나님의 영을 무시하고 있는 것입니다.

마귀의 성품인 조급함, 음란, 미움 등등이 안에 있으면 아무리 도덕을 강조해도 안 됩니다. 그러나 이제 우리에게는 이제 이러한 세상의 영은 없고 하나님의 영이 계십니다. 그 하나님의 영으로부터 은혜와 은총이 자꾸 올라오게 해야 합니다. 그리할 때, 우리의 성품이 변하게 됩니다. 세상의 영은 우리 중심에 있으면서 우리를

지배하지 못하나 밖에서 육신의 안목과 정욕, 습관과 성품으로 우리를 지배하려고 합니다. 그러므로 우리는 우리 중심에 계신 하나님의 영의 지배를 받는 습관, 성품을 훈련하여야 합니다. 성령님과 만나려고 해야 합니다. 노력해야 합니다. 그리할 때, 은총이 그 속에서 올라옵니다.

하나님의 성품이 우리에게는 없습니다. 우리 속에 계신 성령님에게 있습니다. 성령님을 만나려고 노력하고 하나님께 자꾸 나감으로 하나님의 성품이 깊은 마음 속에서 올라오게 해야 합니다.

기도와 찬미를 영으로 해야 합니다. 얼마나 깊이에서 기도하고 찬미하고 있는가? 영-혼-육은 각각 서로 다른 인격체입니다. 그러면서 한 인격체입니다. 하나님은 이 3부분이 다 잘되기를 원하십니다. 3부분이 하나님의 나라가 되기를 원합니다. 그런데 그것은 오직 영이 주도권을 쥐어야만 가능합니다. 영이 잘되어야 혼과 몸도 살게 됩니다. 그러므로 육성-이성-영성 중에서 이성과 육성을 약화시키고 영성을 강화시켜야 합니다. 육신이나 세상에 대해서 좀 덜 민감해지고 하나님에 대해서 더 민감해져야 합니다.

사람들 대부분은 마음의 활동보다는 이성에 의한 육체의 활동만 하고 있으며, 마음과 이성 사이에는 두꺼운 벽이 있어서 분리시켜놓고 있습니다. 그러므로 마음의 기능이 약해져 있으며, 상대적으로 이성과 육신으로만 활동하고 있습니다. 이성과 육신이 인간의 활동을 지배합니다. 대부분의 결정을 마음이 아니라, 이성으로 내립니다. 그러므로 하나님과 무관한 결정이 되고 맙니다. 마음이 깨어서 마음으로 하는 결정이 하나님과 유관한 결정입니다.

가나안 땅을 분배하는 아브라함과 롯의 경우, 롯은 이성의 결정이고, 아브라함은 마음의 결정, 영적인 결정을 하였습니다. 이성의 결정은 하나님과 무관하고, 사단과 유관한 결정이 됩니다.

10.정한 시간에 숙달기도. 성령의 불이 자신의 심령에서 올라오는 능력 있는 기도에 이르게 된 체험입니다. 성령으로 영의기도를 하려고 굉장한 노력을 했습니다. 기도 세미나에 세 번이나 참석하여 기본을 숙지하고, 실제 체험하려고 7개월 동안 교회 강단에서 의자위에서 자면서 기도를 숙달했습니다. 의자위에서 자는 것은 의자위에서 잠을 자면 깊은 잠을 자지 못하기 때문에 의자위에서 잠을 잔 것입니다. 그러다가 의자에서 떨어지기도 몇 번 했습니다. 그러나 포기하지 않고 꼭 성령으로 능력 있는 영의기도를 숙달하고 말겠다는 의지를 가지고 계속 기도했습니다. 그러던 어느날 서서히 기도가 깊어지는 것을 체험적으로 느꼈습니다.

말로 설명하기가 좀 어렵지만 대략 설명하면 이렇습니다. 기도가 깊어지고 영의 통로가 뚫리니까 처음 제일로 괴로운 것이 잠재의식에 숨어있던 상처가 떠오르는 것이었습니다. 정말 지난날의 상처들이 막 떠오르는데 정말 봐주어야 할 사람들이 많았습니다. 그것을 다 용서하며 회개하며 치유하여 해결하고 나니까, 이제 이런 현상이 나타났습니다. 기도가 깊어지니까, 무의식에서 찬양이 올라왔습니다. 너무나 은혜로웠습니다. 그래서 이 찬양을 내가 어디에서 불렀더라하고 생각을 하니까, 찬양이 끊어졌습니다. 이와 같은 현상은 이렇게 설명할 수 있습니다. 어디에서 찬양을 불렀더라하고 생각하니까, 의식이 살아나게 됩니다. 즉 의식이 살아나니 육적인 상태가 되는 것입니다.

그러니까 자연히 영의 활동이 끊어지는 것입니다. 성령의 불이 마음에서 올라오는 능력 있는 영의기도를 하려면 자신의 의식, 생각과 관계를 끊어야 합니다. 자신의 생각을 가지고 성령의 불이 마음에서 올라오는 영의기도를 하겠다고 생각하고 기도하면 절대로 깊은 영의 경지에 들어갈 수 없습니다. 성령의 불이 마음에서 올라오는 영의기도를 하고 싶으시면 자신의 생각이나 의지나 의식과 관계를 끊으시고 내적침묵과 외적 침묵이 된 상태에서 숨을 들이쉬고 내쉬면서 오직 마음 안의 예수님을 찾는 기도에만 집중하시기를 바랍니다. 기도를 다른 말로 표현하면 하나님에게 집중하는 것이라고 저는 생각이 됩니다. 필자는 이렇게 내 의식을 가지고 생각을 가지고 기도하다가 아 내 의식을 가지고 기도하면 절대로 깊은 기도에 들어갈 수 없구나 생각하고 이제 아무런 생각이나 의식을 갖지 아니하고 오직 기도에만 집중하여 기도를 하니까, 어느날 성령의 이끌림을 받아 깊은 경지에 들어갔습니다.

깊은 영의 경지에 들어가 기도를 하겠다고 생각을 하면 절대로 깊은 영의 상태에 들어갈 수 가 없습니다. 계속 마음의 기도에 집중하며 기도하다가 보면 자신도 모르는 사이에 깊은 영의 상태에 들어가 기도하게 됩니다.

깊은 영의 상태에 들어가는 기도에 돌입하면 말로 표현하기 어려운 평안과 기쁨을 맛보게 됩니다. 온몸을 성령께서 만져주시고 마음속에서 성령의 불이 올라오는 경험을 하게 되고 얼굴이 성령의 불의 역사로 화끈거리고 하품이 나오며 상처와 질병이 치유되고 영안과 영계가 열립니다. 그리고 차츰 성격도 변하여 온유한 주님의 성품으로 바뀌게 됩니다. 말로 설명하기가 곤란합니다. 체험하여 보세요. 그러면 알게 됩니다. 독자 여러분 모두 깊은 영의 경지에 들어가 기도하시기를 바랍니다. 그래서 진정한 주님의 성품으로 변하여 성령의 열매를 많이 맺으시기를 바랍니다.

11.직장에서 일하며 기도. 성도가 성령의 불로 충만하면 지혜로운 사람이 됩니다. 지혜로운 사람이 됨으로 직장에서 인정을 받게 됩니다. 하나님이 주신 지혜로 맡은 일을 해서 성과를 내니 성과급도 받게 됩니다. 실제로 우리 교회성도들에게 깊은 영의기도를 훈련을 했습니다. 깊은 영의기도를 훈련하면서 직장에서 일을 할 때 어려움에 봉착하더라도 당황하지 말고 성령님에게 문의해서 문제를 해결하라고 알려주었습니다. 그랬더니 성과급을 받았다고 자랑을 하는 성도가 있다는 것입니다. 성령은 우리를 잘되도록 도와주시기 위해서 오셨습니다.

직장에서 일을 하면서 마음으로 기도하는 것을 숙달해보세요. 당신은 성령의 역사로 지혜로운 사원이 될 것입니다. 성과를 내는 직장인이 될 것입니다. 윗사람에게 인정받고 아랫사람에게 존경받는 직장인이 될 것입니다. 기도는 이렇게 하면 됩니다. 호흡을 들이쉬고 내쉬면서 마음으로 하나님을 찾는 것입니다. 하나님! 도와주세요. 하나님! 사랑합니다.

지속적으로 해서 습관이 되게 해야 합니다. 무의식적으로 하나님을 찾을 때까지 훈련해야 합니다. 그러면 성령의 불의 역사로 스트레스를 받지 아니하고, 피곤하지 않은 직장 생활을 하게 될 것입니다. 직장 일을 즐기세요. 마음으로 기도하면 성령이 충만하게 됨으로 일이 힘들지 않고 지치지 않고 즐길 수가 있습니다. 마음으로 기도하세요. 하나님! 도와주세요. 하나님! 사랑합니다. 지속적으로 하다가 보면 자신의 얼굴에서 광채가 나는 것을 다른 사람들이 보게 될 것입니다.

12.차를 타고가면서 기도. 예수를 믿고 성령으로 세례를 받아 거듭난 성도는 차를 운전하든지, 타고 가든지, 할 것 없이 기도해야 합니다. 기도하면 성령의 불로 충만해질 수가 있는 것입니다. 저는 운전을 하든지, 차를 타고 가든지, 코로 호흡을 아랫배까지 들이쉬고 내쉬면서 방언으로 기도를 합니다. 차속에서 방언기도를 하면 정신 나간 사람이 되니 마음으로 방언을 하면 됩니다. 마음으로 하는 방언에 성령이 충만하게 되어 심령이 정화되고 상처가 치유되며 귀신이 떠나갑니다. 자신 안에서 역사하는 귀신은 마음으로 방언하는 것을 가장 싫어합니다. 그러므로 마음으로 방언기도를 하면 귀신이 떠나가는 것입니다. 마음으로 방언기도를 하면 하품이 나오면서 상처가 치유됩니다.

제가 시흥시화에서 목회할 때의 일입니다. 성남에 꿀벌을 사러 갔습니다. 당시에는 벌침을 놓으면서 전도를 했습니다. 성남에서 벌을 사서 가지고 오는 길입니다. 고속도로에 들어섰는데 바퀴에서 투두둑~ 투두둑~ 하면서 소리가 요란하게 나는 것입니다. 차를 갓길에 세워서 보니 타이어가 오래되어 떨어져 나가는 것입니다. 거기서 어떻게 조치할 수가 없어서 방언으로 기도하면서 차를 운전하여 왔습니다. 차를 운전하여 오면서 기도를 했습니다. "천사들아 타이어가 펑크가 나지 않도록 도울지어다." 시흥시화에 들어와서 타이어를 갈아 끼우려고 정비소에 갔습니다. 가서 보니까, 주브까지 다 달아서 풍선같이 된 것입니다. 그래도 펑크가 나지 않았습니다. 정비소 주인이 대단하다는 것입니다. 기도를 하니까, 천사들이 도운 것입니다. 기도하니 성령의 불로 충만하니 천사들이 차를 둘러서 진을 치고 도운 것입니다. 이렇게 천사의 도움을 받으려면 성령님과 교통하면서 친밀하게 지내야 합니다.

저는 차를 타든지, 걸어가든지, 항상 마음으로 기도합니다. 차를 타고 지방에 가는 경우가 있습니다. 시간이 세 시간 이상 걸리는 경우도 있습니다. 그 시간동안 기도하면서 가는 것입니다. 자연스럽게 성령의 불로 충만하게 되는 것입니다. 목적지에 가서 집회를 한다든지, 안수를 한다든지, 하면 정말 말로 표현할 수 없는 성령의 역사가 일어납니다. 기도는 이렇게 합니다. 코로 호흡을 아랫배까지 들이쉬고 내쉬면서 마음으로 방언기도를 하는 것입니다. 기도하기를 시작하여 시간이 지나면 성령의 불이 심령에서 올라오는 것을 몸으로 느끼게 됩니다. 이렇게 성령의 불로 충만하니 말씀을 전하고, 안수 기도할 때 성령의 강한 역사가 나타나는 것입니다.

13.타인과 대화하면서 기도. 예수를 믿고 성령으로 거듭난 성도는 항상 영적인 전쟁터에 살고 있다는 것을 알아야 합니다. 세

상살아가는 것이 영적전쟁입니다. 세상 사람들 뿐 만아니라, 성도들과 대화를 하게 되면 영적 전이 현상이 일어나게 됩니다. 영적 전이에 대하여는 **"영적피해 방지하기"**을 읽어보시면 알게 됩니다. 세상 사람들과 대화할 때 반드시 자신의 영혼을 위하여 방패기도(일이 닥치기 전에 예방하는 기도)를 해야 합니다.

대화중에 타고 들어와서 그렇습니다. 마음을 열어놓은 상태이므로 잘 들어옵니다. 이상한 현상으로는 답답함, 두통, 어지러움, 우울함, 공허감 등등입니다. 성도는 사람들과 대화 간, 대화 후, 반드시 깊은 영의기도로 심령을 성령의 불로 충만하게 채워야 합니다. 마음으로 기도하면서 성령의 충만을 유지해야 상대방의 나쁜 요소들이 타고 들어오지 못합니다. 대화 후에도 반드시 깊은 영의기도를 하여 전이된 악한 영의 영향을 성령의 불의 역사로 씻어내야 합니다. 대화 간에 타고 들어온 안 좋은 감정을 성령의 임재 가운데 기도하여 사라지게 해야 합니다. 이는 자신의 영을 지키기 위해서입니다. 성령이 충만해야 자신의 영을 지킬 수가 있는 것입니다.

예수를 믿고 성령 충만한 사람은 그 어떤 은사든지 하나님이 은사를 주시는 것입니다. 그 은사를 받아서 역사해야만 되는 것입니다. 이럴 때 하늘나라의 능력이 나타나게 되는 것입니다. 이러므로 우리는 하나님의 성령과의 이와 같은 관계 속에서 살아야 되는 것입니다. 세상에 나가 세상 사람들과 대화를 하다가 보면 나도 모르는 사이에 세상 것들이 들어올 수가 있습니다. 이는 우리가 육을 가지고 있기 때문입니다. 대화를 하면서도 마음으로 기도를 해야 합니다. 마음으로 호흡을 들이쉬고 내쉬면서 성령의 충만함을 유지하는 것입니다. 마음으로 호흡을 하면서 기도하면 성령의 불로 충만하게 됩니다. 이렇게 하면 어느 정도 나쁜 영의 침입을 막을 수가 있습니다. 대화 후에도 깊은 호흡이나 명상기도로 성령의 충만함을 받아서 영을 강화하여, 나도 모르게 들어온 세상 것들을 정리하는 것입니다. 우리가 세상 사람들과 대화를 하다가 보면 머리가 무겁고 속이 거북스러울 때가 있습니다. 이는 세상 것이 나에게 들어온 것을 나의 영이 알아차린 것입니다. 이를 그대로 두면 나에게 집을 짓게 되고 나의 영은 점점 무디어지게 됩니다. 성령의 지배와 임재 하에 세상 것들을 몰아내고 영을 맑게 정화해야 합니다. 이는 습관이 되어야 합니다. 악한 영이 침입하여 집을 짓기 전에 풀어내는 것이 중요합니다. 만약에 나쁜 영이 들어왔다고 생각이 되면 대적기도를 해야 합니다. 대적기도는 이렇게 합니다. 성령이여 임하소서. 호흡을 깊게 들이쉬고 내쉬면서 성령의 임재를 요청합니다. 성령의 지배가 충만해지면 아랫배에 손을 얹고 호흡을 깊게 들이쉬고 내쉬면 악한 기운들이 성령의 역사로 하품이나 기침이나 재채기를 통하여 떠나갑니다. 머리가 맑아지고 편안해질 때까지 지속적으로 하여 마음을 정화합니다.

14.기도하는 장소를 바르게 알고 기도하라. 필자가 어느 날 새벽에 기도하니까, 성령하나님께서 이렇게 감동하시는 것입니다. "왜 무당들이 유명한 산에 올라가 장구치고 북치고 하면서 기도하는지 알고 있느냐" 잠시 생각을 해보니까, 유명한 산에 역사하

는 산신령을 접신 받으려고 유명한 산을 찾아 기도한다는 생각이 떠올랐습니다. 그래서 "산에 역사하는 산귀신을 접신 받으려고 산에 가서 기도하는 것입니다." 했더니 성령께서 "그렇다. 산에 역사하는 산신령을 접신 받으려고 산에 가서 기도하는 것이다." 말씀하시는 것입니다. 그럼 자네는 어디에서 기도해야 하겠는가? 제 안에 예수님이 주인으로 계시니까, 어디서나 제 안에 계신 예수님께 기도하고 있습니다. 하며 대답했습니다. 성령께서 그렇다. 이를 목회자들이나 성도들에게 알려주어 기도 장소의 개념을 바르게 알고 기도하도록 하라고 말씀하셨습니다. "크리스천은 기도는 하나님이 주인으로 계시는 자신 안에 집중하여 기도하게 하라는 것입니다." 자신 안에 계신 하나님께 기도하시기를 바랍니다. 우리 목회자들이나 성도들의 의식이 기도하려면 "기도원가야 한다. 산에 가야한다. 교회에 가야한다."로 고정되어 있기 때문에 자신 안에 관심이 두지 않습니다. 더군다나 지금 코로나19로 인하여 교회예배당에 갈수가 없습니다. 자연스럽게 기도하지 않는 목회자 성도가 되는 것입니다. 자신의 마음 안에 계신 하나님께 관심을 두지 않기 때문에 예수를 믿으면서도 변화되지 못하는 것입니다. 그렇다고 교회나 기도원에 가서 기도하지 말라는 말로 이해하면 안 됩니다. 교회에 가서 기도에 대하여 바르게 배우고 바르게 해야 합니다. 교회에 가서 성령으로 세례도 받아야 합니다. 필자는 자신 안에 계신 하나님께 관심을 가지고 무시로 기도하라는 것입니다. 성전 된 성도답게 기도의 장소를 구별 말고 자신의 집에서나 직장에서나 사업장에서나 어디서나 기도하라는 것입니다.

23장 스스로 마음 상처를 치유하는 기도

(사61:1-3)"주 여호와의 영이 내게 내리셨으니 이는 여호와께서 내게 기름을 부으사 가난한 자에게 아름다운 소식을 전하게 하려 하심이라 나를 보내사 마음이 상한 자를 고치며 포로된 자에게 자유를, 갇힌 자에게 놓임을 선포하며, 여호와의 은혜의 해와 우리 하나님의 보복의 날을 선포하여 모든 슬픈 자를 위로하되 무릇 시온에서 슬퍼하는 자에게 화관을 주어 그 재를 대신하며 기쁨의 기름으로 그 슬픔을 대신하며 찬송의 옷으로 그 근심을 대신하시고 그들이 의의 나무 곧 여호와께서 심으신 그 영광을 나타낼 자라 일컬음을 받게 하려 하심이라"

성령 안에서 온몸으로 기도를 하여 참 평안을 누리려면 성령의 임재 가운데 마음을 통회하며 내적치유를 해야 합니다. 성령 안에서 온몸으로 기도를 하며 내적인 상처를 치유해야 하나님의 평안이 심령에서 올라오게 됩니다. 많은 분들이 내적치유하면 질병이 있어야 받는 것으로 알고 있습니다. 우리가 바르게 알아야 할 것은 내적치유는 에덴동산에서의 영성을 회복하는 적극적인 방법입니다. 에덴동산에서는 죄가 없었기 때문에 하나님과 동행하며 대화를 했습니다. 아담이 죄를 짓자 하나님과의 관계가 끊어지고 에덴동산에서 쫓겨나게 된 것입니다. 죄로 인하여 하나님과의 교통이 끊어진 것입니다. 사랑이 많으신 하나님은 예수님을 우리에게 보내주셔서 십자가에서 죽으심으로 이를 믿는 우리의 죄를 사해 주셨습니다.

예수를 믿음으로 원죄가 사해져서 하나님과 교통할 수가 있게 된 것입니다. 예수를 믿는 우리는 말씀과 성령으로 내면의 상처를 치유함으로 영성을 회복하여 주님과 동행하며 살아가야 합니다. 마음의 상처는 주님과 영의 통로를 열고 교통하며 살아가는데 큰 방해물이 됩니다. 또, 상처는 자신의 건강에도 좋지 못한 영향을 미칩니다. 우리는 깊은 영성을 유지하고 강건하게 살아가기 위하여 의지를 가지고 상처를 치유해야 합니다. 마음을 통회하며 성령으로 내면의 상처를 치유 받으려면 대략 이런 순서로 진행을 합니다.

1.성령의 임재를 느끼고 받아드리라.

온몸기도를 통하여 스스로 내적치유를 하려면 먼저 성령의 임재와 불의 역사가 강한 곳에 가서서 성령을 체험해야 합니다. 스스로 상처를 치유하여 뿌리를 뽑으려면 먼저 성령의 세례를 받아야 한다는 말입니다. 성령의 세례를 쉽게 체험하려면 저의 저서 **"성령의 불세례에 숨은 비밀" "성령의 불 받을 때 느낌 체험"** 책을 참고하시기를 바랍니다. 성령을 체험하였으면 이제 성령으로 능력 기도하여 깊은 경지에 들어갈 수가 있어야 합니다. 영상기도를 할 줄을 알아야 한다는 것입니다. 영상기도란 상처를 받는 실제 상황을 영상으로 보면서 하는 기도를 말합니다. 영상으로 상처를 받는 자신의 모습을 보면서 상처받을 때 느끼는 감정을 하나님에게 드리면서 치유하는 것을 말합니다.

그래서 스스로 기도를 통한 내적치유는 성령의 임재가 중요합니다. 성령께서 무의식에 들어있는 상처를 알게 하고, 느끼게 하고, 보게 하기 때문입니다. 따라서 성령의 깊은 임재를 받고, 느껴야 합니다. 이를 위하여 자신이 성령의 임재가 되면 자신에게 어떤 현상이 나타나는지 체험하고 유지를 하려고 해야 합니다. 성령은 살아있는 초자연적인 5차원의 역사이기 때문에 반드시 자신을 장악하면 무슨 현상이 나타난다는 것입니다. 절대로 성령이 임재되었다고 말로 하는 것이 아니고, 실제로 살아서 역사하는 성령의 임재를 느끼고 체험해야 합니다.

대략적으로 성령의 임재로 일어나는 현상은 이렇습니다. 성령이 임재해서 성도를 장악하면 뜨거움을 체험합니다. 뜨거움은 성령의 임재를 상징하기 때문입니다. 성령님이 전인격을 장악하시면 쓰러지는 현상이 나타날 때가 많습니다. 이는 성령 안에서 육신의 이성적 기능이 잠깐 동안 멈추는 현상입니다. 그래서 성령의 이끌림에 의한 깊은 임재(입신)에 들어가서 여러 가지 신비한 것들을 체험하는 분들도 많습니다. 환상을 보고 예수님을 만나서 말로 표현 할 수 없는 이야기를 듣기도 합니다. 어떤 경우에는 하나님을 찬송하기를 몇 시간이나 쉬지 않고 계속하는 현상이 나타나기도

합니다. 어느 분은 잠을 자다가도 찬양을 했다는 간증을 하기도 합니다. 성령의 지배로 방언이 터지기도 합니다. 많은 분들이 방언통역의 은사가 같이 임하기도 합니다. 성령이 지배하여 역사하기 시작하면 여러 가지 이해 할 수 없는 현상이 우리 교회 집회 때에 일어납니다. 손발을 움 추리면서 바다에 사는 게 발 처럼 되거나 얼굴을 찌푸리며 몸이 경직되는 현상이 나타납니다. 이는 특정한 죄를 해결하게 되는 경우입니다. 몸이 뒤틀리거나, 호흡이 가빠지거나 빨라지기도 합니다. 슬픔이 솟구치며 울음이 터집니다. 가슴을 찌르는 아픔, 위장이나 아랫배 부근에서 뭉치가 움직이고, 큰소리가 터지고, 가슴이 답답해지고 기침을 합니다. 어깨나 목이나 허리 등에 통증이 일어나기도 합니다. 하품이나 트림이 나오고, 심한 구토현상, 멀미하는 것처럼 속이 울렁거리며 토할 것 같은 현상이 일어나기도 합니다. 몸 안에서 무엇인가 빠져나가는 느낌이 생깁니다. 이는 귀신이 떠나가는 경우와 상처가 치유되는 현상이기도 합니다.

때로는 사람들에게 마음과 몸이 술에 취했을 때와 같이 몸이 흔들리는 현상이 일어나기도 합니다. 그래서 의자에 앉아 있지 못하고 의자에서 내려와 드러눕기도 합니다. 이런 술 취함을 체험한 후에 몸이 가벼워져서 걸음걸이가 비틀거리며 말까지 더듬게 되는 경우도 있습니다. 그리고 말로 표현할 수 없는 환희를 체험했다고 간증하기도 합니다.

지금까지 설명한 것은 분명하게 나타나는 현상이지만 그런데 미세하게 나타나는 현상도 있습니다. 그래서 우리가 성령께서 임하심을 영으로 깨닫지 못한 채 지나치게 되는 경우도 있습니다. 즉 몸이나, 눈까풀의 미세한 떨림, 깊은 호흡, 약간의 땀 흘림, 가슴이 울렁거리는 증상이 있습니다. 커피를 많이 마신 것과 같은 현상이 나타납니다. 때로는 가슴이 짓눌리는 것 같은 기분이 들거나 공기가 답답하게 느껴지기도 합니다.

많은 분들이 이러한 현상을 느꼈다고 성령을 체험했다고 나름대로 단정하고 계시는 분들이 있다는 것입니다. 반드시 밖으로 축출하는 체험을 해야 된다는 것을 아시기를 바랍니다. 그런데 더 큰 문제는 많은 분들이 이런 현상이 나타나면 두려워하거나 자리를 이탈하려고 합니다. 그러나 참고 인내해야 성령의 세례를 체험하고 성령으로 자신의 심령이 장악을 당할 수가 있습니다. 만약에 성령이 역사하여 자신을 사로잡을 때 두려움을 견디지 못하고 성령의 역사를 거부하고 자리를 이탈하면 성령의 역사를 훼방하는 행동이 될 수도 있습니다. 자신이 기도하며 스스로 내적치유를 하시려면 반드시 불같은 성령으로 세례를 받아야 합니다.

2.성령의 이끌림을 받아라.

온몸기도를 통해서 스스로 내적치유를 하려면 성령의 이끌림으로 상처 안으로 들어가야 합니다. 그러므로 상처 받는 자신의 모습을 정확하게 보기 위해 성령의 이끌림을 받아야 합니다. 자신은 상처를 모를 수 있습니다. 그러나 성령님은 정확하게 알고 계십니다. 그러므로 자신의 의지를 내려놓고 성령의 이끌림을 따라 사건 상처받는 현장 속으로 들어가야 합니다. 사건의 현장 속에 들어가 자신이 상처를 받고 있는 모습을 보면서 감정을 속이지 말고 가감 없이 마음을 토설하며 기도를 하는 것입니다. 그래서 성령의 이끌림이 중요합니다.

3.성령님에게 질문하라.

자신의 상처가 무엇인지 성령님에게 물어보는 것입니다. 자신의 상태를 성령님에게 아뢰면서 물어보는 것입니다. 예를 든다면 왜 자신에게 혈기가 심한가 물어보는 것입니다. 왜 스트레스를 받으면 소화가 며칠씩 안 되는 것입니까? 왜 나는 조그마한 일에도 잘 놀랍니까? 왜 놀라고 나면 기도가 되지를 않습니까? 왜 나는 이렇게 가슴이 답답합니까? 왜 나는 마음이 우울한가요? 왜 나는 다른 사람이 조금 섭섭한 말을 하면 속에서 서러움이 올라옵니까? 상처를 받아서 인가요? 아니면 혈통으로 대물림되는 문제인가요? 아니면 다른 무슨 문제가 있어서 그러는지 성령님에게 물어보는 것입니다. 성령으로 기도하여 깊은 경지에 이르러 치유 과정에 집중하면서 물어보아야 합니다. 금방 알려주시기도 하지만, 어느 정도 시간이 걸립니다. 절대로 중간에 포기하지 말고 집중적으로 물어보는 것입니다. 반드시 성령께서 알려주신다고 생각을 하고 물어보기를 바랍니다. 치유는 인내력과 끈기도 있어야 합니다.

성도가 영성이 깊어지고 치유를 받아 심령이 변하려면 기도를 바르게 해야 합니다. ①성령 충만을 받는 기도는 코로 호흡을 아랫배까지 들이쉬고 내쉬면서 지속적으로 합니다. 최대한 깊이 호흡을 들이쉬고 내쉬고 해야 깊은 곳에서 성령의 불이 올라옵니다. ②자기 치유를 위한 기도는 호흡을 들이쉬고 내쉬면서 기도합니다. 기도하면서 자신의 특이 사항을 성령님에게 물어 봅니다. 성령님 내가 왜 혈기를 잘 냅니까, 성령께서 감동하면 회개도 하고 용서도 하면서 풀어냅니다. 성령의 임재가 충만하면 귀신도 축사합니다. ③안수를 받으면서 하는 기도는 자기 기도는 하지 말고 호흡을 들이쉬고 내쉬면서 안수를 받습니다. ④누워서 하는 기도는 호흡을 방광까지 깊게 들이쉬고 내쉬면서 성령님을 찾습니다. 호흡을 들이쉬면서 성령님! 내쉬면서 사랑합니다. 이렇게 지속적으로 하다가 보면 깊은 영의 상태에 들어갑니다. ⑤길을 걸어가면서 하는 기도는 코로 호흡을 아랫배까지 들이쉬고 내쉬면서 성령님을 찾는다든지, 물어본다든지 하면서 마음으로 기도를 합니다. 능력 기도가 바르게 되어야 스스로 기도하며 내적치유를 할 수가 있습니다. 기도가 성령 충만이고, 기도가 치유입니다.

4.떠오르는 문제 안으로 들어가라.

기도하면서 내적인 상처를 치유할 때 머리로 생각으로 하는 기도는 효과가 적습니다. 현장을 영상으로 보면서 감정을 가감 없이 마음을 토설하며 기도를 해야 하기 때문에 문제 안으로 들어가야 하는 것입니다. 문제 안에 들어가 자신이 상처를 받는 모습이 보일 때까지 영상기도를 해야 합니다. 영상기도란 자신이 상처받고 상처를 주고 있는 모습을 그대로 보라는 것입니다. 마치 동영상을 보는 것과 같이 말입니다. 현장을 생생하게 보면서 감정을 토설하며 기도하는 것입니다.

5.감정을 가감 없이 표현하라.

영상기도를 통하여 자신이 상처를 받는 모습이 보이면 자신에게서 나타나는 현상대로 토설하며 기도를 하는 것입니다. 절대로 자신의 감정을 속이지 말고 그대로 표현하는 것입니다. 상처의 치유는 쉽게 되는 것이 아닙니다. 반드시 하나님은 자신이 상처를 받던 상황을 직시하면서 치유 받게 하십니다. 그래서 내적치유에 토설하며 기도하는 것이 중요하다는 것입니다. 하나하나 상황을 보면서 심경을 토설하며 기도 하는 것입니다. 감정을 가감 없이 토설하며 기도 할 때 마음의 문이 열리니 성령께서 강하게 역사하는 것입니다. 성령께서 강하게 역사하면 자신의 감정을 솔직하게 표현하게 됩니다. 이때 악을 쓰는 분들이 있습니다. 가슴을 치는 분들도 있습니다. 옷을 찢는 분들도 있습니다. 온몸과 사지가 틀어지는 발작을 하면서 토설하기도 합니다. 어린 아이 소리로 우는 분들도 있습니다. 욕설을 하는 분들도 있습니다. 좌우지간 자신의 상태를 보는 영상기도를 통하여 성령께서 보여주시는 모습을 보면서 그대로 표현하는 것입니다. 내적인 상처의 치유는 토설하면서 하는 기도를 통해서 해야 깊은 치유를 이끌어 낼 수가 있습니다.

1) 죄와 허물을 토설해야 합니다. 다윗은 "허물의 사함을 얻고 그 죄의 가리움을 받은 자는 복이 있도다. 마음에 간사가 없고 여호와께 정죄를 당치 않은 자는 복이 있도다. 내가 토설치 아니할 때에 종일 신음하므로 내 **뼈**가 쇠하였도다. 주의 손이 주야로 나를 누르시오니 내 진액이 화하여 여름 가물에 마름같이 되었나이다. 내가 이르기를 내 허물을 여호와께 자복하리라 하고 주께 내 죄를 아뢰고 내 죄악을 숨기지 아니하였더니 곧 주께서 내 죄의 악을 사하셨나이다"(시32:1-5)라고 고백 했습니다. 다윗은 자기 속에 있는 죄와 허물을 토설치 아니할 때의 괴로움을 고백하면서 하나님 앞에 죄와 허물을 성령의 지배 하에 토해낼 것을 말씀하고 있습니다. 죄는 의지적으로 행한 잘못이며 허물은 부지중에 행한 잘못입니다. 죄와 허물은 우리의 마음을 더럽히는 것이며 삶의 과정에서 나온 찌꺼기이기 때문에 성령의 지배 하에 깊은 토설기도를 통해서 날마다 털어내고 토해내야 합니다.

2) 마음의 상처와 근심을 토해내야 합니다. 시102편 설명 부분에 "곤고한 자가 마음이 상하여 그 근심을 여호와 앞에 토하는 기도"라고 기록되어 있습니다. 시편102편에서 다윗은 마음의 상처와 근심으로 **뼈**가 냉과리같이 탔으며 살이 **뼈**에 붙었다고 고백하

고 있습니다. 옛날 우리나라 여인들이 앓았던 화병은 상처와 근심을 오래도록 품고 있어서 생기는 병입니다. 이러한 상처와 근심을 성령의 지배 하에 토해내지 않고 마음에 품고 있으면 불면증, 신경통, 소화 불량 등, 여러 가지 질병을 끌어들이게 됩니다.

그러므로 마음의 상처와 근심을 날마다 십자가 앞에 토해내는 성령으로 영의기도를 통해 치유될 수 있습니다. 성령의 강한 역사와 깊은 임재 가운데 영상으로 상처를 받는 모습을 보면서 솔직하게 토설하며 기도하는 것입니다.

3) 마음의 원통함을 토해내야 합니다. 시142편은 다윗이 사울을 피해 굴에 숨어있을 때 지은 기도 시입니다. 다윗은 특별히 잘 못하거나 죽을 만한 죄가 없었습니다. 그는 이스라엘을 골리앗의 손에서 구원했으며 사울의 충신이었으나 사울의 시기 때문에 도망을 다녀야 했습니다. 칭찬과 보상을 받아 마땅한 사람을 죽이려고 할 때 이보다 더 억울하고 원통한 일이 어디 있겠습니까?

그러나 다윗은 그렇게 원통한 일을 당하면서도 살길을 알았습니다. 그 원통함을 하나님께 기도로 토해낸 것입니다. 다윗은 "내가 내 원통함을 그 앞에 토하며 내 우환을 그 앞에 진술 하는 도다"(시142:2)라고 고백하고 있습니다.

사무엘상 1장에 보면 한나는 아이를 낳지 못한다는 이유로 브닌나에게 많은 고통을 받았습니다. 얼마나 고통을 받았는지 성경은 "여호와께서 그에게 임신하지 못하게 하시므로 그의 적수인 브닌나가 그를 심히 격분하게 하여 괴롭게 하더라."(삼상1:6)고 했습니다. 브닌나는 한 지붕 아래 사는 가족이었지만 한나를 공격하는 대적이었습니다."브닌나가 그를 격분시키므로 그가 울고 먹지 아니하니"(삼상1:7) 브닌나의 공격 때문에 한나는 밥을 먹지 못했습니다.

그런데 한나에게 살길이 열렸습니다. 한나가 그 마음의 원통함을 하나님에게 기도로 상한 마음을 토해냈기 때문입니다. "한나가 마음이 괴로워서 여호와께 기도하고 통곡하며 서원하여 이르되."(삼상1:10-11). 얼마나 심하게 통곡하며 마음을 토해냈는지 엘리 제사장은 한나가 술에 취한 줄 알고 포도주를 끊으라고 권면했습니다. 한나는 엘리 제사장에게 자신을 이렇게 설명합니다.

"나의 주여 그렇지 아니하니이다. 나는 마음이 슬픈 여자라 여호와 앞에 나의 심정을 통한 것뿐이오니 당신의 여종을 악한 여자로 보지 마소서. 내가 지금까지 말한 것은 나의 원통함과 격동됨이 많음을 인함이니이다." 원통함과 격동됨이 많은 심정을 솔직하게 하나님에게 통회 자복하는 것이 토설기도입니다. 이렇게 마음의 상처를 토설하며 기도하니 심령이 깨끗해집니다. 마음이 치유되니 하나님의 응답을 받습니다. "엘리가 대답하여 이르되 평안히 가라 이스라엘의 하나님이 네가 기도하여 구한 것을 허락하시기를 원하노라 하니"(삼상 1:17). 사무엘상 1장 18절에 보니까 한나가 "가서 먹고 얼굴에 다시는 수색이 없으니라."라고 기록하고 있습니다. 브닌나가 변한 것이 아닙니다. 한나의 마음의 원통한 감정이 토설을 통해 다 빠져 나갔기 때문에 마음이 치유되고 회복되니 하나님이 응답하신 것입니다.

6. 토설기도 통한 내적치유 방법

심경을 토설을 통한 깊은 기도는 죄와 허물, 상처와 근심, 억울함과 원통함을 성령의 임재 가운데 토해냄으로서 마음이 치유되고 평강이 회복되는 기도입니다. 심경을 토설하니 마음이 열려서 성령의 역사가 마음을 치유하시는 것입니다. 토설기도의 대표적인 사람은 다윗으로서 그의 시편을 보면 많은 부분에서 죄와 허물을 토하는 기도를 했으며 마음의 속상함이나 원통함을 하나님 앞에 통회하는 깊은 영의기도를 한 내용을 볼 수 있습니다.

다윗이 억울한 일을 그렇게 많이 당하고도 그들을 용서할 수 있었던 힘은 그의 토설기도에서 나온 것입니다. 토설기도는 우리의 마음을 청소하는 것과 같은 기도입니다. 죄와 상처와 원통함을 털어내는 마음의 대청소가 토설기도입니다. 한국 교회가 그동안 토설 기도에 대해 무지했던 이유는 유교사상 때문이었습니다. 유교사상은 윗사람에게는 참고 아랫사람에게 화풀이하는 사상입니다. 그래서 하나님 앞에 와서는 참고 사람 앞에서는 화풀이하며 살았습니다.

그러나 하나님의 뜻은 하나님 앞에 와서 상한 마음을 토설하며 풀고 사람 앞에서 용서해주고 참는 것입니다. 그 길만이 원수까지 사랑할 수 있는 유일한 방법입니다. 오늘부터 성령의 깊은 임재 가운데 자신의 심정을 가감 없이 하나님에게 마음을 토설하여 보십시오. 마음이 열려서 성령께서 마음의 상처를 치유하실 것입니다. 주님의 놀라운 평강과 축복이 넘치게 될 것입니다. 토설통한 내적치유에 대하여 세부적으로 알고 싶으시면 "내적치유 쉽게 하는 법"을 읽어보시기를 바랍니다.

7.상처의 뿌리를 뽑아라.

한 가지 한 가지 상처받는 모습을 보면서 감정을 가감 없이 표현합니다. 내가 지금까지 내적치유사역을 하면서 체험적으로 느낀 것은 상처마다 뿌리가 있다는 것입니다. 그러므로 상처마다 있는 뿌리를 뽑아내야 합니다. 그래야 재발하지 않습니다. 어느 정도 마음의 상처가 토설이 되고 성령이 장악하면 뿌리를 캐내야 합니다. 뿌리에는 귀신이 있을 수도 있습니다.

뿌리에서 역사하던 귀신을 떠나보내야 완전치유가 되는 것입니다. 마음을 토설하며 기도만 하고 뿌리를 뽑아내지 않으면 반드시 재발합니다. 그러므로 성령의 역사와 지배 임재 하에 솔직하게 마음의 응어리를 토설을 하고, 예수 이름으로 축귀를 해야 합니다. 많은 내적치유 센터에서 이와 같이 뿌리를 뽑지 않기 때문에 치유를 받은 후 며칠이 안 되어 재발을 합니다.

또, 내적치유를 받은 후 증세가 더 악화되기도 합니다. 이유는 뿌리를 완전하게 뽑아내지 않고 상처받던 감정만 드러나게 하는 이성적인 사역을 하기 때문입니다. 많은 분들이 유명하게 하는 치유센터에서 내적인 상처 치유를 받은 후 더 심하여 우리 교회에 와서 완전하게 치유 받고 갑니다. 그러기 때문에 내적치유는 3박 4일 집회에 참석해가지고 완벽하게 치유 받을 수가 없습니다. 지속적으로 말씀과 성령으로 치유 집회를 하는 곳에서 장기적인 치유를 받아야 뿌리가 뽑히는 분들이 있습니다. 내가 지금까지 내적치유 사역을 하면서 체험한 바로는 내면의 상처가 치유되는 것은 깊은 말씀을 듣고 깨달아 알아지는 만큼씩 치유가 됩니다. 다시 말하면 영적으로 자라는 만큼씩 치유가 된다는 것입니다.

8.치유를 지속적으로 하라.

내면의 상처 치유는 단기간에 되지를 않습니다. 지속적으로 해야 합니다. 아니 천국에 갈 때까지 해야 하는 것이 치유입니다. 그러므로 항상 기도하면서 치유를 하는 것입니다. 성령의 임재 하에 깊은 영의기도를 통한 내적치유 원리를 적용해가면서 지속적으로 치유하는 것입니다. 새벽기도에 가서 기도하면서도 감정을 토설하며 풀어내는 것입니다. 철야기도에 가서도 마음을 토설하며 상처를 치유하는 것입니다. 감정을 토설하며 상처를 치유하면 치유할 수 록 마음이 정화가 됩니다. 마음이 정화가 되는 만큼 성령이 장악을 합니다. 성령이 자신을 장악하니 권능이 나타납니다. 마귀의 계략을 알고 몰아냅니다.

지속적으로 성령으로 충만함을 받아야 합니다. 상처가 있거나 영적인 자립을 하지 못하는 성도는 교회를 잘찾아가야 합니다. 유형 교회를 통하여 성령의 충만함을 받기 때문입니다.

9. 능력 기도를 통한 깊은 상처 치유의 원리

1) 자신의 문제는 상처로 인한 것이라고 인정하고 자신의 책임이 있다는 것을 인정해야 합니다. 그리고 치유를 받고자 하는 마음을 가져야 합니다. 자신의 상처를 치유 받고 말겠다는 의지가 중요합니다.

2) 자신의 문제와 관련된 사람들을 용서하고자 하는 마음과 그들로부터 용서받고자 하는 마음을 가져야 합니다. 용서와 회개는 내면의 상처를 치유하는 양대 축입니다.

3) 자신에게 정말 심각한 문제가 무엇인지 알려 달라고 성령님께 지속적으로 간구해야 합니다. 그리고 마음을 토설하며 기도하도록 현장을 보여 달라고 기도하세요. 솔직하게 자신의 속내를 토설해야 합니다.

4) 내적 치유는 점진적인 치유의 역사로 이루어진다는 것을 알고 인내해야 합니다. 절대로 내적치유는 단번에 되지 않습니다. 시간과 노력이 필요합니다. 그리고 하나님의 시간표에 맞추어야 합니나. 급하다고 빨리 치유가 되는 것이 아닙니다. 급하게 마음을 먹으면 오히려 시간이 더 걸립니다. 마음을 편안하게 먹고 성령의 이끌림에 순복해야 합니다. 성령님은 우리의 모든 것을 통찰

하고 이해하십니다.

또, 자신의 상처를 모두 알고 계십니다. 우리는 깊은 영의기도를 통해 과거에 잘못 입력된 것들을 지워버리고 마음을 새롭게 함으로써 자신을 새롭게 개조할 수 있습니다(롬12:1-2). 하나님을 만나고 교제함으로 내 안에 악인의 멸망을 바라보던 마음이 하나님을 바라보게 될 때 참된 기쁨으로 충만해집니다. 이 때 내 입에서는 감사가 넘쳐 나고 하나님을 사랑하는 찬양이 끊이지 않게 되는 것입니다.

그런데 이렇게 변하게 되려면 어떻게 해야 하는지 생각해 봅니다. 그것은 바로 심경을 가감 없이 토설하는 것입니다. 하나님 앞에 나의 상처를 나의 고통을 곤경에 처해있는 환경을 낱낱이 토해내는 것입니다. 세상을 살면서 상처를 받지 않고 사는 사람은 별로 없습니다. 그런데 상처를 그냥 놔두면 나중에는 더 심각해지는 병에 걸리거나 정신적 또는 육체적 마음과 인격의 장애가 됩니다.

그래서 상처는 반드시 치유되어야 합니다. 상처를 치유하는 방법 중의 하나는 마음을 열고 마음의 상태를 가감없이 하나님 앞에 토설하는 것입니다. 상처를 하나님 앞에 토설하는 것은 마음을 수술하는 것과 같습니다. 상처는 치료가 되기 때문에 상처라고 합니다. 상처를 빨리 치료 받는 길은 하나님과 가까워지는 것입니다. 마음에 상처를 담아 두지 말고 성령의 임재 하에 심정을 가감없이 토설해 내기 시작할 때 하나님의 치료가 시작되는 것입니다.

4부 성경에 기록된 기도를 쉽게 하는 법

24장 주님이 알려준 기도하는 법

(마 6:9-15)"그러므로 너희는 이렇게 기도하라 하늘에 계신 우리 아버지여 이름이 거룩히 여김을 받으시오며, 나라가 임하시오며 뜻이 하늘에서 이루어진 것 같이 땅에서도 이루어지이다. 오늘 우리에게 일용할 양식을 주시옵고, 우리가 우리에게 죄 지은 자를 사하여 준 것 같이 우리 죄를 사하여 주시옵고, 우리를 시험에 들게 하지 마시옵고 다만 악에서 구하시옵소서 (나라와 권세와 영광이 아버지께 영원히 있사옵나이다 아멘) 너희가 사람의 잘못을 용서하면 너희 하늘 아버지께서도 너희 잘못을 용서하시려니와 너희가 사람의 잘못을 용서하지 아니하면 너희 아버지께서도 너희 잘못을 용서하지 아니하시리라"

예수님께서는 십자가에 못 박히시기 전날 밤에 그는 겟세마네 동산에 들어가서 큰 통곡과 부르짖음으로 그 이마에서 흐르는 땀방울이 피가 되도록 부르짖었습니다. 예수님은 내일이면 인류의 죄를 다 짊어지시고 십자사에 올라가서 처참한 심판을 받아야 할 것입니다. 이것을 감당할 만한 마음의 힘을 하나님께로 받지 않고는 인간의 생각과 인간의 힘으로는 감당할 수가 없는 것이었습니다. 이러므로 예수님께서는 이마의 땀이 핏방울이 되도록 간절히 부르짖어 기도한 결과로 하나님께로부터 그 놀라운 능력을 받았습니다. 그 다음날 조금도 개의치 않고 십자가를 짊어지시고 온 인류를 위해서 구속의 대속물이 될 수가 있었던 것입니다. 바로 그때 예수님께서 제자들보고 하신 말씀이 너희는 시험이 들지 않게 깨어서 기도하라. 그렇게 말씀하셨습니다. 다음에 또 제자들이 잠든 것을 보시고 너희는 깨어서 한 시간도 나와 함께 기도할 수 없느냐고 꾸짖었습니다.

우리의 신앙생활에 적어도 우리가 하루에 한 시간 이상씩 집중적으로 기도해야만 시험에 들지 아니할 수가 있습니다. 수많은 사람이 시험에 들어서 할퀴고 찢기고 피투성이가 된 이유는 그들이 적어도 한 시간 이상의 기도를 하지 않았기 때문에 그와 같은 시련 속에 빠지는 것입니다. 그런데 많은 사람들이 어떻게 해야 한 시간 이상씩 기도할 수 있냐고 묻습니다. 우리는 아무리 해도 몇 분 이상 기도할 수 없는데 어떻게 하면 한 시간 이상 기도하느냐고 묻습니다. 제자들이 예수께 나와서 주여! 우리에게 기도하는 법을 가르쳐 주소서. 할 때 예수께서 기도의 모범을 가르쳐 주셨습니다. 이 기도의 모범은 우리가 일곱 가지 단계로 기도할 때, 우리 생활 전반에 걸쳐 기도하며 한 시간 이상 기도할 수 있는 것입니다.

우리가 세상을 살아가면서 육체의 건강을 지키려고 노력을 합니다. 육체의 건강을 위하여 한번에 30분 이상 운동을 해야 효과가 나타난다고 말합니다. 육체의 운동도 30분 이상을 해야 효과가 있는데 하물며 기도를 5-10분해서 효과가 있겠습니까?

1. 하늘에 계신 우리 아버지여

하늘에 계신 우리 아버지여. 이름을 거룩히 여기시오며, 라고 기도하고 있습니다. 하나님 이름은 거룩하고 영광스러우며 존귀합니다. 인간의 힘으로 하나님을 더 이상 거룩하고 영광스럽고 존귀하게 할 수 없습니다. 그러나 우리가 하나님을 모시고 있는 이상, 우리의 삶의 행위를 통해서 하나님의 이름을 모욕되게 할 수도 있고, 하나님의 이름을 거룩하고 영광되게 할 수 있는 것입니다. 그러므로 우리 기도의 출발은 우리 자신이 하나님의 이름을 영화롭게 할 수 있는 생활을 하고 있는가. 있지 않는가, 이것을 살피므로 출발해야 하는 것입니다.

그러므로 처음 기도의 출발은 우리 자신의 회개로부터 출발해야 합니다. 우리가 하나님의 이름을 어깨에 메고 사는 사람이요. 하나님의 성호를 받들고 사는 사람이기 때문에 내가 하나님의 성호에 거룩함을 가지고서 모실 수 있는 자격이 있는가, 없는가를 살펴보아야 하는 것입니다. 나의 말이 거룩한 말을 하고 있는가. 나의 생각이 거룩함을 가지고 생각하는가. 나의 행동이 거룩한가. 내가 하나님께 진실로 순종하고 복종하며 믿고 하나님을 영화롭게 하는 그런 삶을 살고 있는가. 이 사실을 우리 마음속에 깊이 깨달아 보고 내가 하나님 앞에 합당하지 못한 언어 심사 행동이 있으면 철저히 회개하는 기도로 매일 출발해야 하는 것입니다. 나로 말미암아 하나님의 이름이 거룩히 여김을 받는 그러한 삶을 우리가 살아야만 되는 것입니다.

그렇기 때문에 우리의 기도는 하나님 앞에 엎드릴 때 하나님 아버지여 저로 말미암아 만군의 여호와 우리 하나님의 이름이 거룩히 여김을 받게 하여 주옵소서. 이러한 회개의 기도로부터 출발해야 하는 것입니다. 우리는 철저히 우리의 하나님 앞에 저지른 죄악을 통회하고 자복하고 우리의 죄악을 뿌리 뽑고 예수그리스도 보혈과 성령의 역사로 씻는 이러한 기도가 매일 매일 이루어져야 하는 것입니다. 이것이 우리 기도의 첫째 제목인 것입니다.

2. 나라가 임하옵시며.

우리가 부르짖고 기도할 것은 나라에 임하옵소서. 라고 기도해야 하는 것입니다. 우리는 세상나라에 삽니다. 그리고 우리는 세속의 나라에 속해 삽니다. 우리의 몸은 세상나라에 있고 우리의 속에는 세속이 꽉 들어와 있습니다. 그래서 육신의 정욕과 안목의 정욕과 이 세상 자랑이 마음을 점령하고, 그를 따라 공중에 권세 잡은 마귀와 귀신의 가르침을 쫓아서 세상풍속을 쫓아 살고 있는 것입니다. 그러므로 이 세상 사람들은 완전히 세상에 속하고 세속에 물들어서 하나님도 영혼도 영원한 천국도 심판도 알지 못하고 세상에 취해서 살다가 영원히 지옥으로 떨어지고 마는 것입니다.

이러한 상황에 처해 있는 우리들이 하나님께 기도할 때 하나님이여. 나라이 임하여 주시옵소서. 라고 기도해야 합니다.

그것은 바로 이 세상나라 세속 속에 하늘나라가 임하여 달라는 것입니다. 자신이 먼저 하나님의 나라가 되게 해달라는 것입니다. 지금으로부터 이천년 전 에 하나님 아들 예수께서 지상에 강림하시므로 하늘나라는 지상에 찾아오시게 되신 것입니다. 그리고 난 다음 예수께서 십자가를 짊어지시고 우리를 대신해서 양손과 양발에 대못 박히시고 몸을 찢고 피를 쏟으시므로 말미암아 인류의 죄악을 대속하시므로 하늘나라는 영원히 역사 속으로 들어오게 된 것입니다. 이러므로 오늘 우리가 예수그리스도를 구주로 모실 때 우리의 속에 하늘나라가 임하게 되는 것입니다. 예수그리스도를 모신 사람들이 모인 교회는 바로 나라에 임한 장소인 것입니다.

예수그리스도를 주인으로 모신 가정에는 하늘나라가 임한 가정인 것입니다. 예수그리스도께서 임하신 그 사회는 나라에 임한 사회요. 예수를 섬기는 나라는 그 나라 속에 하늘나라가 임한 나라인 것입니다. 그러므로 우리가 나라에 임하소서. 하는 말은 이 세상에 속하고 세속이 꽉 들어찬 곳에 하늘나라가 임해야 그 사람이 영생을 얻고 하늘나라 백성이 되는 것입니다. 하늘나라가 임하면 하늘나라의 속성이 나타납니다. 하늘나라가 우리 속에 임하였으면 그 속에는 용서가 강물처럼 넘쳐납니다. 그 속에는 거룩하고 하나님의 능력을 주는 능력의 역사가 활발히 일어나는 것입니다. 그 속에는 귀신이 쫓겨나가고 병이 낫는 하나님의 역사가 일어나는 것입니다. 하늘나라가 임한 곳에는 저주의 가시와 엉겅퀴가 사라지고, 그곳에 아브라함의 축복이 강물처럼 넘쳐나게 되는 것입니다.

하늘나라가 임하여 있는 곳에는 죽음이 철폐되고 음부가 철폐되고 눈물과 근심과 탄식과 죽음과 이별하는 것이나 곡하는 것이나 앓은 것이 없는 천국의 역사가 일어나고 천국 시민권이 주어지는 것입니다. 이와 같이 하늘나라의 역사가 우리의 전인격 속에 반드시 이루어져야 하는 것입니다. 이렇게 될 때 하늘나라가 우리 속에 임하면 우리는 금이나 은이나 보석이 아닌 무궁무진한 십자가를 통한 대속의 보화를 마음속에 가지고 있는 것이요. 이 하나님의 대속의 은총을 통해서 우리가 믿음으로 살아갈 때 비로소 우리 모든 일에 하나님이 역사하시므로 진실로 영혼이 잘됨과 같이 범사에 잘되며 강건하고 생명을 얻되 넘치게 얻는 하나님의 역사가 나타나게 되는 것입니다.

예수를 구주로 모시고 하늘나라가 전인격에 임하여 있는 사람은 이 세상 그 무엇과 비교 할 수 없는 보화를 마음속에 가지고 살게 되는 것입니다. 하늘나라가 마음속에 자원이 되면 이 세상의 무엇이 두렵겠습니까. 하나님께서는 아브라함에게 말씀하기를 내가 너의 지극히 큰 상급이요. 내가 너의 방패라고 말한 것입니다. 하나님이 우리의 방패가 되어서 지켜 주시고 하나님께서 우리 속에서 우리의 상급이 되어 주시므로 우리는 예수그리스도로 말미암아 그 나라와 그 의를 먼저 구하면서 믿음으로 기도하고 살 때 우리의 생활이 승리하지 아니할 수가 없습니다.

이러므로 우리 매일 두 번째 기도는 하나님이여. 내 전인격에 하나님의 나라로 임하소서. 우리의 가정에 나라로 임하소서. 우리 자손들에게 나라로 임하소서. 우리 조국과 민족의 가슴속에 세상과 세속 속에 하늘나라가 임하여서 하나님의 주권이 나타나게 도와주시옵소서. 하나님의 나라가 임하는 운동을 위해서 우리가 주야로 간절히 기도해야만 되는 것입니다.

3. 뜻이 하늘에서 이루어진 것 같이 땅에서도 이루어지리라.

우리가 기도해야 할 것은 뜻이 하늘에서 이루어진 것 같이 땅에서도 이루어지이다. 라고 기도해야 하는 것입니다. 왜냐하면 하나님의 뜻은 반석과 같습니다. 하나님의 뜻은 움직이지 않습니다. 원수마귀가 하나님을 밀어내고 자기가 하나님처럼 동등으로 되려고 할 때 천사장 루시퍼가 쫓겨나서 마귀가 되고 만 것입니다. 우리 조상 아담과 하와도 하나님께서 예비한 에덴의 아름다운 동산에 있을 때 마귀의 꾀임을 받아 자기가 하나님처럼 되려고 해서 하나님의 뜻을 밀어내려고 했다가 그는 영혼이 죽고 육신도 사형을 당하고 저주받은 땅속에 쫓겨나고 만 것입니다.

이러브로 하나님의 뜻은 반석 같습니다. 하나님의 뜻을 반대하는 것은 맨발로 반석을 차는 것과 같고 계란으로 바위를 치는 것과 같습니다. 하나님의 뜻은 폐할 수 없습니다. 하나님의 뜻은 움직이지 않습니다. 그러므로 뜻이 하늘에서 이룬 것처럼, 이 땅에서 루시퍼나 아담이나 하나님의 뜻을 반역한 다음 그들이 얻은 것은 타락과 멸망과 절망밖에 없는 것입니다. 오늘날 우리가 기도해야 할 것은 하나님의 뜻이 하늘에서 이루어진 것처럼 이 땅에 이루어지게 하옵소서. 그러므로 우리가 죄를 회개하고 우리의 고집을 저버리고 아집을 저버리며 우리의 개인 가정생활 자녀 모든 가운데서 하나님의 뜻을 받들게 하여 주시옵소서. 눈에는 아무증거 안보이고 귀에는 아무소리 안 들려도 하나님의 뜻을 받들게 하여 주시옵소서. 하나님의 뜻을 찾고 그 뜻을 받드는 간절한 기도를 해야 하는 것입니다.

하나님 뜻 속에서만이 참으로 의의가 있고 평안이 있고 기쁨이 있고 행복이 그 속에 있는 것입니다. 하나님의 뜻을 저버리고 하나님을 반역하고 나간 곳에 의의도 평화도 희락도 만족도 있을 수가 없는 것입니다. 이러므로 우리는 하나님의 뜻을 간절히 찾아야만 하는 것입니다.

4. 일용한 양식을 주시라고 기도하라.

우리가 기도해야 할 것은 일용한 양식을 주시라고 기도해야 하는 것입니다. 하나님께서는 우리가 매일매일 아침에 깨어날 때 그 날 필요한 양식을 주기를 원하시는 것입니다. 무엇을 먹을까 무엇을 입을까 무엇을 마실까 하는 문제뿐 아니라 그 날 하루하루 양식을 얻기 위해서 살아갈 때 필요한 지혜를 주시옵소서. 지식을 주시옵소서. 분별력을 주시옵소서. 체력을 주시옵소서. 은혜를 주시옵소서. 우리가 매일 매일 살아가는데 필요한 모든 것은 그날그날 하나님께 기도할 때 하나님께서 우리에게 반드시 더해 주시겠다고 약속하신 것입니다.

이러므로 한번 생각해 보십시오. 양식을 얻기 위해서는 농부를 통해서 보십시오. 양식을 얻기 위해서는 농토가 있어야 하고, 농토가 있고 난 다음에는 씨앗이 있어야 하고, 씨앗이 있고 난 다음에는 비료가 필요하고 비료가 있으면 인력이 필요합니다. 또 인력이 있으면 기계가 필요하고 여러 가지 일용한 양식을 얻는데 필요한 것이 얼마나 많습니까. 우리 같이 도시에 사는 사람도 일용한 양식을 얻기 위해서는 먼저 직장을 가져야 하는 것입니다.

그러므로 직장을 가지기 위해서는 집이 있어야 하고 집이 있기 위해서는 돈을 벌어야 하고 돈을 벌기 위해서는 교육을 받아야 하고 교육을 받고 난 다음에는 직업을 얻어야 합니다. 또 기술을 연마해야 하고 또 자본이 있어야 합니다. 그러므로 우리가 살아가는데 필요한 일체의 것을 우리는 일용한 양식을 구하는 기도에서 구해야 될 것입니다. 이러므로 매일 매일 살아가는 일을 우리가 탐욕이 아닌 바른 길이면 응답해 주십니다. 하나님의 자기를 사랑하는 자를 위해서 예비해 놓은 모든 것을 눈으로 보지 못하고 귀로 듣지 못하고 마음에 생각으로도 깨닫지 못했다고 말했습니다.

그러나 성령이 이 모든 것을 우리에게 보여주신다고 말했습니다. 하나님은 여호와 이레십니다. 하나님은 예비하신 하나님이신 것입니다. 아담을 위해서 에덴동산을 예비했으며 또한 예수그리스도를 통해서 하늘나라 천국을 예비하신 하나님이기 때문에 우리에게 모든 것을 예비하셨습니다. 이러므로 예수께서 너희는 무엇을 먹을까 무엇을 입을까 무엇을 마실까 염려하지 말라. 이것은 다 이방인들이 염려하는 것이요. 너희 천부께서는 이 모든 것이 너희에게 있어야 될 줄을 아시느니라. 그러므로 너희는 먼저 그 나라와 그 의의를 구하라. 그러면 이 모든 것을 너희에게 더하여 주시리라. 고 약속하신 것입니다. 이렇기 때문에 우리는 주님께서 예비한 것을 알고 난 다음에 매일 매일 예수 이름으로 우리의 필요한 것을 구할 때 주님께서는 우리에게 응답해 주십니다. 이러므로 매일 우리는 이를 위해서 기도해야 될 것입니다.

5. 우리 죄를 사하여 준 것 같이 우리의 죄를 용서해 달라

우리가 기도할 때 우리가 우리 죄를 사하여 준 것 같이 우리의 죄를 용서해 달라고 기도해야 한 것입니다. 이것은 우리가 인생을 살면서 혼자 살면 모르겠지만 부부가 함께 살고, 부모와 자식이 함께 살고, 이웃이 함께 살고, 좋은 사람과도 같이 살고, 미운사람과도 같이 삶으로 말미암아 인간 생활은 매일 같이 서로 미워하기도 하고, 미움을 받기도 하고, 상처를 주기도 하고, 상처를 받기도 하는 것입니다. 이곳에서 용서와 사랑이 치료하는 위대한 역사가 되는 것입니다. 상처를 입었는데 치료하지 아니하면 썩어서 죽어 버리고 마는 것입니다.

우리가 인생을 살면서 미움이나 원한의 상처를 그대로 가지고 있으면 미움과 원한은 우리의 마음속에 사랑을 빼앗아 갑니다. 평안을 빼앗아 갑니다. 기쁨을 빼앗아 갑니다. 삶의 의욕을 빼앗아 갑니다. 행복을 산산조각으로 깨뜨려 버리고 마는 것입니다. 이러므로 미움과 원한을 그대로 가지고 있으면 우리는 부정적이 되고 파괴적인 인격이 되어 버리고 마는 것입니다. 이렇기 때문에 매일같이 우리는 기도할 때 하나님 앞에서 미움을 토해놓고 원한을 토해 놔야 하는 것입니다. 우리는 우리의 죄 지은 자를 사하여 주어야만 하는 것입니다. 이것은 우리가 일방적으로 사해주므로 말미암아 우리의 마음이 이 부정적이고 파괴적인 세력에서 놓여남을 받습니다.

우리 안에 주인으로 오신 성령님의 역사로 마음에 미움을 다 쫓아낼 수 있습니다. 불안을 쫓아낼 수 있습니다. 우울증을 쫓아낼 수 있습니다. 절망감을 쫓아낼 수 있습니다. 사람이 그 마음속에 사랑이 있고 믿음이 있고 소망이 있고 기쁨이 있고 용기가 있고 행복이 있을 때 삶의 의욕이 충천하는 것입니다. 그러나 이러한 모든 좋은 것을 미움이나 원한은 모두다 싹둑 싹둑 와서 잘라버리는 벌레인 것입니다. 이렇기 때문에 우리는 이 미움이나 원한을 늘 다 하나님 앞에서 토해버리고 우리에게 죄인 자를 사하여 주고 난 다음에 그 다음 하나님 앞에 하나님이여. 나의 죄도 사하여 주시옵소

서. 내가 하나님 앞에 저지른 죄악도 하나님이 다 사하여 주시옵소
서. 할 때 우리는 모든 부정적인 것을 다 토해 놓을 수 있고, 고침
받을 수 있습니다. 또 하나님께 용서를 받을 수 있습니다.

그래서 이웃과 화목을 가지고서 그 치료를 가지고서 행복하게
살아갈 수 있는 것입니다. 이렇기 때문에 우리가 매일 매일 같이
죄를 용서해 주고 하나님께 죄 사함을 받는 이것은 정말 필요한
것입니다. 성경에는 꼭 하나님께서 말씀하기를 만일 우리가 다른
사람의 과실을 용서하여 주지 아니하면 천부께서도 우리의 과실
을 용서해 주지 아니하리라고 말씀하신 것입니다. 하나님 앞에 용
서를 못 받으면 하나님과의 교제가 끊어집니다. 우리가 하나님의
자녀이긴 하지만 하나님과 가까운 교제가 끊어지면 하나님의 사
랑에서 멀어지고 하나님의 기도 응답에서 멀어져 버리고 마는 것
입니다. 우리는 하나님과 우리사이에 끊임없이 가까운 교제가 필
요한 것입니다. 내가 부르짖을 때 하나님이 응답해 주시고 내가
하나님 품에 안겨서 찬미하고 예배하며 기도하며 살아야 하는 것
입니다. 이와 같은 사람은 우리가 우리에게 원수지게 하고 죄 지
은 그 사람들을 용서하고 그리스도의 피로 씻어주므로 말미암아
우리에 대한 위대한 역사의 변화를 체험할 수 있는 것입니다.

6. 우리를 시험에 들게 하지 마옵시고

기도할 때가 우리를 시험에 들게 하지 마옵시고 라고 말하고 있

습니다. 인생을 살면서 우리 사람들은 두 가지 시험을 꼭 치러야 하는 것입니다. 하나는 하나님이 우리에게 보내는 시험인 것입니다. 하나님은 우리를 꼭 시험하십니다. 우리가 학교에서 공부할 때 초등학교로 시작해서 대학원 졸업할 때까지 늘 시험을 칩니다. 그것은 학교 당국에서 우리를 괴롭히려고 시험을 치는 것이 아닙니다. 우리에게 시험을 통하여 성장하고 발전하게 하려고 시험을 치게 하는 것입니다.

하나님께서 우리에게 주신 시험은 이런 시험입니다. 헬라어로는 하나님이 주신 시험을 (도끼마조)라고 말하고 있습니다. (도끼마조)라는 것은 우리에게 연단을 주고 우리를 인정해 주고 성장하고 발전해서 더욱 하나님의 은혜를 깊이 받고 높이 받고 믿음이 자라고 소망이 자라고 사랑이 자라게 하는 이러한 시험은 (도끼마조)인 것입니다. 이러한 시험은 우리가 통해야 하는 것입니다. 이러한 시험을 통하지 아니하고는 우리의 신앙과 그리스도의 인격이 자라지 않습니다.

그러나 우리를 시험에 들게 하는 시험은 바로 마귀가 가져오는 헬라어로는 (페이마조)라는 시험인 것입니다. (페이마조)라는 시험은 우리를 붙잡아서 유혹해서 도적질하고 죽이고 멸망시키려는 시험은 바로 (페이마조)인 것입니다. 여기 시험에 들게 하지 마옵소서. 이 시험이란 이것은 유혹의 시험을 말하는 것입니다. 음란으로 유혹하고 방탕으로 유혹해서 음란하고 방탕하여 자신을 파괴하는 시험은 (페이마조)인 것입니다. 마귀의 시험인 것입니다.

이 시험에 놓여남을 달라는 것입니다. 술 취함의 시험, 방탕함의 시험, 그리고 거짓말하고 사기 치고 원수를 맺고 시기하고 분노하고 질투하고 살상하고 이러한 모든 파괴적인 시험은 마귀가 가져오는 (페이마조)의 시험인 것입니다. 이것은 유혹인 것입니다.

우리는 매일 같이 하나님이여. 우리가 이 세상에 살면서 이러한 유혹을 안당하고 살수는 없는 것이므로 유혹에서 우리를 건져내 주시옵소서. 하고 기도해야만 하는 것입니다. 사람이 이 땅에 사는 이상, 음란하고 방탕하고 시기하고 분노하고 질투하는 세상을 떠나서 살수 없습니다. 이러한 것을 떠나려면 세상 밖으로 나가야 하는 것입니다. 한 평생 사는 동안 우리는 죄인하고도 같이 살고 간음한 자도 같이 살고 행음하는 자와도 같이 살고 거짓말쟁이 사기꾼 살인자하고도 같이 살아야 하는 것입니다.

그러나 우리가 그 속에 휘말려 들어가서 함께 그곳에 빠져버리면 우리는 파멸 당하는 것입니다. 그러므로 하나님 아버지여 우리를 시험에 들지 말게 하옵소서. 마귀(페이마조)의 시험, 마귀가 갖다 주는 유혹에 빠져들지 말게 하여 주시옵소서. 우리는 매일 같이 기도해야만 하는 것입니다. 어떠한 사람도 이 세상에서 하나님의 도우심이 없이 유혹을 이겨 나갈만한 사람 없습니다. 나는 많은 사람들이 나는 자신이 있어. 나는 문제없어. 나는 절대로 유혹에 빠지지 않아. 이렇게 큰 소리 하는 사람들이 제일먼저 유혹에 머리부터 거꾸로 빠져 들어가는 것을 보았습니다.

우리는 시시각각으로 하나님의 붙드심과 도우심이 필요한 것입니다. 이 세상에 우리는 다 연약함으로 항상 하나님의 성령님을 인정하고 환영하고 주인으로 모셔드리고 의지해서 성령이 우리를 붙들어서 우리가 유혹의 노예가 되고 유혹의 밥이 되지 않도록 해야 할 것입니다.

7. 다만 악에서 구하여 주시옵소서.

우리가 매일 마지막 기도할 때 다만 악에서 구하여 주시옵소서. 라고 기도해야 하는 것입니다. 악이란 무엇입니까? 악은 죄와 다릅니다. 죄는 하나님을 알고도 그 법을 어길 때 죄가 되지만 악이라는 것은 하나님을 말살하려는 것이 악입니다. 바로 원수마귀는 하나님을 보좌 앞에서 내어 쫓아버리고 자기가 하나님이 되려고 했기 때문에 원수 마귀는 악마가 되어버리고 만 것입니다. 아담과 하와도 악에 찬미한 것은 하나님 보좌를 놓고 자기가 하나님 보좌에 앉으려고 하는 악을 행한 것입니다. 악이라는 것은 하나님이 없다고 하는 것이 악입니다.

오늘날 이 세상에서 가장 무서운 악이 공산주의인 것입니다. 공산주의라는 것은 유물론적 무신론인 것입니다. 이 세상에 물질밖엔 없다. 그러므로 이 세상에 물질가운데서 우리가 태어나서 살다가 죽어버리면 한줌의 흙으로 놀아가 버리고 만 것이지 영혼도 없다. 천지를 지은 하나님도 계시지 않는다. 그러므로 하나님도 없고 영혼도 없으므로 공산주의라는 단체는 가장 악랄하게 자기의 목적을 달성하기 위해서는 사람의 생명을 초개와 같이 멸할 수 있는 것입니다. 이렇기 때문에 스탈린 같은 사람은 공산주의를 세우기 위해서 자기 동족 삼천만명 이상을 죽였으며, 모택동이도 자기의 이상대로 공산주의를 중공에 세우기 위해서 자기 동족 사천 만명 이상을 죽였습니다. 이렇게 죽이고도 눈 하나 깜짝하지 않는 것은 공산주의라는 그 자체가 무서운 악의 집단이요. 단체인 것입니다. 거기에는 하나님도 없고 영혼도 없기 때문에 양심도 없습니다. 권력을 얻어서 자기 마음대로 권력을 가지고 살기 위해서는 수단과 방법을 가리지 않습니다.

이러므로 이 지구상에서 가장 악랄한 하나의 노예집단이 공산주의인 것입니다. 그러므로 다만 악에서 구하여 주시옵소서. 할 때는 하나님이여 공산주의에서 우리를 건져내 주시옵소서. 이런 기도인 것입니다.

그 다음 또 자유 민주주의 사회에서 있는 악이 있습니다. 이것은 인본주의인 것입니다. 휴머니즘인 것입니다. 이것은 하나님 자리에 사람을 세워놓고 인간의 이성이나 인간의 과학을 하나님으로 삼는 것입니다. 그래서 하나님이 어디 있느냐. 오늘날 인간의 이성을 통해서 인간의 과학을 통해서 우리는 이 우주의 유토피아를 세울 수가 있다고 생각하는 이와 같은 인본주의 사상 이것이 악인 것입니다. 이러한 인본주의 사상을 우리는 교육계에서 쫓아내야 하는 것입니다. 우리의 정계에서 쫓아내야 하는 것입니다. 우리 사회에서 쫓아내야 하는 것입니다. 우리는 만군의 여호와 하나님을 주인으로 섬기고 그 앞에 무릎을 꿇고 예배하는 이와 같은 나라를 만들어야만 되는 것입니다.

이러므로 이와 같은 흉악을 우리 사회에서 내어 쫓아달라고 우리는 기도해야 하는 것입니다. 하나님이여 다만 악에서 구하여 주시옵소서. 공산주의 악에서 인본주의 악에서 우리를 구하여 주시옵소서. 예수님의 이름으로 명하노니 악한 영들은 떠나가라. 우리는 주야로 기도해야만 하는 것입니다.

이와 같이 우리가 주님의 기도의 모범을 따라서 일곱 가지로 나누어서 우리가 손가락을 일곱 번 꼽아가면서 차근차근 기도하면 이 사람은 하루에 한 시간이 아니라 두 시간도 능히 기도할 수 있게 되는 것입니다. 이와 같이 기도할 때 마음속에 하늘나라가 충만해 지며 성령이 넘쳐나며 의와 평강과 희락이 넘쳐 나서 한 시간 이상 기도하고 일어나서 그 날 나가서 하루 일을 하게 될 때, 하나님의 능력이 함께 하심으로 말미암아 어떤 일을 당해서 그 문제를 능히 이겨낼 수 있는 지혜와 지식과 총명과 믿음과 신념과 확신을 얻고 살아갈 수가 있는 것입니다.

25장 영적전쟁을 승리하는 기도하는 법

(엡 6:10-18)"끝으로 너희가 주 안에서와 그 힘의 능력으로 강건하여지고, 마귀의 간계를 능히 대적하기 위하여 하나님의 전신 갑주를 입으라. 우리의 씨름은 혈과 육을 상대하는 것이 아니요 통치자들과 권세들과 이 어둠의 세상 주관자들과 하늘에 있는 악의 영들을 상대함이라. 그러므로 하나님의 전신 갑주를 취하라 이는 악한 날에 너희가 능히 대적하고 모든 일을 행한 후에 서기 위함이라. 그런즉 서서 진리로 너희 허리띠를 띠고 의의 호심경을 붙이고 평안의 복음이 준비한 것으로 신을 신고 모든 것 위에 믿음의 방패를 가지고 이로써 능히 악한 자의 모든 불화살을 소멸하고 구원의 투구와 성령의 검 곧 하나님의 말씀을 가지라. 모든 기도와 간구를 하되 항상 성령 안에서 기도하고 이를 위하여 깨어 구하기를 항상 힘쓰며 여러 성도를 위하여 구하라"

하나님은 우리가 성령으로 능력 있는 기도를 하여 날마다 영적전쟁에 승리하기를 원하십니다. 우리는 영적전쟁의 대상을 바로 알아야 합니다. 우리의 씨름은 혈과 육이 아니고 통치자와 권세와 세상 주관자들과 악의 영들에게 대해서 싸워야합니다. 모세의 인도를 받아 3백만 이스라엘 백성이 430년 동안 종살이하던 애굽에서 해방되어 나왔습니다. 우리 그리스도의 복음은 해방의 복음입니다. 하나님은 우리를 끊임없이 속박 가운데서 해방시켜 주시는 것입니다.

430년 동안 애굽의 종살이에서 온갖 고통과 괴로움을 당하던 이스라엘 백성이 하나님께 부르짖으니 하나님이 모세를 보내어서 그들을 해방시켜서 그들을 이끌고 젖과 꿀이 흐르는 가나안 땅으로 가던 중에 르비딤이라는 곳에 이르렀습니다. 르비딤에 이르자 그 곳에 있는 아말렉 사람들이 나와서 이스라엘을 쳤습니다. 긴 사막길 여행 동안 지치고 피곤하고 목마르고 괴로웠는데 이제 아말렉이 와서 치니 이스라엘 사람들이 당황할 수밖에 없습니다.

그때 모세는 여호수아에게 말하기를 "너는 군대를 동원해서 내일 평지에 나가서 아말렉을 대적해서 싸워라! 나는 아론과 훌을 데리고 그 전쟁터가 내려다보이는 산에 올라가서 지팡이를 들고 손을 들어 기도할테니 싸워라"했습니다. 그 다음날 여호수아는 군대를 거느리고 아말렉을 대적하여 평지에 나가서 전쟁이 붙었습니다. 그때 모세는 아론과 훌을 데리고 그 들판이 내려다보이는 산 위에 올라가서 하늘을 향하여 높이 지팡이를 들고 손을 들어 기도했습니다.

모세가 기도하자 하늘 문이 열리고 하늘에서 강한 바람 같은 하나님의 능력의 역사가 임하여 여호수아와 이스라엘의 군대들은 용기백배하고 큰 힘을 얻어 나아가 아말렉을 밀고 밀쳐서 승리했습니다. 그러나 모세가 팔이 아파서 팔을 내리고 기도를 쉬자. 아말렉이 다시 힘을 얻어 이스라엘의 진을 치매 이스라엘 백성이 후퇴하고 많은 손해를 입었습니다. 모세가 손을 들면 이스라엘이 이기고 손을 내리면 졌습니다. 이것이 몇 번이나 계속 되었습니다.

그럴 때마다 전쟁터에는 아비규환의 비극적인 장면이 일어났습니다. 그러자 아론과 훌이 모세를 돌 위에 앉혀놓고 한쪽 팔은 아론이 들고 다른 팔은 훌이 들고 해가 질 때까지 계속 손을 들고 하나님을 향하여 부르짖으매 하나님의 성령이 계속 이스라엘을 위해서 역사하매, 아말렉이 져서 이스라엘은 큰 승리를 얻어 전리품을 가지고 의기양양하게 진으로 돌아올 수 있었다는 이야기가 말씀에 기록되어 있습니다.

이것은 바로 우리의 씨름은 혈과 육에 대한 것이 아니요, 우리의 삶의 배후에 영적인 힘이 우리에게 여실하게 작용한다는 것을 보여주고 있는 것입니다. 우리 삶에 공기가 둘러싸여 있어서, 그 안에서 사는 것처럼 우리는 영적인 분위기 속에서 삽니다. 우리의 배후의 눈에 보이지 않는 영적인 힘이 우리에게 긍정적인 능력을 발휘할 수도 있고, 부정적이고 파괴적인 일을 할 수도 있습니다.

주님께서 우리 가운데 역사하시는 성령으로 우리에게 생명을 주되 넘치게 주는 역사를 하시지만, 마귀가 역사하면 귀신들로 더불어 우리에게 도적질하고 죽이고 멸망시키는 그러한 환경으로 만들어 버리고 마는 것입니다. 이러기 때문에 우리의 배후의 세력이 현실적으로 우리의 삶을 형성해 가고 좌우한다는 사실을 알아야만 하는 것입니다.

이스라엘 백성이 원수와 대적한 싸움의 승패는 그들이 전쟁을 얼마나 잘 하느냐 무기가 얼마나 좋았느냐에 있지 않고, 그들 배후에 영적인 기도가 마귀의 힘을 이겼느냐 이기지 않았느냐, 여기에 달려있었습니다. 그렇기 때문에 바울 사도는 말하기를, 우리의 씨름은 혈과 육, 즉 인간에 대항하는 것이 아니요. 통치자와 권세와 이 세상 어둠의 주관자들과 공중의 권세 잡은 악의 영들에게 대함이라고 말한 것입니다.

1.우리의 씨름의 대상은 영적인 것

우리의 씨름의 대상이 배후에 역사하는 영적인 것이라는 것을 우리가 인정해야만 되는 것입니다. 아담의 타락은 역사적인 사건이었습니다. 아담은 하나님을 반역하고 그 아내와 함께 하나님이 예비한 에덴동산을 쫓겨나서 황량한 가시밭길로 내 몰아쳐졌습니다. 이것은 하나의 역사적인 사건이지만, 그러나 이와 같은 역사적이고 현실적이고, 비극적인 사건이 일어나기 전에 그들은 영적인 하나의 중대한 사건을 맞이했던 것입니다. 그것은 눈에 안 보이는 마귀가 와서 그들을 영적으로 꾀었습니다.

하나님께 순종하지 말고 하나님이 먹지 말라는 선악과를 따먹고 하나님께 반역을 도모하고, 독립을 선포하라는 마귀의 사주를 받아서, 그들은 이 마귀의 말을 듣고 눈에 안 보이는 영적인 세계 속에서, 하나님을 반역하고 그들이 선악과를 따먹은 결과로 역사적인 현실로서, 에덴동산에서 쫓겨나고, 가시밭길로 내어쫓김을 받은 비극을 체험하게 된 것입니다. 그러므로 아담과 하와의 현실적인 비극은 그 배후에 역사하는 영적인 전쟁에서 졌다는 사실을 우리는 잘 알아야 하는 것입니다.

예수님께서 나와서 복음을 증거하실 때 가시는 곳마다 죄를 용서하시고 귀신을 쫓아내고 병든 자를 고치시고 죽은 자를 살리시고, 인간의 환경과 운명을 다스리는데, 그러기 전에 주님은 영적으로 싸움에 이겼기 때문인 것입니다. 그는 요단강에서 세례를 받으시고, 성령으로 충만함 받은 다음에 광야에 들어가셔서 40주 40야 금식하시고, 원수 마귀와의 싸움에서 승리한 것입니다. 마귀는 예수께 육신의 정욕을 가지고 시험했으나 예수님이 이기셨습니다. 안목의 정욕으로 시험했으나 예수님이 굴복하지 않으셨습니다. 이생의 자랑을 가지고 시험했으나 예수님은 유혹에 떨어지지 않으셨습니다. 예수님은 광야에서 마귀와의 씨름에서 이기셨기 때문에 그 승리를 현실적인 세계 속에 가지고 오셔서, 이 승리를 나타낼 수 있었던 것입니다. 예수께서 계속 영적인 고독의 투쟁에서 이기지 못했더라면 현실 사회에 나와서 사람들을 고통과 괴로움에서 해방시키는 위대한 사역을 하실 수가 없었을 것입니다. 그러므로 그리스도의 현실적으로 나타난 사역은 눈에 안 보이는 배후의 영적인 세계의 투쟁에서 이기셨기 때문인 것입니다.

욥의 비극을 보십시오. 욥의 비극은 현실적인 것입니다. 그러나 욥의 비극의 현실은 바로 그 배후에 영적인 사건이 일어났다는 것을 볼 수 있습니다. 큰 바람이 불어서 욥의 자녀들이 맏형의 집에서 잔치를 벌이고 있다가 집이 무너져 몰사했습니다. 일곱 아들과 세 딸이 한꺼번에 죽었으니 욥이 당한 비극은 말로 다 할 수 없습니다.

이것은 꿈이 아닙니다. 현실적인 사건이었습니다. 그뿐 아니라 적들이 공격해 와서 짐승들을 빼앗고 벼락으로 양떼를 다 잃었습니다. 3천 마리의 약대가 적군들에게 다 빼앗기고, 5백 겨리의 소와 5백 겨리의 암나귀도 적들이 와서 다 빼앗아 갔습니다. 그리고 양을 치는데 갑자기 먹구름이 다가오더니 소나기가 쏟아지며 벼락이 떨어져서 양 3천 마리가 순식간에 불타버리고 만 것입니다. 비극에 비극이 다가왔습니다. 거기에다가 설상가상으로 욥은 온 몸이 병들었습니다. 그래서 모든 의원과 모든 약이 소용이 없었습니다.

그는 동네에서 쫓겨났습니다. 그는 재 가운데 앉아서 혼자서 기왓장으로 그 병든 몸을 긁고 있었습니다. 그럴 때 그 아내가 와서 말했습니다. "너는 하나님을 저주하고 죽어라!" 그리고 그 친지들이 와서 욥을 온갖 말로 괴롭혔습니다. 이러한 것들은 현실적인 것입니다. 그러나 성경은 그 배후에 이러한 일들이 일어나도록 한 사건을 보여주고 있으니, 마귀가 하나님 앞에 나아와서 욥을 참소한 결과, 하나님이 욥을 마귀에게 내어주매, 마귀가 와서 욥을 치매 욥에게 이와 같은 비참한 일들이 일어난 것입니다.

그러므로 현실적으로 욥에게 일어난 이 비극적인 사건은 눈에 안 보이는 배후의 마귀의 도적질하고 죽이고 멸망시키는 역사가 있었다는 사실을 알 수 있는 것입니다. 그러므로 우리는 현실에 다가오는 여러 가지 문제를 현실로써 해결하려고 해서는 안 됩니다. 현실의 배후에 있는 마귀와 귀신들의 역사를 우리가 기도와 믿음으로 제어하지 않으면 안 됩니다. 북한의 김정은이 아무리 원자탄을 만들고 새로운 미사일을 개발하고 군대를 훈련하고 독재체제를 강화시킨다고 할지라도, 전쟁은 그런 것으로 말미암아 이루어지는 것이 아닙니다. 전쟁은 여호와 하나님의 손에 있습니다.

만일 우리가 하나님께 기도해서 김정은과 그 무리들을 붙잡고, 그들에게 힘을 주는 마귀 권세를 깨뜨려버리고, 하나님의 성령과 천사들이 와서 점령해버리면 순식간에 무너져버리고 마는 것입니다. 우리의 싸움은 혈과 육에 대한 것이 아닙니다. 하나님께 기도하는 사람이 이깁니다. 하나님께 부르짖는 사람이 이깁니다.

영적인 전쟁에서 마귀를 제압하는 사람은 현실적인 세계에서 하나님의 성령의 도우심과 하나님의 천사들의 도움을 통해서 승리하게 되는 것입니다. 이렇기 때문에 우리들은 영적인 싸움을 싸워서 먼저 이겨내지 않으면 안 됩니다. 현실적으로 환경을 원망하고 사람을 원망하고 역사의 진행을 탄식한다고 해서 문제가 해결되는 것이 아닙니다. 현실은 눈에 보이지 않는 영적인 세계가 탄생시키고 영적인 세계가 현실을 조성시켜 나가는 것입니다.

이러므로 우리는 예수 그리스도를 믿고 영안이 밝아져서 오늘날 현실적인 우리의 삶과 역사의 배후에 있는 큰 세력이 이것을 조정한다는 것을 알게 될 때 우리의 싸움은 현실의 육과 혈에 대한 싸움이 아니고, 기도와 믿음의 싸움이라는 것을 알게 되고, 기도와 생명의 말씀 묵상에 우리는 전력투구하게 될 것입니다.

2. 영적싸움을 위한 기도 방법

예수께서 말씀하기를 마귀와 사탄과 귀신을 제어하는 것은 금식과 기도 이외에는 되지 않는다고 말했습니다. 그리스도께서 베드로와 야고보와 요한을 데리고 변화산상에 올라갔을 때 기도하매 그 얼굴이 햇빛같이 빛나고 옷이 희어져서 하나님께서 구름 속에서 이는 내 사랑하는 자요 내 기뻐하는 아들이라는 증명을 하셨습니다.

변화산에서 얼굴이 햇빛같이 빛나고 옷이 희어지는 기막힌 체험을 한 예수님과 그 제자들이 산에서 내려오매, 산 아래에 있는 아홉 제자들이 방황하고 있었습니다. 제자들이 바리새교인, 사두개인들에게 공격을 당하고 있고, 한 아버지가 통곡하고 있다가 예수님 오시는 것을 보자 뛰어나와 그 앞에 엎드려 말하기를 "주여! 내 귀신 들린 아들을 데리고 왔으나 당신의 제자들이 쫓아내지 못하더이다." 예수님께서 곧 데려오라 하시매, 귀신들린 아이가 예수님 발 앞에서 뒹굴고, 거품을 물고 귀신이 떠는 것입니다. 주님께서 귀신을 내어쫓으시니 귀신이 발작을 하고 떠나가니 어린아이가 죽은 것 같이 되었습니다.

사람들은 죽었다고 하나 아이를 일으켜 세우니 정산적으로 살아났습니다. 제자들이 나중에 조용하게 예수님께 말했습니다. "주님! 왜 우리는 귀신을 쫓아내지 못하였나이까?" 예수님께서 말씀하기를 "이런 유는 금식과 기도 이외에는 나가지 아니한다. 너희들이 금식도 아니하고, 기도도 아니하고, 그냥 육의 힘으로 완력으로 영의 귀신을 쫓아내려고 하니 될 턱이 있느냐?" "이르시되 기도 외에 다른 것으로는 이런 유가 나갈 수 없느니라 하시니라."(마가복음 9:29). 먼저 금식하고 성령으로 기도하여 영의 세계를 제압하고 나면 예수 그리스도의 이름으로 이런 귀신들도 얼마든지 쫓아낼 수 있다는 것입니다.

다니엘의 21일 동안의 기도를 우리는 너무나 잘 알고 있습니다. 바벨론에 포로로 잡혀간 다니엘이 자기 민족과 역사를 위해서 불타는 마음이 있어 강가에 나와서 그는 금식하며 기도하기 시작한 것입니다. 그의 친구들과 함께 일주일 동안 열렬히 했는데 일주일 동안 기도해도 아무런 응답도 없고 역사도 없으매 많은 친구들이 떨어져 나갔습니다. 그 다음 이주일 째 계속 기도를 했습니다.

이젠 배도 고프고 지칩니다. 또 많은 친구들이 떨어져 나갔습니다. 나중엔 다니엘 혼자 남았습니다. 그는 3주간 째 기도합니다. 19일, 20일, 기도해도 아무 역사가 일어나지 않습니다. 그러나 다니엘이 21일 째 기도하자 갑자기 하늘 문이 열리고 가브니엘의 천사가 다니엘에게 나타나서 말했습니다.

"다니엘아! 네가 기도할 때 첫날에 너의 기도가 상달되어서 하나님이 응답으로 나를 보냈으나 파사를 지배하는 영적인 세력인 마귀의 군대가 나를 막으므로 나를 대적해서 20일 동안 싸우므로 내가 공중에서 내려오지 못했으나 21일 만에 군장 미가엘이 와서 나를 도우매 그 벽을 허물고 너에게 내려왔다"고 말했습니다. 다니엘은 그가 기도할 때, 그의 기도하는 기도를 통해서 하늘에서 전쟁이 일어나고 하나님의 사자들이 원수 마귀의 진을 훼파하는 일을 하고 있다는 것을 알고 있었습니다.

그렇기 때문에 그는 낙심하지 아니하고 마귀의 집이 무너질 때까지 일주일을 기도하고 이 주일을 기도하고 3주일을 버틴 것이었습니다. 오늘날도 우리는 다니엘 기도를 한다고 합니다. 그래서 기도의 응답이 올 때까지 다니엘 기도를 아침에 하든지 저녁에 하든지 해야 합니다.

그런데 우리가 바로 알아야 할 것은 21일하는 것이 다니엘 기도가 아니라, 응답을 받을 때까지 하는 것이 다니엘 기도입니다. 이와 같이 우리가 끊임없이 낙심하지 않고 마음에 큰 인내심을 가지고 응답될 때까지 기도하는 것은 마귀의 진을 훼파하는 중대한 능력이 되는 것입니다. 예수님께서는 기도를 조금만 하지 말고 인내를 가지고 하라는 것을 여러 번 우리에게 권면했습니다.

한 과부가 억울한 일을 당하여 불의한 재판관에게 와서 나의 원한을 갚아 달라고 할 때, 이 불의한 재판관은 하나님도 두려워하지 않고 사람을 무시하는 사람이라 이 과부를 무시하고 들어주지 아니하였으나 이 과부가 매일 와서 그를 번거롭게 하매, 그가 괴로워 견딜 수가 없어서 나중에는 이 과부의 호소를 들어주었다고 했습니다. 그리고 주님은 말씀하기를 "그 밤낮 부르짖는 택하신 자의 기도를 들어주지 아니하겠느냐? 내가 세상에 올 때 믿는 자를 보겠느냐" 말씀하셨습니다. 이러므로 오늘날 이와 같이 꾸준히 인내하는 기도가 필요합니다. 주님께서 또 말씀하시기를 밤중에 친구가 왔는데 먹을 것이 없어 이웃집에 가서 문을 두드리면서 나에게 빵 세 덩어리만 빌려달라고 했습니다. 그 친구가 하는 말이 나와 내 자식들이 이미 잠자리에 들어갔으므로 일어나 줄 수 없으니 내일 아침까지 기다리라고 했습니다. 그러자 이 사람은 계속 문을 두드렸습니다. 빵을 빌려 달라! 빵을 빌려 달라! 빵을 빌려 달라! 그는 웅변하지 않았습니다.

연설을 하지 않았습니다. 인류애에 호소한 것도 아닙니다. 사람들은 생각하기를 기도하면 아주 굉장한 웅변을 해야 되고, 미사여구를 사용해야 한다고 생각하는 것입니다. 그래서 웅변을 하다 보니 하나님은 잊어버리고 웅변에만 정신이 팔려서 기도가 안 되는 것입니다. 기도란 외마디 소리로 부르짖는 것입니다. 복잡한 소리 할 필요 없습니다. 오 사랑하는 친구여! 내 친구가 밤중에 왔는데 배가 고프니, 인류애를 발동하사 자비와 긍휼을 베풀어라, 귀찮고 수고스럽지만 일어나서 빵 세 덩어리 만 빌려 주옵소서, 그렇게 안 했습니다. 빵을 다오! 빵을 다오! 빵! 빵! 빵! 빵을 다오! 우리의 기도도 다른 말 할 필요가 없습니다.

여리고 성을 도는 사람이 별소리를 하고 돌았습니까? 매일 매일 여리고 성을 돈 것처럼, 우리는 하나님 앞에 나와서 단순한 부르짖음을 가지고서 계속해서 우리의 마음의 소원을 하나님께 아뢰어야 합니다. 일주일도 기도하고 이주일도 기도하고 삼주일도 기도해야 합니다. 이 사람이 뭐라고 말했습니까? 내가 너의 친구됨으로 인하여 떡을 주는 것이 아니라 네가 너무 나를 괴롭히매 내가 일어나서 떡을 주겠다고 말한 것입니다.

이와 같이 하나님께서는 하나님이 괴로울 정도로 기도하라고 말씀 하신 것입니다. 하나님이 괴로울 정도로 너희들이 끈질기게 기도하면 하나님께서 반드시 일어나시어 마귀의 진을 훼파하시고 너희에게 하나님의 은총과 사랑을 베풀어시주겠다고 약속하신 것입니다. 오늘날 많은 일들이 우리가 기도하지 아니하므로 잘못되어 갑니다. 기도하지 아니하므로 우리 뒤에서 역사하는 파괴적인 마귀의 일을 제어하지 못합니다. 우리가 그러므로 첫째도 기도하고 둘째도 기도하고 셋째도 기도로 하나님께 부르짖어야만 되는 것입니다. 장구한 말이 아니고 외마디로 하나님을 찾아야 합니다.

3. 산 위와 산 아래

모세와 아론과 훌은 산 위에서 기도로 영적인 싸움을 싸웠는데 여호수아 군대는 산 아래에서 실질적인 싸움을 했습니다. 우리가 주일에 왜 예배를 드립니까? 주일은 첫날입니다. 주일은 산 위입니다. 주일은 산꼭대기입니다. 주일의 산 위인, 일주일의 첫날에 우리가 와서, 하나님의 말씀을 듣고 우리가 하나님 앞에 부르짖어 기도하고 영적인 싸움에 이겨놓으면 그 다음 산 아래에 세상에 나가서 월-화-수-목-금-토 영적인 싸움을 싸울 때, 이미 우리는 승리를 등에 걸머지고 싸우게 되는 것입니다. 이미 이겨놓은 싸움을 싸우는 것입니다. 이미 하나님의 축복을 등 위에 짊어지고 싸우는 것이므로 우리는 승리를 할 수가 있는 것입니다. 주일은 참으로 중요합니다. 그래서 충만한 교회는 주일날도 매 예배 때마다 40분 이상씩 기도하며 안수를 받아 성령으로 충만을 받는 것입니다.

그런데 많은 사람들이 실제로 성수주일을 하지 않습니다. 그렇지 않으면 또 주일에 오더라도 형식적으로 하고 기도하지 않습니다. 모세와 아론과 훌이 산 위에 올라갔을 때는 손을 들고 기도를 했습니다. 손을 든다는 것은 하나님께 항복을 말하는 것이요, 손을 든다는 것은 자기 힘을 의지하지 않고, 하나님을 의지한다는 것이요, 손을 든다는 것은 모든 것을 주님께 맡겼다는 것입니다.

그러므로 하나님께 항복하고 주님께 모든 것을 맡겨놓고 주의 능력을 의지하고 주님께 부르짖는 이와 같은 기도가 주일날 이루어지면 월요일부터 토요일까지 저 세상에 나가서 여호수아와 같이 아말렉을 대항하여 싸울 때 우리는 이미 이겨놓은 싸움을 싸우게 되는 것입니다.

새벽기도도 마찬가지입니다. 새벽은 하루의 맨 먼저 산 위에 서서 싸우는 것입니다. 새벽은 그날의 첫 시간입니다. 산꼭대기입니다. 새벽에 우리가 일어나서 교회에 나오든지 못 나오든지 집에서라도 우리가 간절히 하나님께 기도를 드립니다. 기도를 드리면서 내 마음을 주님께 내어놓고 하나님만을 나의 의지로 삼고 하나님께 모든 것을 내어맡기고 부르짖어 기도하면 하루의 산꼭대기에서 우리는 이미 승리하게 됩니다. 그러면 산 아래의 그날의 하루 종일의 삶 동안에 하나님의 성령이 함께 하시고 아말렉은 물러가고 하나님의 영광이 같이 하여주셔서 생명을 얻되 넘치게 얻으며, 영혼이 잘 됨 같이 범사에 잘 되며, 강건한 역사가 일어나게 되는 것입니다. 이러므로 우리의 상상을 초월해서 많은 위대한 일들이 기도로 말미암아 이루어지는 것입니다.

이러므로 기도하지 않고 인간의 혈과 육을 의지해서 우리가 이 세상에서 살아나가려면 낭패하고 실망할 때가 너무나 많습니다. 무슨 일을 하기 전에 먼저 많이 기도하고 영적으로 평안과 확신을 얻은 후에 실천할 때 우리는 낙심하지 않고 패하지 않을 것입니다. 일선에서 싸우던 여호수아는 자기들의 이기고 지는 것이 자기들의 노력에 달린 것이라고 생각했을지도 모릅니다.

그러나 실상을 알아보면 그들의 노력의 효과가 생기는 이유가 산 위에서 배후에서 기도 드리는 모세와 아론과 훌의 기도가 원인이라는 것을 알게 될 때 마음이 숙연해졌을 것입니다. 그렇기 때문에 우리가 나라와 민족을 위해서 기도하자는 이유는 열심히 기도해야 산 아래에서 싸우는 전쟁에서 이길 수 있는 것입니다. 우리 성도들이 나라와 민족을 위해서 기도하지 아니하고 원망과 불평만 한다면 우린 우리의 무덤을 스스로 파는 것입니다.

우리가 위에서 원하든 원하지 않든 나라와 민족의 책임을 진 사람이 나라와 민족을 잘못 이끌어 가면 우리가 다 고통을 당하게 되는 것입니다. 이러므로 우리는 지도자와 나라를 움직여 가는 사람들을 위해서 기도해야 되는 것입니다. 그리고 하나님께 기도하면 산 위에서 하나님이 기도를 들으시고 승리해서 산 아래에서 나라를 이끌어가는 사람들에게 이김을 허락하여 주시는 것입니다. 이는 힘으로도 되지 아니하고 능으로도 되지 아니하되 오직 나의 신으로 말미암아 된다고 주님께서 말씀하신 것입니다.

이러므로 우리들은 기도하지 않는 죄를 범치 말아야 됩니다. 우리 조국과 민족을 위해서 기도하고, 나라와 민족을 다스리는 사람들을 위해서 기도하고, 북한에 있는 동포들을 위해서 기도하고, 저 선교사들을 위해서 기도해야 합니다. 오늘날 산 위에서 수많은 성도들이 믿음을 합쳐서 기도를 해주고 있는데, 산 아래에서 목회자들이 그리스도의 복음으로 나아가서 전쟁에서 아말렉을 쳐서 물리치지 않는다면, 그 책임은 말로 다 할 수가 없을 것입니다. 이러므로 우리는 기도와 실천적인 행동으로 나아갈 때, 승리에 승리를 얻을 수 있는 것입니다.

성경에는 우리의 씨름은 혈과 육에 대한 것이 아니라고 했습니다. 인간대 인간의 씨름이나 싸움이 아니라는 것입니다. 통치자와 권세와 이 세상 어두움의 주관자들과 공중의 권세 잡은 악한 영들에 대한 대항이라고 했는데, 간단히 말하면 공중에 있는 원수 마귀와 타락한 천사들과 이 땅에서 도적질하고 죽이고 멸망시키는 일을 하는 귀신들에 대한 싸움이라는 것입니다.

이 싸움을 이기면 우리 눈에 보이는 현실적인 생존경쟁에서 이기고 이 영적인 싸움에서 지면 현실적인 생존경쟁에서 우리가 올무에 빠지고 상처 입고 고통을 당하게 된다는 것입니다. 이러므로 주님께서 우리에게 기도할 수 있는 무장을 주셨습니다. 예수 그리스도의 이름을 주셨으며 우리에게 성령을 주셨으며 우리에게 말씀을 주셨으며 우리에게 그리스도의 보혈을 허락하여 주셨습니다.

십자가에서 예수님은 그 피를 흘려 마귀의 무장을 해제하시고 우리에게 승리를 주셨기 때문에 오늘 우리가 성령으로 충만하고 보혈을 의지하며 말씀을 의지하고 그리스도의 이름으로 강하게 불퇴전의 심령으로 기도하고 또 기도하고 또 기도하고 또 기도하며 밀고 또 밀고 나아가면 승리는 우리의 것이 되고 마는 것입니다. 하나님은 오늘 기도하는 사람을 찾고 계십니다.

그리고 기도하는 사람과 함께 하나님은 개인의 운명과 역사를 변화시키려고 하시는 것입니다. 우리 하나님께서 천지와 만물을 지으시고 전지전능하시지만 오늘날 인간 사회는 기도하는 사람을 통해서만 역사할 수 있는 것입니다. 바로 우리가 기도하므로 하나님의 사용하는 손길이 되시기를 바랍니다.

26장 한나가 응답받은 기도하는 법

(사무엘상 1:13-17)"그가 여호와 앞에 오래 기도하는 동안에 엘리가 그의 입을 주목한즉, 한나가 속으로 말하매 입술만 움직이고 음성은 들리지 아니하므로 엘리는 그가 취한 줄로 생각한지라. 엘리가 그에게 이르되 네가 언제까지 취하여 있겠느냐 포도주를 끊으라 하니, 한나가 대답하여 이르되 내 주여 그렇지 아니하니이다 나는 마음이 슬픈 여자라 포도주나 독주를 마신 것이 아니요 여호와 앞에 내 심정을 통한 것뿐이오니 당신의 여종을 악한 여자로 여기지 마옵소서 내가 지금까지 말한 것은 나의 원통함과 격분됨이 많기 때문이니이다. 하는지라. 엘리가 대답하여 이르되 평안히 가라 이스라엘의 하나님이 네가 기도하여 구한 것을 허락하시기를 원하노라 하니"

기도를 크게 나누면 두 가지로 분류 할 수 있습니다. 그 첫째가 일반적인 기도로 평범하게 하나님과 교통하며 하나님께 감사 찬양 드리고, 또 시시로 일상생활 중 하나님의 도움을 구하는 기도인 것입니다. 그 두 번째 기도는 삶의 큰 위기를 당하여 하나님께 응답을 받든지, 그렇지 않으면 삶의 파탄에 이르는 절대 절명의 기도입니다. 오늘 저는 이 두 번째기도 즉, 삶의 위기를 당했을 때 하는 기도에 관하여 말씀드리고자 합니다. 그러면 우리가 한

나의 기도를 통해서 이 절대 절명의 위기에 처했을 때 어떻게 기도해야 하나님의 응답을 받을 수 있는가? 거기에 대한 것을 알아보고자 하는 것입니다.

1. 한나는 하나님만 믿었다.

이스라엘에 엘가나라는 한 사람이 한나와 브닌나라는 두 처를 가지고 있었습니다. 그런데 브닌나는 자녀를 많이 낳았습니다. 그러나 첫째 부인인 한나는 자녀가 없었습니다. 그러므로 자연히 같이 살자니까 브닌나가 일일이 한나에게 간섭하고 한나를 비평하고 조롱했습니다. "자식도 못 낳는 주제에 무슨 큰소리냐?" "자식을 못 낳았으면 보따리 싸서 나가야지 집에서 같이 있느냐?" "자식도 못 낳는 것이 밥만 자꾸 축내고 본처 자리를 차지하고 있느냐…" 이러니까 한나가 매일매일 브닌나에게서 격분을 당하는 것이 말로 다 할 수가 없었습니다.

그런데 엘가나가 일 년에 한 번씩 실로에 있는 하나님의 성전에 나가서 하나님께 제사를 드리는데 그때는 언제나 엘가나는 한나를 사랑해서 브닌나와 그 자식들에게 주는 음식보다 갑절을 많이 주고 선물을 주지만 한나는 도저히 그런 인간적인 동정으로는 위로를 받을 수가 없었습니다. 그렇게 하면 할수록 브닌나는 더 무섭게 한나를 격분시켰습니다. 그래서 한나는 늘 울고 음식도 먹지 않았습니다. 남편이 가서 "이 사람아! 왜 이렇게 울고 먹지도 안느냐? 아들 열 명보다 내 사랑이 더 좋지 않느냐? 내가 널 사랑해 주면 됐지 자식이 무슨 소용이 있느냐?" 그렇게 말하지만 그것이 조금도 위로가 되지 않았습니다.

이래서 한나는 격분을 당하여 나중에는 죽느냐 사느냐의 마음의 위기에 처하게 되었습니다. 그녀는 최후에 돌이킬 수 없는 삶의 막다른 골목에서 이제는 목숨을 걸고 하나님의 성전에 나가서 하나님께 기도 드렸습니다. 마음을 열고 심경을 통회하여 하나님에게 기도를 했습니다. 마음 속에 있는 사정을 있는 그대로 하나님에게 솔직하게 토설하며 기도를 했습니다. 마음에 맺힌 한과 마음에 응어리를 완전하게 숨김없이 토설하였습니다. 마음이 후련해질 때 하나님이 응답을 해 주셔서 그가 낳은 아들이 사무엘이였습니다. 환경에서 다가오는 연속적인 고통이 최후의 결단을 가져오게 합니다. 죽기 아니면 살기다. 이러한 마음의 결단이 하나님의 보좌를 움직이게 되는 것입니다.

사람들은 "왜? 내 환경에 이렇게 자꾸 가시처럼 찌르는 사람이 많으냐"라고 생각합니다. 남편이 가시가 될 때가 있고, 아내가 가시가 될 때가 있습니다. 자식이 가시가 될 때가 있습니다. 그리고, 시부모가 가시가 될 때가 있습니다. 이들이 약대가 되어서 물 먹여 달라고 자꾸만 고함을 칩니다. 그래서 이와 같은 환경적인 격동이 하루 이틀이 되지 않고 점점 오래 되면 마음이 지쳐서 견딜 수가 없게 되는 것입니다.

마음이 번뇌스럽고, 고통스럽고, 억울하고, 원통하고, 절통하고, 눈물이 앞을 가리게 되면 나중에 어떻게 되느냐. 죽든 살든 결말을 내려야겠다. 더 이상 이와 같은 상황에서 나의 생존을 계속할 수 없다. 하나님께 나가서 이제 금식하든지, 철야하든지, 목이 터져라 고함을 치든지 결론을 내리고야말겠다는 이러한 비장한 각오와 결심을 하도록 하나님이 유도해 주시는 것입니다.

2. 결단의 기도를 했다.

이러므로 우리 환경가운데 여러 가지 고난의 가시가 찌르는 것은 마음에 결단을 내리게 하려고 그렇게 하는 것입니다. 하나님께서는 절대 절명의 순간에 돌입해서 돌이킬 수 없는 결단을 내리고 기도하기를 원하시고 계시는 것입니다. 이러한 기도는 마귀의 장벽을 무너트리고 하나님의 보좌를 흔드는 위대한 힘이 있는 것입니다. 기도라는 것은 그러한 결단 없이 "뭐. 응답해도 좋고 안 해도 좋습니다." 이렇게 그저 형식적으로, 의식적으로 드리는 기도 이것은 안하는 것보다는 훨씬 낫습니다만, 그러나 하나님의 손길을 움직일 만큼 위대한 역사를 일으키지 못하는 것입니다. 이렇기 때문에 작은 문제나, 큰 문제나 마음에 깊은 결단을 내려야지 그 결단이 없이는 하나님의 역사가 일어나지 못합니다. 열두 해 혈루병을 앓은 여인을 보십시오. 그녀는 "내가 예수 그리스도의 옷자락에 손만 대면 나으리라."

그렇게 해서 그녀는 무지무지한 결단을 내렸습니다. 열두 해

동안 피를 흘려서 어지럽고, 지치고, 심장이 뛰고, 걸음을 걸을 수 없음에도 불구하고 사생결단하고 "예수님이 오시면 나는 그의 옷자락에 손을 대고야 말겠다. 이것은 나의 절대 절명의 기회이다. 이것을 놓치면 안 된다. 나는 이로 말미암아 응답을 받아야겠다. 돌이킬 수 없다. 주님께 YES라는 응답만 받지 NO는 있을 수 없다." 그렇게 해서 예수님이 가까이 오실 때 그녀는 나갔습니다.

어지러움에도 불구하고, 햇빛이 비추어 눈을 뜰 수 없음에도 불구하고, 심장이 방망이질 치고, 온 전신이 땀에 흠뻑 젖음에도 불구하고 그녀는 군중을 헤치고 나가서 사력을 다하여 타협 없이 그리스도에게 나가서 그 옷자락에 손을 대자 말자 하나님의 능력이 임하여 열두 해를 혈루병으로 앓던 병이 순식간에 나아버리고 만 것입니다. 그러니까 예수님이 돌이켜서 "누가 내 옷자락에 손을 대었다." "주여! 많은 사람이 손을 대었습니다. 많은 사람이 주를 밀고, 당기고, 손을 대었는데 어떤 특정한 사람이 손을 대었다고 말씀하십니까?" 하고 베드로가 물을 때 예수님께서는 그 베드로의 물음에는 아랑곳없이 손댄 여자를 찾았습니다. 수많은 사람들이 "주여! 주여!" 부르짖어도 그것은 오며, 가며 주님의 옷자락에 손을 대보는 것입니다. 절대 절명의 결단을 가지고 "이것 아니면 나는 이제는 생명의 종결이다."라는 이런 각오로서 주님께 나와서 그에게 손을 대면 그 기도는 하나님의 능력을 나타나게 해 주시는 것입니다.

3. 한나의 기도 통해 얻는 교훈.

우리가 한나를 통해서 오늘 기도의 비결의 중대한 내용을 배워야 되겠습니다. 그런데, 우리가 이와 같은 절대 절명의 기도를 하려면 우리 마음에 준비가 필요한 것입니다. 하나님과의 막힌 담을 헐어야 되는 것입니다. 우리가 이 세상에 살 동안에 먼지가 묻고, 티끌이 묻고, 죄악과 타협하고, 세상에 찌들어 살 때가 많습니다.

그러나 우리가 문제를 만나서 주님의 관심을 이끌고 주님의 손길을 잡으려고 하면 우리 자신이 먼저 정결해야 되는 것입니다. 우리가 귀한 손님이 오면 집안 청소를 합니다. 목욕을 하고 좋은 옷으로 갈아입습니다. 이처럼 우리의 심신을 정결하게 하고 난 다음에야 우리 하나님께 나아가서 간절한 기도를 드릴 수가 있는 것입니다. 그러므로 우리는 하나님께 나아가기 전에 성령님의 지배가운데 하나님의 계명 앞에 우리를 비춰보고 하나님의 계명을 어긴 죄가 있으면 그것을 하나하나 모두다 우리의 생애 속에 제해 놓아야 되는 것입니다. 성령으로 충만한 상태가 되어야 합니다.

성경에 주님께서 말씀하시기를 믿는 자들에게는 이러한 표적이 따르리니 저희가 내 이름으로 뱀을 집으며 라고 말씀했습니다. 우리 가슴속에 숨어있는 그 뱀들 우리가 모르는 사이에 원수 마귀가 들어와서 우리 속에 자리를 틀고 있는 그 뱀들을 다 잡아내고 그리고 주님 앞에 나아가야 됩니다. 회개와 자복을 통해서 감추인 죄악을 우리가 다 옮겨야 되는 것입니다.

이러기 위해서는 성령 안에서 하나님의 계명을 우리 마음속에 비춰봐야 됩니다. "내 앞에 다른 신을 두지 말라." 절대로 하나님은 다른 신을 섬기는 사람의 기도는 응답하지 않습니다. "우상에 절하지 말라." 하나님은 우상과 전쟁을 하십니다. 하나님은 우상 숭배하는 사람은 멸하셨습니다. 이러므로 우상을 우리는 절대로 가까이 하지 말아야 합니다. 하나님의 이름을 망령되이 부르면 하나님을 무시하는 것이 되는데 하나님을 무시하고 하나님께 어떻게 나아갑니까? 하나님의 이름을 경건하게 부르고, 하나님의 이름을 존귀하게 취급해야 하는 것입니다. 그리고 안식일을 거룩히 지키라고 했는데 하나님의 성일을 우리 맘대로 쓰고 하나님을 만나러 가서 공경하지 아니하고 하나님을 사랑한다고 할 수 없습니다. 주일은 하나님이 우리와 만나는 날인 것입니다. 그러므로 하나님이 주의 성전에서 기다리는 그 날에 하나님께 나가서 하나님을 예배하며 공경해야 하는 것입니다.

"네 부모를 공경하라." 우리 부모님과 의견이 다를 수가 있습니다. 부모님과 우리 사이에 뜻이 완전히 맞을 수는 없는 것입니다. 그러나 뜻이 맞든 안 맞든 공경하는 것은 우리가 마땅히 해야 할 것입니다. 요즈음에 보니까 부모에게 생활비를 주지 않아서 부모가 할 수 없이 법정에 생활비를 주도록 고소하는 사건이 일어난 것을 일간지에서 읽어보았습니다.

이것 정말 우리가 생각해 볼 때 가슴 아픈 일인 것입니다. 자녀 가정 생활의 능력이 없으면 모르겠는데 생활의 능력이 있으면서 부모를 공경하지 아니하고 공경하지 아니하므로 법에 의존해서 고소해야 법적으로, 강제로 자녀들이 부모를 봉양해야 한다는 것은 비극적인 일인 것입니다. 이와 같은 환경 속에서 주님께 기도해야 응답이 오지 않을 것입니다. "살인하지 말라."고 했는데 사람을 죽이고야 기도 응답을 받을 수 있겠습니까?

죽일 마음을 가지고야 응답을 받지 못하지요. "간음하지 말라."고 했는데 하나님의 성전인 몸을 더럽히고야 하나님께서 그 속에 성령을 주시고 성령으로 역사할리가 없는 것입니다. "도둑질하지 말라."고 했는데 우리가 하나님의 성물도 도둑질하고, 우리 이웃도 도둑질하고 산다면 도둑놈하고 하나님이 같이 의논할 리가 만무한 것입니다. "네 이웃에 거짓증거하지 말라."고 했는데 하나님의 형상과 모양대로 지음 받은 형제를 자꾸 할퀴고, 모함하고, 두들기고, 때리고, 그리고 하나님을 경외할 수가 없습니다.

자식들이 서로 싸우면 부모가 볼 때에 좋을 리가 없는 것입니다. "네 이웃을 탐하지 말라." 이웃 것을 늘 탐해서 그것을 시기하고, 그것을 빼앗고 싶어 하고, 이웃이 못되기를 간절히 바라는 이러한 심정은 사랑에서 나오는 마음이 아닌 것입니다. 이러한 심정은 하나님께서 미워하십니다. 이웃이 잘 되기를 축복해 주고, 이웃이 잘되면 함께 기뻐하는 그러한 심정을 우리가 가져야되는 것입니다. 이러므로 우리의 마음을 살펴보고 우리 마음에 거리끼는 것이 있으면 모두 다 청소해야 됩니다.

우리의 삶이 하나님 중심으로 돌아와야 되는 것입니다. 이기주의가 아니고, 내 중심이 아닌 하나님을 주인으로 섬기는, 하나님 중심으로 우리가 돌아오는 그러한 마음의 준비가 필요한 것입니다. 그렇지 않고서야 하나님께서 어떻게 우리의 기도를 받겠습니까? 우리 손이 깨끗하고 정결해야 우리 손으로 드리는 기도와 제물을 하나님께서 기꺼이 열납하지 않겠습니까?

성경은 말씀하기를 "내 눈이 멀어 보지 못함이 아니요. 귀가 둔하여 너희 기도를 듣지 못함이 아니며, 내 손이 짧아 너희를 도와주지 못하는 것이 아니라 너와 나 사이에 죄악의 담이 가리워져 있으므로 내가 너의 기도를 들을 수 없다."고 말한 것입니다. 이러므로 우리가 하나님 앞에 나가기 전에 철저히 회개하고 죄악의 담을 헐어야 되는 것입니다. "회개하라. 그리하면 천국이 가까이 온다."고 말한 것입니다. 이러므로 하늘나라와 회개는 분리하려야 분리할 수가 없습니다. 언제나 회개하는 것을 조건으로 하고 우리가 하나님 앞에 나아가야 되는 것입니다.

그리고 우리가 하나님께 기도할 때 절대로 하나님께 응답을 받으려고 하면은 하나님께 서원을 해야 하는 것입니다. 서원기도란 결정적인 기도가 되는 것입니다. 보통기도는 그저 막연하게 하는 것이지마는 서원기도 이것은 무서운 힘이 있습니다. 한나는 아들을 달라고 기도할 때 그녀는 하나님께 말했습니다. "아들을 주면 내 품에 안고 내가 키울 것이 아니라, 주신 아들을 하나님의 성전에 바치겠습니다. 아들을 주시면 내가 젖만 떼면 하나님의 성전에서 성전을 받들고 성전에서 성전지기가 되도록 하겠습니다."서원했습니다. 하나님께서 한나가 이러한 기도하도록 임신을 늦추신 것입니다. 기도하는 한나에게서 사무엘 선지자가 태어나기를 원하셨던 것입니다. 한나가 하나님의 뜻에 부합된 기도를 하니까 하나님께서 한나에게 아들을 주신 것입니다.

한나는 하나님께 서원을 하고 아들을 낳고 난 다음에 이름을 사무엘이라고 지었습니다. 이는 "여호와께 그를 구하였다"는 뜻입니다. "한나가 임신하고 때가 이르매 아들을 낳아 사무엘이라 이름하였으니 이는 내가 여호와께 그를 구하였다 함이더라"(삼상 1:20). 그 사무엘이 젖떼기까지 품에 품고 있다가 젖을 떼고 난 다음에는 성전에 데리고 가서 엘리 제사장을 섬기는 몸종으로 성전지기로 바쳤습니다. 하나님의 뜻에 부합되는 서원의 기도는 굉장한 힘이 있는 것입니다. 자신의 인간 욕심으로 서원하면 하나님께서 응답하시지 않습니다.

야곱이 형님을 두려워해서 외 아저씨 집으로 도망을 칠 때 그가 하루는 돌베개를 베고 잠을 잤는데 꿈에 보니 하늘 문이 열리고 그 위에 여호와 하나님이 앉아 계시고 그 보좌에서 천사들이 오르락내리락하는 것을 보고 아침에 깨어서 "두렵도다. 이것이 하나님의 문이다." 그래서 그는 그 돌기둥을 세워 기름을 붓고 그리고 그곳에서 서원을 했습니다. "하나님이여~ 내가 가는 길에 하나님이 지켜주시고 무사히 우리 아버지 집으로 돌아오게 하면은 하나님은 내 하나님이 될 것이요. 여기에 기름을 부은 이 자리가 하나님의 성전이 될 것이며, 내가 얻는 모든 수입 중에 십분의 일은 반드시 하나님께 드리겠나이다." 그는 서원의 기도를 했습니다. 그 서원의 기도를 하나님은 들어 주셨습니다.

그러므로 야곱은 이십 년만에 한 떼, 두 떼의 큰 짐승의 떼를 거느리고 그는 고향 땅에 들어올 때 거기 벧엘에 와서 하나님의 성전 입구인 벧엘에서 하나님께 제단을 쌓았습니다. 그리고 그는 평생에 하나님 앞에 서원한대로 십일조를 하나님께 반드시 드렸으므로 그와 그 후손이 하나님께 크게 복을 받은 것입니다. 평생 하나님께 십일조를 드렸다는 것은 야곱(이스라엘)은 자신의 모든 소유가 하나님의 것이라는 것을 인정하고 드린 것입니다. 그래서 하나님은 야곱과 동행하시면서 형통으로 역사하신 것입니다.

우리가 성경을 보면 입다의 서원을 볼 수가 있습니다. 이스라엘이 암몬 자손의 침략을 받아서 나라가 위기에 처했을 때 장로들이 입다에게 가서 간청을 했습니다. 나와서 우리 민족을 대표해서 암몬 자손과 싸워달라고 했습니다. 그래서 입다가 암몬 자손과 싸우러 나가기 전에 하나님께 서원을 했습니다. "하나님! 저를 도와 주셔서 내가 이 암몬 자손을 쳐서 이기면 내가 집에 돌아올 때, 우리 집 대문 앞에 제일먼저 나오는 자는 누구든지 잡아서 하나님께 번제로 드리겠습니다." 얼마나 마음이 다급했던지 하나님의 도움을 반드시 받아야겠다는 그 심정에 그는 아주 강한 서원을 했습니다. 하나님이 도와주셔서 그는 암몬 자손을 항복시

켰습니다. 큰 전쟁에 이겼습니다. 그리고 집으로 돌아왔습니다.

그러니까 그의 무남독녀 외딸이 아버지가 이기고 돌아온다고 채색 옷을 입고 손에 북을 들고 막 춤을 추면서 제일먼저 대문간에 뛰어 나왔습니다. 아버지는 그 자리에 주저앉았습니다. "이놈아! 개가 먼저 나올 수가 있고, 닭도 먼저 나올 수가 있고, 종이 먼저 나올 수도 있는데 네가 왜 먼저 북을 치고 나오느냐" "아버지 왜요?" "내가 암몬 자손과 싸울 때 하나님께 서원해서 말하기를 내가 이겨 돌아오면 누구든지 우리 집 대문에서 제일먼저 나를 환영하며 나오는 사람을 죽여 번제로 드리겠다고 서원했다." 고 말했습니다. 그때 그 딸이 말했습니다. "아버지가 서원했으면 서원대로 해야 될 것입니다. 나에게 한 달만 말미를 주시면 내가 시집도 못 가고 죽는 것이 억울해서 친구들과 산 위에 가서 실컷 울고 돌아오겠습니다." 그래서 울고 돌아오는 그 딸을 아버지는 하나님께 번제로 드렸습니다. 서약이란 무섭습니다. 하나님께 서원하는 것은 무서운 것입니다. 서원하고 갚지 않으면 파멸을 당합니다. 하나님은 그런 사람을 내버려두시지 않습니다.

우리가 하나님께 기도응답 받으려고 할 때 절대 절명의 시간에 서원하는 것은 하나님을 묶어 놓는 것입니다. 서원한 것은 지켜야 됩니다. 오늘날 많은 사람들이 "내 병을 고쳐 주시면 내 집을 바치겠습니다." 병 고침 받고 난 다음에는 집이 아니라, 옷도 한 벌 안 바치는 사람이 있습니다. 그러면 버림받습니다. 사람들은 절대 절명의 위기에 처하면 서원을 합니다. 서원한 것은 자기에게 어떠한 손해가 오더라도 서원을 갚아야 됩니다.

이 서원은 하나님의 손을 움직이는 큰 힘이 있습니다. 그러므로 신중하게 작정한 서원의 기도는 어마어마한 힘을 발휘하는 것입니다. 이렇기 때문에 간절한 기도를 할 때에는 크고 작은 서원을 하십시오. 서원 예물을 드리고 하나님께 부르짖어 기도하는 것은 일반 기도보다 큰 힘이 있는 것입니다. 그 다음에 우리가 기도할 때 결사적인 기도를 해야 하는 것입니다. 한나는 성전에 와서 성경에 보면 눈물을 흘리고, 그녀는 통곡하고, 애곡하며 기도했습니다.

고함을 치고, 땅을 치며, 몸부림치며 기도를 했습니다. 하나님은 "너희는 내게 속삭이라." 그렇게 말씀하지 않으시고 "너희는 내게 부르짖으라."고 말씀하신 것입니다. 한나는 그렇게 기도하다가 나중에는 깊은 경지에 들어가서 말도 나오지 않았습니다. 나중에는 눈을 감고 입술만 움직여 기도했습니다. 얼마나 애절하게 기도에 몰입하는 기도를 했던지 이제는 입술만 움직여 기도했습니다. 그때 엘리가 보고 한나가 술이 취한 줄 알고 "이 사람아, 언제까지 포도주나 독주를 마시고 취한 몸으로 하나님의 성전에 나와서 입술로만 기도를 하겠느냐?" "아닙니다. 제사장님, 나는 마음이 슬픈 여자요. 마음이 고통스러운 여자입니다. 너무나 억울하고 원통하여 마음의 응어리를 하나도 남김없이 주님께 토설하며 기도하다가 깊은 경지에 몰입하여 입술로만 기도를 하고 있었습니다." "그래? 평안히 가라. 네 기도가 하나님께 응답 받았다." "하나님께 은혜 받기를 원한다." 그때로부터 그녀는 일어나나가서 얼굴을 씻고 다시는 걱정을 하지 않았습니다.

응답 받았다는 마음에 확신이 왔기 때문인 것입니다. 그래서 그녀는 평안했습니다. 기도가 환경에서 증거가 나오든, 마음에 증거가 오든, 증거가 올 때까지 성령의 깊은 지배 가운데 몸부림쳐 부르짖어야 되는 것입니다. 여기에 한나의 기도는 바로 대제사장 엘리를 통해서 하나님의 응답이 왔습니다. "평안히 가라. 네 기도가 응답되기를 바란다." 이것은 하나님이 주신 표적이기 때문에 그녀는 안심하고 일어나서 돌아갈 수가 있는 것입니다.

갈멜산에서 엘리야의 기도를 보십시오. 엘리야는 삼 년 육 개월 동안에 비가 오지 않은 그 나라에 하나님께서 비를 주시겠다고 약속하셨습니다. 그래서 그는 아합 왕을 청하고 이세벨의 단에서 섬기는 바알 선지자 450명, 아세라 선지자 400명을 청해서 갈멜산에서 시합을 하고 난 다음에 하나님의 제단에 불이 임하여 큰 권능을 나타내시고는 이 바알신의 제사장을 다 잡아서 기손 시냇가에 내려가서 전부 목을 베어 죽였습니다. 이것이 회개입니다.

그리고 난 다음에 종하고 갈멜산에 올라가서 기도하는데 그의 기도를 보십시오. 그는 꿇어앉아서 얼마나 하나님께 부르짖어 간절히 기도를 했는지 배창자가 당겨서 허리가 굽어져 목이 다리 사이로 들어가 버렸습니다. 그냥 앉아서 기도하면 되지만 얼마나 간절히 기도하면 배창자가 오그라듭니다. 머리가 다리 사이로 들어갑니다. 성경에는 엘리야는 그 머리가 다리 사이에 들어갔다고 했습니다. 창자가 그냥 오그라들 정도로 하나님께 간절히 부르짖어 기도했습니다. 그러면서 그의 종을 보고 "산 위에 올라가서 증거가 있는지 보라." 처음 올라갔다 내려와서 "아무 증거도 안보입니다." 두 번째, 세 번째, 네 번째, 다섯 번째, 여섯 번째, 일곱 번째까지 증거가 나타날 때까지 기도했습니다. 일곱 번째에 와서 "저 동쪽하늘에 손바닥만 한 구름 한 점이 일어납니다." "됐다. 큰 비의 소리가 들린다. 빨리 왕에게 마차를 타고 시내로 뛰어 들어가라고 해라." 그리고 그는 나가서 왕의 마차 앞에 서서 성령의 회오리바람에 밀려서 그는 맨발로 뛰어서 시내까지 들어갔습니다. 그러자 하늘이 먹장구름으로 덮이고 큰 비가 삼년 육 개월 만에 처음 쏟아진 것입니다. 여기에서 한나도 그렇고 엘리야도 그렇고 증거가 나타날 때까지 부르짖어 기도한 것입니다. 오늘날 우리는 증거도 안 받고 그냥 자기 혼자 기도하고 난 다음에는 그냥 나오는 것입니다. 그러면 아무 것도 안 됩니다. 하나님의 증거가 내 가슴속에 임하든, 내 환경에 임하든 증거가 나타날 때까지 기도해야 되는 것입니다.

증거는 반드시 나타납니다. 저는 제 개인의 경험으로는 내가 하나님께 간절히 기도할 때 대개 나타나는 증거는 환경에 나타나는 보증의 역사와 더불어 마음속에 한없는 평화인 것입니다. 그 가슴속에 고통스럽고, 괴롭고, 번뇌로 꽉 들어찬 무거운 짐이 사라져 버리고 마음에서, 뱃속에서 하나님의 평화가 강물같이 흐르기 시작하는 것입니다. 그리고 뱃속에서 말씀이 들립니다. "응답 받았다." "응답 받았다." "하나님이 다 책임지고 해결하신다. 이제 걱정하지 말아라." "하나님께서 주신 지혜로 해결하신다."이런 뱃속에서 증거가 들려올 때까지 부르짖습니다. 그 증거가 환경에 안 나타나고, 마음속에 번뇌와 고통이 누르고 있을 때에는 아직까지 기도의 짐을 하나님께 풀어놓지 못했습니다. 아직 하나님께 상달되지 않았습니다. 그러므로 뱃속에서 그런 증거가 오든지 그렇지 않으면 내가 부르짖는 응답의 표적이 환경에서 나타나든지 증거가 올 때까지 부르짖는 기도를 하시기를 바랍니다.

그럴 때 하나님의 역사가 일어나는 것입니다. 기도라는 것은 이러한 간절함이 있어야 합니다. 우리 주 예수 그리스도의 기도도 깊은 경지의 기도가 성경에 기록되어 있지 않습니까? 예수님은 큰 통곡과 눈물로 기도하셨습니다. 히브리서 5:7절에 보면은 "그는 육체에 계실 때 자기를 죽음에서 능히 구원하실 이에게 심한 통곡과 눈물로 간구와 소원을 올렸고 그의 경외하심을 인하여 들으심을 얻었느니라."고 말씀하고 있는 것입니다.

이러므로 주님 자체도 통곡을 하시고 눈물을 흘리시고 기도하시는데 우리가 누구기에 맹숭맹숭하게 기도하고 눈을 깜빡거리면서 눈물 한 방울 흘리지 않고 기도하면서 하나님이 응답하시길 바라십니까? 이러므로 우리가 하나님 앞에 기도의 응답을 받으려면 막다른 골목에 들어간 심정으로 기도해야 합니다. 이 기도가 응답 받지 않으면 내가 파멸 당한다는 것을 인식하고 절대 절명의 위기에 처해서 기도를 해야 하는 것입니다. 그러면 오늘날도 하나님은 보좌에서 일어나서 역사하시는 것입니다. 절대 절명의 기도는 역사와 운명과 환경을 변화시키는 위력을 가지고 있는 것입니다.

스코트랜드의 요한 막스는 그가 하나님께 기도할 때 "하나님이여! 스코트랜드를 내게 주시든지 그렇지 않으면 나의 생명을 거두소서." 그는 절대 절명의 기도를 했습니다. 그 결과 하나님의 성령의 역사가 일어나서 스코트랜드가 변하여서 완전히 예수 그리스도를 믿게 된 것입니다. 이러므로 우리는 "자기 목숨을 거두던지 그렇지 않으면 기도 응답을 해 주시든지 둘 중에 하나를 해 주시옵소서." 죽기 아니면 살기. 이러한 기도를 할 줄 알아야 되는 것입니다.

한나는 이러한 기도를 드렸습니다. 그결과 하나님의 뜻에 부합되는 기도를 할 수가 있는 경지에 이른 것입니다. 위대한 하나님의 종들은 다 이와 같은 기도를 드린 것입니다. 이와 같은 기도를 할 때에 하나님은 응답하십니다. 그런 간절한 심정과 죄를 다 청산한 기도와 그리고 하나님 앞에 서원하는 예물을 작정하고 하는 그러한 기도는 오늘날도 하나님의 보좌를 움직이고 개인과, 가정의 생활, 사업의 문제, 그리고 나라와 민족의 운명을 하나님께서 변화시키는 기적을 베풀어주시는 것입니다.

27장 천사를 동원하는 기도하는 법

(히1:14)"모든 천사들은 섬기는 영으로서 구원 받을 상
속자들을 위하여 섬기라고 보내심이 아니냐"

하나님은 믿는 우리가 천사의 도움을 받으면서 살아가기를 원
하십니다. 성령으로 영의기도를 하면서 천사를 동원하시기를 바
랍니다. 하나님께서는 하나님을 섬기는 영적 존재인 수많은 천군
과 천사를 거느리고 계십니다. 이 천군과 천사들은 항상 하나님을
찬미하고 하나님을 호위하고 하나님의 명령을 수행하는 역할을
하고 있는 것입니다. 이 천사들은 인간보다 훨씬 먼저 지음을 받
은 피조물들인 것입니다. 인간보다 힘이 세고 영광스러우며 또 죽
지 않고 영원히 사는 영적인 존재입니다.

그리고 현재에는 특히 구원받을 후사들, 즉 우리들을 도와주시
기 위해서 보내어서 종행무진으로 열심으로 하나님의 일을 하고
있는 하나님의 일꾼들인 것입니다. 우리들이 예수를 믿고 성령을
받으면 천사보다 높아집니다만, 그러나 아담 안에 사는 사람은 천
사보다 낮은 위치에서 살고 있습니다. 왜냐하면 아담이 마귀에게
미혹되어 마귀의 종이 되었기 때문입니다. 그러나 우리가 예수를
믿으면 우리의 지위가 올라가서 천사들이 우리를 돕는 자가 됩니
다. 그리고 우리는 천사도 피조물이기 때문에 천사를 예배해서는
절대로 안 됩니다. 오직 예배는 하나님만이 받으실 수 있는 것입

니다.

천사는 우리와 똑같은 하나님의 피조물이기 때문입니다. 그러므로 오늘 천사가 우리 신앙생활에 어떠한 역할을 하는가에 대해서 여러분과 함께 알아보고자 합니다. 성경에 보면 바벨론과 메대 파사 두 왕국을 통해서 국정을 돌보던 탁월한 유대인이 있었습니다. 그 이름은 다니엘이었습니다. 다니엘이 팔십이 되었을 때 바벨론이란 나라가 망하고 다리오가 메대 파사 왕국을 세웠습니다.

그래서 메대 파사 왕국을 다스릴 때 세 총리대신을 세웠는데 그 중에 한사람이 다니엘이었습니다. 그러나 다리오 왕이 가만히 보니까, 이 다니엘이 지혜나 지식이나 총명이나 모든 일을 하는 수완이 뛰어났습니다. 그래서 이 세 총리 중에 으뜸가는 최고의 총리로 만들려고 작정을 했습니다. 그러자 다른 두 명의 총리와 기타 방백들이 시기가 꽉 들어차서 그들이 모의하여 어찌하든지 다니엘을 참소해서 그를 죽여야 되겠다고 그렇게 생각을 했습니다. 그래서 다니엘의 국사에 대해서 자세히 살펴보니까 너무나 정직하고 성실하고 근면하고 충성스러운지라 다니엘의 국사에 대해서는 흠점을 잡을 수가 없습니다.

그래서 그들은 아! 다니엘은 신앙적으로 밖에 잡을 수 없다, 그렇게 작정을 했습니다. 왜냐하면 다니엘이 매일같이 자기 집에 가서 예루살렘을 향해서 창문을 열어놓고 세번씩 경건히 기도를 합니다. 아! 신앙으로 다니엘을 잡아야 되겠다.

이래서 이 두 총리와 방백들이 다리오 왕에게 가서 이런 건의를 했습니다. 다리오 왕이여! 오늘부터 시작해서 30일 동안 온 메대 파사 왕국에 속한 사람들은 어떤 다른 신이나 어떤 사람에게 기도하든 사자굴에 던져 넣도록 해주십시오! 이 30일 동안 오직 다리오 왕을 신으로 삼고 다리오 왕만 경배하게 하는 그런 칙령을 내려주십시오! 다리오 왕이 들으니까 자기를 신으로 삼고 자기를 경배하는 그런 칙령을 내려달라니까, 좋다고 그 어명에 도장을 찍었습니다.

그래서 온 메대 파사 지역에 오늘부터 삼십일 동안에 어떤 다른 신이나 어떤 사람에게 절하거나 예배드리면 사자굴에 던지겠다는 명령이 떨어지자 산천초목이 떨었습니다. 그것을 다 알고도 다니엘은 집에 돌아가서 예루살렘을 향하여 창문을 열어놓고 아침, 점심, 저녁, 성실하게 하나님께 기도를 드렸습니다. 그러니깐 이 두 총리와 방백들이 즉시 다리오 왕에 가서 다리오 왕이여! 온 천하에 삼십일 동안 다른 신이나 다른 사람에게 예배드리지 못하도록 칙령을 내리지 않았습니까?

그렇지. 그것을 어기는 사람은 누구를 불구하고 사자굴에 던지기로 했지요? 그렇지! 다니엘이 왕의 칙령을 알고도 자기 집에 가서 매일같이 창문을 열어놓고 예루살렘을 향해서 3번씩 기도를 하나이다! 아차! 내가 올무에 빠졌구나! 다리오 왕은 그때야 깨달았습니다만, 자기가 내린 명령을 자기가 어길 수가 없습니다. 왕이여! 이것은 왕의 준엄한 명령이므로 반드시 실천해야 됩니다.

그래서 다리오왕은 눈물을 흘렸습니다. 다리오왕은 다니엘을 너무나 사랑했습니다. 그러나 자기의 명령을 스스로 부인할 수가 없어서 다니엘을 잡아다가 사자굴 속에 던져 넣었습니다. 그리고 난 다음 왕은 집에 돌아와서 식음을 전폐하고 많이 슬퍼하고 고민했습니다. 그 이튿날 아침에 일찍 일어나서 사자굴 밖에 나가서 다리오 왕이 슬픈 소리로 불러 외쳤습니다. "다니엘아! 살아계신 하나님의 종 다니엘아! 네가 항상 섬기는 네 하나님이 사자에게서 너 자신을 능히 구원해 주었더냐!" 그런데 왕은 깜짝 놀랐습니다. 사자굴에서 다니엘의 음성이 들려오는 것입니다. "나의 하나님이 이미, 천사를 보내어 사자들의 입을 봉하셨으므로 사자들이 나를 상해치 아니하였사오니 이는 나의 무죄함이 그 앞에 명백하옵나이다." 아, 죽어야 될 다니엘이 사자굴 안에서 낭낭한 목소리로 대답을 했습니다. 당장 사자굴 문을 열어서 다니엘을 끌어올렸는데, 다니엘의 말을 들어보니 그가 사자굴에 떨어질 때, 하나님의 천사가 사자굴에 내려와서 밤새도록 그를 지켜주었다는 것입니다.

그래서 그가 잡아먹히지 않았습니다. 왕이 그 말을 듣고 당장 다니엘을 참소한 그 총리들과 방백들과 그의 가족들을 끌고 와서 사자굴 속에 던지니 사자굴 속에 떨어지기 전에 사자가 뛰어올라 그들의 뼈를 으스러뜨리고 만 것입니다.

이래서 우리가 성경에 보면 하나님을 진심으로 섬긴 사람들을 건지기 위해서 하나님께서 천사를 보내서 붙들어주신 사건이 수없이 많습니다. 이러므로 오늘날도 이 천사의 역할이 우리에게 굉장히 큽니다. 사실 우리가 육신의 눈을 뜨고 있으니까 못 봐서 그렇지, 영의 눈을 뜬다면 당신이 사는 집주 위와 교회 강단 주위에 천사들이 가득히 와 있습니다. 내 옆에도 와 있어요! 안녕하십니까? 우리 교회 주위에도 천사들이 가득 둘러 진치고 있습니다. 왜냐하면 천사는 누구냐? 구원 얻을 후사를 섬기라고 보내신 영들이 아니냐고 말한 것입니다.

우리가 시화에서 목회를 할 때입니다. 어느 집사님의 소개로 독일에서 평신도 선교사를 하시는 부부 집사님이 와서 치유 받고 가신 적이 있습니다. 그 때 여 집사님이 임신하여 6개월이 된 상태이고, 5살 정도 먹은 딸을 데리고 와서 치유를 받았습니다. 그런데 치유기도 시간에 제가 여 집사님을 안수하니까, 이 딸이 자꾸 엄마 머리를 잡으려고 엄마에게 다가오는 것입니다. 그래서 엄마가 힘이 드니까, 저쪽에 떨어져서 놀라고 하는데도 자꾸 달려드는 것입니다. 이상하다고 생각하기는 했지만 그냥 사역을 진행했습니다. 그런데 그 다음날 그분들을 소개하여 준 여 집사님에게서 전화가 왔습니다.

어제 치유 집회할 때 천사들이 사람마다 앉아서 치유를 도왔다는 것입니다. 그래서 자초지정을 물으니까? 그 아이가 눈이 열려서 천사를 보는데 천사가 엄마 머리에 앉아 있어서, 엄마 머리가 무거울까봐 천사를 떼어 내려고 했다는 것입니다. 필자가 믿지 않을 것인데 5살 먹은 아이가 거짓말 할리가 만무하여 믿기로 했습니다. 필자가 깨닫기를 아~ 우리교회 성령치유집회시에 천사들이 동원되어 집회를 돕고 있구나 믿게 되었습니다. 하나님께서 기뻐하시는 집회라는 것을 깨닫게 되었습니다. 이렇게 천사는 성령의 사역을 돕기도 합니다. 이러므로 우리 하나님께서 명령하신 사실을 준행하기 위해서 하나님의 사자들은 이 지구상에서 하나님의 보좌 앞으로 번개같이 왔다 갔다 하고 있는 것입니다. 이러므로 우리가 오늘 알아보고자 하는 것은 이렇습니다.

1. 하나님의 소식을 전하는 메신저

하나님의 천사는 하나님의 소식을 우리에게 전하는 메신저라는 것을 알아야 되는 것입니다. 예수님의 양아버지 요셉에게 천사가 현몽하여 잉태한 마리아를 집에 데려오기를 두려워하지 말라고 말했습니다. 요셉이 마리아하고 정혼을 했는데 결혼해서 동침하기 전에 마리아가 잉태하여 배가 불러가니 요셉으로서 난처하지요, 그러나 요셉은 좋은 사람이라 시끄럽게 하지 않고 마리아를 그냥 내 보내서 이혼하려고 했는데 밤에 꿈에 천사가 나타났습니다.

주의 사자가 현몽하여 가로되 다윗의 자손 요셉아! 네 아내 마리아 데려오기를 무서워말라! 저에게 잉태한 자는 성령으로 된 것이라! 아들을 낳으리니 그 이름을 예수라 하라! 이는 그가 자기 백성을 저희 죄에서 구원할 자이심이라! 그렇게 말씀을 하셨습니다. 요셉은 잠에서 깨어나서 주의 사자의 분부대로 행했다고 말한 것입니다. 여기에 보면 주의 사자, 즉 주님의 천사가 꿈에 요셉에게 나타나서 요셉에게 하나님의 메시지를 전해준 것을 볼 수가 있는 것입니다.

예수님의 탄생 소식도 목자들에게 천군과 천사들이 와서 그 메시지를 전했었습니다. 성경에 보면 "그 중에 목자들이 밖에서 밤에 자기 양떼를 지키더니 주의 사자가 곁에 서고 주의 영광이 저희를 두루 비추매 크게 무서워하는지라 천사가 이르되 무서워말라 보라 내가 오늘 백성에게 미칠 큰 기쁨의 좋은 소식을 너희에게 전하노라 오늘날 다윗의 동네에 너희를 위하여 구주가 나셨으니 곧 그리스도 주시니라! 너희가 가서 강보에 싸여 구유에 누인 아기를 보리니 이것이 너희에게 표적이 되리라 하더니 홀연히 허다한 천군이 그 천사와 함께서 있어서 하나님을 찬송하여 가로되 지극히 높은 곳에서는 하나님께 영광이요 땅에서는 기뻐하심을 입은 사람들 중에 평화로다 하니라 천사들이 떠나 하늘로 올라가니라"고 말했습니다.

여기에 보면 예수 그리스도를 잉태하실 때도 가브리엘 천사가 마리아에게로 와서 성령이 임하여 네가 남자를 알기 전에 잉태하겠다고 말했습니다. 또 천사가 나타나서 요셉에게 꿈에 마리아 데려오기를 걱정하지 말라고 말했었습니다. 천사들이 목자들에게 가서 그리스도의 태어난 소식을 알리고 천군과 천사가 듣는 앞에서 찬양을 드리고 하늘로 올라가는 모습을 본 것입니다. 이것을 보게 될 때 하늘나라를 형성하는 데는 하나님의 천군과 천사가 절대적인 역할을 한다는 사실을 우리는 잘 알 수 있는 것입니다. 천사가 고넬료 집에 와서 소식을 전한 사실도 우리가 잘 알고 있습니다. 가이사랴에 고넬료라는 사람이 있으니 이달리야대라 하는 군대의 백부장이라 하는데, 그가 경건하여 온 집으로 더불어 하나님을 경외하며 백성을 많이 구제하고 하나님께 항상 기도하더니 하루는 구시, 즉 오후 세시기도 시간에 기도를 하는데 환상 중에 하나님의 천사가 들어와서 가로되 고넬료야! 하니 고넬료가 주목하여 보고 두려워 가로되 주여 무슨 일이니이까 천사가 가로되 네 기도와 구제가 하나님 앞에 상달하여 기억한바 되었으니 네가 지금 사람을 욥바에 보내어 베드로라 하는 시몬을 청하라 저는 피장 시몬의 집에 우거하니 그 집은 해변가에 있느니라고 말을 했습니다. 하나님께서 천사를 보내어서 이방인 이달리야의 군인인 고넬료에게 메시지를 전하여 고넬료가 예수 그리스도를 믿을 수 있도록 도와주신 것입니다. 이러므로 이 하나님의 천사들은 종종 사람의 모습으로 나타나기 때문에 사람들은 그냥 이웃 사람인 줄 알고 있는 것입니다. 히브리서 13장 1절로 2절에 "형제 사랑하기를 계속하고 손님 대접하기를 잊지 말라 이로써 부지중에 천사들을 대접한 이들이 있느니라"라고 말씀하고 있습니다.

우리가 지금까지 살아오면서 많은 경우에 천사를 만나고 천사와 악수도 하고 했지만, 그러나 보통 사람인 줄 알고 지나간 경우가 많습니다. 성경에 보면 아브라함이 자기 집 문 앞에 앉아 있는데 세 사람이 걸어왔습니다. 그래서 아브라함이 일어나서 그들을 보고서 그냥 지나가지 마시고 여기서 발을 씻고 나무 그늘에 좀 앉아 쉬시면, 제가 음식을 대접하겠다고 그랬습니다. 그것은 옛날에 손님이 오면 반드시 그렇게 반갑게 대접하는 것이 관습이었습니다. 우리가 어릴 때 시골에서 손님이 지나가면 반드시 청해 다가 식사를 대접해서 보내는 것이 관습이었습니다. 그래서 발을 씻기고 송아지를 잡아서 요리를 해서 주니 세분이 다 잡수셨습니다. 그 이후에 보니까 그중에 한분은 천사로 가장한 예수님이셨고 두 사람은 천사로서 소돔과 고모라의 형편을 살피러 간 것을 알게 된 것입니다. 내내 아브라함은 보통 사람인 줄 알았는데 나중에야 그 사실을 알게 된 것입니다. 천사는 사람의 모습으로 우리에게 종종 나타나서 우리를 도와주고 바람처럼 사라질 때가 대단히 많습니다. 그렇기 때문에 우리는 언제나 천사가 우리 주위에 있다는 사실을 늘 마음속에 긴장을 하고 알고 있어야 되는 것입니다. 자신을 보호하는 천사가 있다는 것만 알고 있지 말고 천사를 동원하여 도움을 받기를 바랍니다. "예수 이름으로 명하노니 천사들아! 나를 도울지어다. 나를 둘러 진을 칠지어다."

2. 성도가 하는 일을 보호하는 일을 한다.

우리는 이 세상에 살면서 많은 원수에게 둘러싸여 있고 공격을 당하고 위험에 처할 때가 많습니다. 그러므로 하나님의 천사들이 와서 끊임없이 우리를 보호하지 않았으면 오늘날 우리가 이처럼 살아남아 있지 못할 것이라고 저는 생각을 합니다. 이스라엘의 엘리사가 도단성에 가 있을 때, 아람왕이 군대를 파견해서 엘리사를 사로잡으라고 했습니다.

밤새도록 도단성을 아람 군대가 첩첩이 둘러쌌습니다. 아침에 일찌기 엘리사의 종 게하시가 밖에 나가보니 성 밖 온 천지가 창이요, 깃발이 휘날리고 군대가 첩첩이 성을 둘러싸고 있었습니다. 그는 기진맥진했습니다. 두려워서 벌벌 떨며 방안에 기어 들어왔습니다. 엘리사 선생이여! 이제 큰일 났습니다. 우리는 이제 다 잡혔습니다. 도단성 주위에 천천만만의 아람 군사들이 우리를 둘러싸고 있습니다. 이제 우린 못 달아납니다. 꼼짝 없이 잡혀 죽겠습니다. 그럴 때 엘리사가 말하기를 하나님이여! 이 사람의 눈을 열어서 보게 하여 주옵소서. 그러자 이 게하시의 눈이 열려 앞을 보니 불말과 불병거가 산에 가득하여 엘리사를 둘러싸고 있는 것을 보았습니다. 원수들이 있는 그 뒷전과 엘리사가 있는 그 집 사이에 하나님의 천군과 천사들이 불 말과 불 병거를 타고 잔뜩 둘러 진치고 있었습니다. 그러므로 도저히 하나님의 군대를 대적해서 아람의 군대가 엘리사를 사로잡을 수 없었습니다.

엘리사가 나가서 유유히 그들에게 물었습니다. 너희가 누구를 찾는고? 엘리사를 찾습니다. 아! 이 성은 그 성도 아니고, 나는 그 사람도 아니니 날 따라 오너라. 엘리사는 아람 전 군대를 데리고 사마리아성에 들어가서 앉혀 놓고 눈을 뜨게 하니까, 적군 속에 들어가서 완전히 사로잡힌 것을 발견하게 되었던 것입니다. 이처럼 오늘날도 하나님께서 주의 백성들이 위기에 처하면 불 말과 불

병거를 보내서 우리를 지켜주시는 것입니다.

저는 늘 북한이 우리를 협박하고 공갈할 때마다 기도하는 것은 하나님이여! 휴전선에 하나님의 천사들을 보내어서 불 말과 불 병거로 우리를 지켜 주옵소서. 하나님의 사자들이 불 말과 불 병거를 가지고 와서 지키면 북한의 어떠한 군사들도 우리를 공격하지 못합니다. 비행기도 탱크도 모든 것도 무용지물이 되고 마는 것입니다. 우리에게는 오만의 교회가 있고 천만이 넘는 성도가 있기 때문에 이 성도들이 나라를 위해서 하나님께 우리는 간절히 기도할 수가 있고 하나님은 부리는 천사들을 보내서 우리들을 위험에서 건져 내어주실 수가 있는 것입니다.

천사를 만나서 도움을 받은 이야기는 굉장히 많습니다. 어떤 미국의 한 가족이 오래간만에 가족들을 데리고 캠핑을 갔습니다. 산속 깊은 곳에 캠핑을 가서 연못가에 천막을 치니 애들이 너무나 즐거워하고 또 부인은 바쁘게 점심을 준비하는데, 남편은 그 옆에 와서 끊임없이 애들과 부인을 향해서 카메라를 찍었습니다. 아 그런데 오토바이 소리가 요란스럽게 나더니 폭주족 깡패들이 대거 몰려왔습니다.

몰려오더니만 남편의 손에서 카메라를 탁치고, 그리고 난 다음에 그 가족들을 공격하려고 하다가 그만 갑자기 눈을 부릅뜨더니만, 뒤로 돌아서더니 걸음아 날 살려라 하고 오토바이를 타고 도망을 쳐버렸습니다. 거참, 이상하다 이 호젓한 산에 와서 얼마든지 우리를 탈취할 수 있는데 왜 도망을 쳤을까? 나중에 카메라의 필름을 뽑아서 인화를 해보니까, 그 남편이 애들과 부인이 요리를 하는데, 그 모습을 찍은 그 필름 속에 천사가 그 가운데 같이 서있었던 것입니다. 그들은 보지 못했는데 폭주족들은 그들을 보았단 말입니다.

그래서 달아나 버린 거예요. 또한 뉴욕 어느 빈민가에서 일하는 20대의 젊은 아가씨가 있었습니다. 거기서 아편중독자, 세상에 버림받은 사람들을 돌보는 일을 처음 임명을 받았습니다. 거기서 일을 하는데 이 주위에 있는 깡패들이 그 여자를 폭행을 하려고 야단법석입니다. 하루는 저녁에 문을 두드리면서 이리 나오라 안 나오면 이 집에 불을 질러버리겠다! 그래서 이 처녀가 기도를 했습니다.

하나님 주의 사자를 보내어서 나를 둘러 진을 쳐서 나를 지켜주옵소서, 그리고 난 다음에 문을 여니까, 깡패들이 잔뜩 문 앞에 둘러 있었는데 모두 다 뒤로 돌아서서 기가 막히게 달아나버리는 것입니다. 그러더니만 다음날 그 사람들이 아주 어린 양같이 되어 찾아와서 우리도 이곳에서 일하게 해달라는 것입니다. 왜 그러냐고 물으니까, 어제 당신을 우리가 폭행하려고 각오를 하고 왔는데, 당신 옆에 서있던 잘생기고 몸이 어마어마하게 크고 인물이 좋고 흰옷을 입은 그 애인은 누구냐고, 그 애인 좀 소개해 달라고 우리는 그 분 때문에 기절초풍을 하고 달아났다는 것입니다.

아이, 그런 사람 없다고 하니까 절대로 그런 거짓말하지 말라고 우린 당신을 폭행 하려고 결심을 하고 왔는데, 그 애인 때문에 우리가 달아났는데, 그 애인 좀 소개해 달라고 하더라는 것입니다. 하나님의 천사는 우리가 모르는 사이에 우리 주위에 나타나는 것입니다. 또 한 20대 중반의 한 처녀가 뉴욕 한 빈민가에 거주하는데 밤에 집에 돌아오는데 으스스하거든요, 그런데 주위는 깡패들에게 둘러싸여 있는데, 그 사이를 유유히 지나서 집으로 오는데, 온 몸에 땀이 흘렀지만 괜찮았습니다.

그리고 자기가 집에 들어오자마자, 경찰차 사이렌 소리가 나고 거기에 경찰차가 오고 사람들은 모이고 웅성웅성했습니다. 알아보니 자기 뒤에 따라오던 처녀가 잡혀서 폭행을 당하고 죽임을 당했습니다. 그래 그 사람들이 심문을 당할 때하는 말이 이 여자 앞에 한 처녀가 지나갔는데, 그 처녀는 양쪽에 건장한 남자 두 사람과 함께 걸어가기 때문에 우리가 손을 못댔다. 그러나 뒤에 따라오던 여자는 혼자 오기 때문에 우리가 손을 댔다고 말을 했습니다. 그 앞에 가는 처녀는 끊임없이 기도하면서 갔었습니다. 하나님 주의 사자를 보내사 나를 보호하여 주옵소서! 하나님의 사자가 와서 그녀 옆에 같이 걸어갔기 때문에 감히 처녀에게 손을 못댔던 것입니다. 이처럼 우리가 알지 못하는 사이에 하나님의 사자들이 우리를 위험에서 건져주고 있는 것입니다.

3. 하나님의 천사는 우리를 위험에서 건져준다.

헤롯이 요한의 형제 야고보를 죽이고 베드로를 처형하기 위해서 감옥에 가둬 놨는데 군사 12명이 베드로 한사람을 지킵니다. 잠을 잘 때에는 옆에 두 사람, 이쪽 옆에 두 사람, 이렇게 네 사람이 끼고 있었고, 그 다음에 문 하나에 네사람, 또 문 밖에 네 사람이 지키고 있었습니다. 내일이면 끌려나가서 처형을 받을 텐데 예루살렘 교회에서 베드로를 위해서 열심히 기도를 하고 있었습니다.

밤중에 누가 옆구리를 툭툭 차기에 베드로가 눈을 뜨니까 천사가 와 있었습니다. 천사가 베드로에게 일어나라고 했습니다. 베드로가 일어나려고 하니까 쇠고랑이 철컥철컥 풀러집니다. 겉옷을 걸쳐 입어라. 옷을 입으니깐 신을 묶어라! 가자, 베드로가 따르니까 첫째 문도 스르르 열리는데 거기에 있는 모든 병사들이 눈을 뜨고도 보지 못합니다. 둘째문은 시내로 가는 문인데 역시 스르르 자연적으로 열립니다.

거기에 천사들도 함께 가는데 병사들이 눈을 뜨고도 보지 못합니다. 베드로가 밖에 나가서 길거리를 한참 걸어 갈 동안에 천사가 같이 하다가 안전한 시기가 오자 천사가 떠나가 버리고 말았습니다. 내내 베드로는 자기가 꿈을 꾸었는줄 알았는데 나중에 알고 보니 천사가 그를 죽음에서 건져내어 준 것을 알게 된 것입니다. 사도행전 5:19에 보면 사도들이 옥에 갇혀 있을 때 천사가 와서 옥문을 열고 나가서 예수 그리스도의 복음을 열심히 전도하라고 말했습니다.

우리는 사도시대에 보면 천사들이 활발하게 늘 같이 하고 도와

주는 사실을 볼 수가 있는 것입니다. 이처럼 오늘날도 천사들이 활발하게 우리를 위해서 무진 애를 쓰고 일하고 있는 것입니다.

4. 용기와 힘을 주는 일을 한다.

예수님께서 겟세마네 동산에서 기도하실 때 그는 너무나 무겁고 고통스러운 죄짐으로 몸부림을 치셨습니다. 성경에 보니 가라사대 "아버지여! 만일 아버지의 뜻이거든 이 잔을 내게서 옮기시옵소서! 그러나 내 원대로 마옵시고 아버지의 원대로 되기를 원하나이다 하시니 사자가 하늘로부터 예수께 나타나 힘을 돕더라." 그렇게 말했습니다.

"예수께서 힘쓰고 애써 더욱 간절히 기도하시니 땀이 땅에 떨어지는 핏방울같이 되더라" 예수께서 도저히 인간의 힘으로서 한계점에 도달한 그러한 어려운 고비 가운데서 간절히 기도를 하시는데 인간의 힘으로 견딜 수 없는 고통이 다가올 때 하나님의 천사가 와서 예수님에게 힘을 준 것입니다. 천사가 힘을 주어서 도와준 것입니다.

이러므로 하나님의 천사는 오늘날 우리가 낙심하고 좌절하고 절망에 처할 때 우리에게 와서 용기를 넣어주고 힘을 주고 하나님의 도움을 베풀어주는 이런 역사를 베푸는 것입니다. 그렇기 때문에 예수님께서 사십일 금식하셨을 때도 천사들이 와서 예수님을 돌보셨다고 하셨으며 우리 주님을 체포할 때 주님이 말씀하기를

"내가 열두영이나 더 되는 천사를 불러서 나를 보호하도록 하지 못할 줄 아느냐" 그렇게 말했습니다.

주님이 부르셨더라면 열두영이 더 되는 천사가 와서 우리 주 예수 그리스도를 도와주었을 것입니다. 또한 우리는 바울 선생을 보면 바울 선생이 잡혀서 로마로 재판받으러 갈 때 그들이 그레데 해변에서 큰 풍랑을 만났었습니다. 여러날 동안 해와 별이 보이지 아니하고 큰 풍랑이 그대로 있어 구원의 여망이 없고 절망에 처했을 때 하나님의 천사가 그 배에 나타났습니다. 그리고 바울에게 말했습니다. 이 배는 파선되지 아니하고 얼마 후에 섬에 도착하리라 이 배에 있는 모든 사람들을 다 너에게 주었으니 안심하라고 그렇게 말했습니다.

그래서 바울이 일어나서 근 열흘 동안 풍랑에 시달려 못먹고 고통에 처하고 절망에 처한 사람들에게 너희들이 내 말을 듣고, 그레데에서 안 떠났더라면 좋을 뻔 했도다, 그러나 이제 안심하라 나의 섬기는바 나의 속한 하나님이 천사를 보내어 나보고 말씀하시기를 이 배는 파손되지 아니하고 너희들은 다 구원 받을 것이라고 말했다. 그래서 그들이 다 용기를 얻고 힘을 얻고 음식을 먹고 그리고 조그만 섬에 도착하게 된 것입니다.

이러므로 천사들은 와서 우리가 낙심할 때 끊임 없이 우리에게 힘과 용기를 도와주는 것입니다. 앞으로 이제 주님께서 강림하실 때 그때 본격적으로 하나님의 천사들이 우리를 위해서 일할 것입니다. 성경 마태복음 16장 27절에 보면 "인자가 아버지의 영광으로 그 천사들과 함께 오리니 그때에 각 사람의 행한 대로 갚으리라" 주님께서 아버지의 영광으로 오실 때 혼자 오시지 않습니다. 수많은 천군과 천사들을 거느리고 와서 우리를 재판할 것이라고 말한 것입니다.

주님 강림하실 때도 천사가 동참합니다. 저희가 큰 나팔소리와 함께 천사들을 보내리니 저희가 그 택하신 자들을 하늘 이 끝에서 저 끝까지 사방에서 모으리라 하나님의 나팔소리가 나니 천사들이 와서 우리에게 가자가자 빨리 가자, 빨리 가자! 그래서 우리 손을 잡고 이끌어 내어서 천국으로 데리고 가는 것입니다.

데살로니가전서 4장 16절에는 "주께서 호령과 천사장의 소리와 하나님의 나팔로 친히 하늘로 좇아 강림하시리니"라고 말한 것입니다. 이러므로 하나님의 천사가 함께 나팔을 불고 올 것입니다. 또한 요한계시록 5장 11절에 보면 "내가 또 보고 들으매 보좌와 생물들과 장로들을 둘러선 많은 천사와 음성이 있으니 그 수가 만만이요 천천이라" 이루 헤아릴 수 없는 수많은 천사들이 하늘나라에 있으면서 우리를 위해서 일하고 있는 것입니다.

천사들 중에는 가장 힘있고 아름답던 천사장 루시퍼가 있었는데, 그는 하나님과 동등하게 되려다가 마귀가 되었고, 그를 추종하던 많은 천사들과 함께 쫓겨나서 지금 공중에 권세를 잡고, 그 타락한 천사들과 함께 하나님을 참소하고 하나님을 대적하고, 우리를 파멸하려고 하고 있는 것입니다. 그러나 하나님의 보좌 주변에서 하나님을 지키는 거룩한 천사들도 많습니다. 하나님의 보좌 주변에서 그 거룩하심을 지키는 천사들은 그룹천사라고 말하는 것입니다.

그리고 하나님의 보좌 곁에서 그를 끊임없이 찬미하고 예비하는 천사들은 스랍천사라고 말하는 것입니다. 그리고 하나님의 말씀을 전달하고 사무를 관장하는 천사장은 가브리엘 천사장인 것입니다. 그리고 하나님의 군대를 총괄하고 천국을 지키는 군대장관은 미가엘인 것입니다. 그들은 수하에 천천이요, 만만의 천군과 천사들을 거느리고 있는 것입니다.

그리고 이 천사들은 오늘 하나님 아버지와 예수 그리스도와 성령님의 뜻을 받들어서 이 땅에 와서 우리를 시시각각으로 도와주고 있는 것입니다. 믿어야 천사의 도움을 받을 수가 있습니다.

하나님의 천사는 우리가 알지 못하는 사이에 우리 주변에서 끊임없이 역사하고 있습니다. 그러므로 우리는 항상 이렇게 말할 수 있습니다. 하나님 아버지여! 주의 사자를 보내사 나를 둘러 진쳐 주시옵소서! 하나님이여! 주의 사자를 보내사 나에게 힘을 주시옵소서! 하나님이여 주의 사자를 보내사 나를 보호하여 주시옵소서! 주의 사자를 보내사 나에게 용기와 힘을 주게 하여 주옵소서,

그리고 천사들아 나를 도우라! 우리가 천사에게 직접 명령해도 됩니다. 그는 우리를 돕는 피조물이기 때문에 우리가 요청하면 우리를 도와야 합니다. (히1:14)"모든 천사들은 섬기는 영으로서 구원 받을 상속자들을 위하여 섬기라고 보내심이 아니냐." 천사에게 예배하거나 섬김의 대상이나 기도의 대상은 아닙니다.

그러나 우리가 하나님께 부탁하면 하나님의 천사를 보내서 우리들을 끊임없이 붙들어주고 도와주고 이끌어 주고 있는 것입니다. 그리고 천사들에게 도움을 요청해도 됩니다. 이러므로 오늘 이 시간에 자신의 주위에도 하나님의 천사가 가득히 있습니다. 왜냐하면 제가 예배드리러 오기 전에 하나님이여! 주의 천사들을 보내서 우리 예배를 붙들어주시고, 도와주시고 복을 허락하여 주시옵소서, 그렇기 때문에 기도를 응답하신 하나님께서 주의 사자들을 이곳에 보내주신 것입니다.

가정에서나 사업장에서나 직장에서나 학교에서 천사의 도움을 요청하시기를 바랍니다. 천사들아 우리 가정을 보호할 지어다. 천사들아 우리아이를 보호할 지어다. 천사들아 사업장에 손님들을 많이 모시고 올지어다. 만약에 이사를 가야하는데 집이 나가지 않는다면 천사들아 이집에 새 주인을 모시고 올지어다. 이집이 빨리 나가도록 도울지어다. 하고 천사의 도움을 요청하는 기도를 하시기 바랍니다.

우리가 주의 천사들과 함께 있는 이상 북한 김정은도 겁나지 아니하고 공산주의자도 겁나지 아니하고 세상에 여러 가지 시험과 환란도 겁나지 않습니다. 왜냐, 우리는 외롭지 않습니다. 하나님께서 그의 천사를 보내어서 항상 우리와 함께 하고 계시기 때문인 것입니다. 천사들에게 도움을 요청하여 마귀의 궤계를 파귀시키고 영적전쟁에 승리하시기를 축원합니다.

이 책을 통해 예수님이 땅끝까지 전파 되기를 소원합니다.
(출판으로 인한 이익금은 문서선교와 개척교회 선교에 사용합니다.)

기도 쉽게 바르게 하는 방법

발 행 일 l 2023. 02. 09초판 1쇄 발행

지 은 이 l 강요셉

펴 낸 이 l 강무신

편집담당 l 강무신

디 자 인 l 강요셉

교정담당 l 강무신

펴 낸 곳 l 도서출판 성령

신고번호 l 제22-3134호(2007.5.25)

등록번호 l 114-90-70539

주   소 l 서울 서초구 방배천로 2길 53(방배동)

전   화 l 02)3474-0675/ 3472-0191

E-mail l kangms113@hanmail.net

유   통 l 하늘유통. 031)947-7777

ISBN l 978-89-97999-88-0 부가기호 l 03230

가   격 l 16,000원